台灣股神教你看懂
贏家選股必賺的
財報祕技

月風 — 著

深入淺出解讀財報，成為市場贏家

認識月風已經有相當長的一段時間，體認到月風在投資與交易的心得及功力確實了得，另外，月風本身幽默風趣、熱心教學、不藏私，並協助身邊許多投資人在房地產、股票、期權……等投資商品，找到穩定獲利的模式。

今拜讀其大作，更是讓我佩服！其中厲害的地方是以深入淺出的方式，帶領投資人輕鬆的進入基本面解讀公司財務報表，讓讀者可以找到正派經營且賺錢的公司作為投資標的，在投資的領域能夠趨吉避凶，靈活運用基本分析的技巧。

本書中所提及的判斷方法、經驗法則、實務技巧，都有相當完整的敘述，想必對於投資朋友在挑選股票時，能有相當大的幫助。讓更多人對於市場的本質有更全面性了解，找尋到投資操作的重點核心，以及更有正確的股票投資的觀念。

近期適逢臺灣期貨交易所為提供交易人完善避險管道及更多交易機會，推出盤後交易制度，將交易時間由 5 小時延長至 19 小時，有利交易人及時因應盤後國際政經事件進行避險與交易。建議讀者可以靈活運用股票期貨低交易成本、低資金成本與多空皆宜的特性，增加個人投資的報酬率。

本人由衷的推薦本書給眾多投資人，相信看完本書您會有更多的體認與收穫，也預祝所有讀者都能逐步的在投資交易上持續成長，再進一步跟隨月風的腳步成為市場的贏家。

凱基期貨／業務協理　莊宏茂

一位擁有獨到見解的頂尖投資達人

認識李杰（月風）已經四餘年了，第一次見到他，是在參加臺南小聚會時，才知道原來有一位如此厲害的人物。

月風對於房市、股市及一些市場合法投資項目的實務經驗均相當豐富，且是擁有自己獨到見解的頂尖投資達人，時常願意在百忙之中，舉辦大大小小全臺巡迴演講與各地區社團小聚會，免費無償的公開分享自己成功祕訣，細心專業回答每個人提出的問題，在臺灣無人能出其右，這麼厲害的人物出的書，能細心品嘗，從中獲取新知，是讀者一大福音！

一般人在股票操作路上總會遇到許多問題，更多人是拿心血換取慘痛的教訓，如果能站在成功巨人的肩膀上學習，那對於投資人來說可以減少很多不必要走的冤枉路，擁有正確優質的觀念，相信財富已離你不遠了！

本書巧妙簡化程序，淺顯易懂卻又精闢，反映市場上最真實人性，只要願意學習，股票不是你想像中的那麼難，相信對於追求財富的投資人來說，是本非常受用的寶典呀！

元大期貨／襄理　江穎彥

直指核心的操盤邏輯！

近年來，月風在投資業界內擁有相當高的知名度，且不是單一業界。他的名氣遍及期貨業、證券業、房地產業……等，而在慈善上也不落人後，如先前高雄氣爆人力、物力支援，近期於臺東的各種捐助……等，由此可知，月風在投資上大有斬獲，且愛心不落人後。

個人認為交易判讀一般分為技術面、基本面、消息面，而了解一個操盤手核心投資邏輯最好的方式是看其「基本面著作」，是最易於走進操盤手內心世界，因內容針對常見、常用資訊進行判讀、提出見解、運用方法……等，一步步跟著論述前進，往往不自覺已走出許多常犯的投資誤區，而月風常講出新的思路、另類的觀點，總是讓讀者會心一笑。

技術面書籍研究時，常見其思緒如羚羊掛角一般，天外飛來一筆，結論：「就這麼交易！」讀時心頭五味雜陳，仔細一想，心頭只浮現兩字「盤感」……

說到消息面新聞更是真偽難辨，出人意表的情況發生是「不意外」的，某些情況下，特殊因素出現而導致完全翻盤……常在河邊走，哪有不濕鞋……

本書是一本「基本面著作」，用過去歷史事實可證明月風在投資的長才，我會將此書收藏在家，細細品味箇中奧祕！

最後分享個人看此書會重視的三個關鍵字，「錢」、「風險」、「時間」，例：錢在哪、流通、移轉、型態、比例……等；現正滿心期待此書正式出版。

　　祝　月風健康愉快！心想事成！

　　祝　讀者們收穫滿滿！交易順利！

凱基期貨／業務副理　**簡維甫**

月風流是最實務，實戰，最直接能提升績效的戰法

我在證券業服務已經有十年左右的資歷了，認識了很多自稱高手、操盤手，以及許許多多的投顧老師、基金經理人等專業人士，卻從沒想過，凌駕在這些人之上的超高績效，竟然出現在一位小我一歲的年輕朋友身上。

記得剛認識月風的時候，感覺他為人大方，慷慨，且很有自己的一套想法，涉獵的知識之廣真的是讓我很驚訝，當下只覺得很開心多了一位如此博學的好朋友，孰料，亦師亦友的月風，改變了我的人生！

在眾多高手們宣稱一年賺個 20％～30％ 的報酬率就是非常厲害的績效時，我卻親眼目睹月風用現股操作賺取一個月百分之百報酬率的神人績效表現，當下我真是不敢相信自己的眼睛，但是在長期觀察的情況下，月風的績效不僅穩定，且年報酬率高得驚人。

月風的驚人績效並不是因為他是一個天才操盤手，而是他年輕時沒日沒夜的研究各種分析方式。

一般人研究則是依樣畫葫蘆，但是月風卻是一一想辦法去尋找這項技術的盲點及改良方法，在不斷的改良及增加實務經驗的情況下，演化出強大的操作模式「月風流」。

我跟許許多多的朋友們一樣，學了很多如波浪理論，葛蘭碧八大法則（考證照時至少都會讀到），但是在研讀、觀察、研究及操作了那麼久的股票，我可以說，月風流是最實務，實戰，最直接能提升績

效的戰法。

　　接觸證券業這麼長的一段時間，看過許許多多的散戶們賠錢，散戶們似乎永遠站在輸家的位置，在此先恭喜月風再次出書造福臺灣的投資人，更恭喜買到本書的讀者們，誠摯的祝福各位因為這本書，能讓在股海中勝出，找到自己夢寐以求的財富自由，並讓自己的人生變得更不一樣。

證券公司經理人　張永叡

目錄

寫在前面

本書的**宗旨**：找出長期能夠為股東創造利潤的好公司。

本書主要教大家找出賺錢的公司和正派經營的公司。

正派經營的公司跟賺錢的公司有什麼差別？其實，賺錢的方法有很多，但如果公司經營不正派，股東很容易賺不到錢，所以，本書除了找出賺錢的公司外，還要找出正派經營的公司。

看完本書，你可以**學會**：

① 避開有問題的公司

② 找到賺錢的公司──從真實報酬率，找到賺錢的公司。

③ 找到買點

本書特色：

① 不說廢話，直搗核心；重點直接說破，易上手。

② 第一章直接重點說破，第二章開始立刻看圖說明實務。

③ 教你掌握「有沒有錢、有沒有賺錢、欠不欠錢」這幾個重點即可掌握公司，誰說財務報表很難懂！

還有更多：

　＊如何判斷是行業衰退問題，還是單一公司不濟問題？

　＊圖表資料豐富，不必再費心另外找。

　＊「假」的董事長，揪出來！

　＊預防投資人最怕的「淘空」！

　＊如何分辨公司成長的真實性？

　＊EPS 造假／操弄，怎麼看？

　＊不必管景氣循環買低賣高的方法！

　要診斷公司的體質，首先，要具備**好工具**。

　幾乎每個證券公司都會免費提供投資人財務報表網站，格式也大同小異。本書資料來源：凱基期貨超級大三元軟體（AP）。

　在財務報表網站中，關於各公司的資訊，80％～90％都找得到。

　接下來，就讓我們從基本分析開始，一路告訴你如何簡單看懂財報數字裡隱藏的訊息。

第 1 章

基本分析
一點兒都不難

大多數的投資人,並無法親身實際走訪公司,所以,在財報的解讀上,我們一定要比法人機構更為用心才行。

巴菲特曾説:「如果你不願買下一整間公司,那就連一張都不要買吧!」

雖然股神的投資哲學不見得適用於充滿投機的臺灣市場,不過只要是投資,都一定有風險。

而我將要以最直指核心、不説廢話的方式告訴大家,如何從企業報表上,解讀出這些蛛絲馬跡。

準備好了嗎?

Let's go!

四大報表，與你的金子有關

在學基本分析時，請明白，每個人對於公司的好壞認知，是非常主觀的，並沒有一定的標準答案。由於產業的不同，資產負債的比數也會不同，不可一概而論，比如航運、建設類股，都會有較高的負債比，投資人必須用客觀且細心的心態去面對這些企業財務語言。

想掌握基本分析，首先要能理解「企業的語言」，也就是俗稱的四大報表，分別為現金流量表、資產負債表、損益表，及股東權益變動表。

看到這裡，讀者朋友們會不會覺得「又來了」，覺得這些報表很複雜呢？

別擔心，以我十多年投資股票的經驗來看，四大報表的細項雖然很多，但並不一定要全盤了解才能投資，而我也會以最簡短最易懂的語言，為大家說明這些報表。從第二章開始，我會帶著讀者朋友們解讀「絕對不能漏掉的訊息」。同時，也想告訴讀者朋友們：當你希望在投資上獲利時，請盡量投資自己了解的東西。

股票也是一樣的，當你不了解公司基本面而去做投資，那麼，風險將是無限的。

接下來，我將會以最簡單的說明，帶領讀者朋友們進入這四項重要企業報表的世界。

① 現金流量表

現金流量表可以讓我們清楚了解企業現金動向的重要報表，如果要了解企業現金動向，就要看此報表。

② 資產負債表

資產負債表是展示企業的資產與負債，股東權益的報表，而常常被做假、灌水的應收帳、存貨、長期投資等，都可以從資產負債表中看出端倪。

③ 損益表

損益表是企業的損益狀況，從此可以了解獲利能力、毛利率與淨毛利率等等。

④ 股東權益變動表

股東權益變動表與損益表中的股東權益部分是連動的，可以了解股東的權益是否有問題。

投資，就該有所取捨，去蕪存菁，我閱遍近千家上市公司資料發現，可長期投資者目前不到2％，也顯示出投資這條路的不易。不過，

當把投資之路走到寬廣之時，世上的投資風險就再也不會是你的心中的痛，而相隨的利潤，也是與用心的程度成正比。

回歸到原點，人類的行為來自思想，若是一個經營團隊只是想圖謀私利，是可以從財報中閱讀出來的，只要不放過書中提到的，你將會發現，沒有任何一隻地雷股是看不出來的。

企業成立的目的就是要獲利，所以如果一間企業不專注於此，或是獲利能力出現問題，都是我們該捨棄的標的。

> **月風提醒**
> ## 會計師查核結果，很重要！
>
> 財務報表又可分為簡式與長式，主要的差別是在附加的會計師查核報告書，會計師簽證意見（公司年報及半年報均須有會計師簽證）因此會計師的簽證意見是投資人檢視地雷股時最容易取得的第一個重要且必讀的資訊。
>
> 只要會計師表示非無保留意見，都需進一步了解其原因。若為否定意見或無法表示意見的公司，則應避開為宜。

一個數字，過濾 99% 體質不佳公司

若說企業到底值多少錢？

這就要看淨財產了。

一般投資人常以為，當股價跌破每股淨值時，就是適當買進價位——這正是投資的一大盲點。

▌淨值可做假，拿放大鏡來看

由於淨值可做假，所以我們必須更深入了解，這家公司的資產到底是屬於哪一種類型？

資產，可分為流動與固定資產，以及長期投資。

對於沒有學過會計的人來說，一定認為流動資產大部分應該是現金，其實不然。

會計學上，除了現金外，像「應收帳款」和「存貨」這類還不確定能不能收得到現金的部分，也認定在流動資產中：想想，當你手上拿著一堆芭樂票和一些過期又賣不去的東西，還能算是現金嗎？

固定資產財通常是以不動產為主，以及無法馬上折現的物品（如

船、機械等）。

　　長期投資，指的是一年以上的投資。

　　所以，固定資產與長期投資，都是無法馬上變現的金額，當企業被銀行抽銀根的時候，這些資產，往往只有等著被法拍，而**長期投資，卻是企業最不透明的帳目，一個存心不良的經營者，可以慢慢一點點的把這部分的錢轉出去，再在帳目上設定虧損，來個轉公為私。**

　　一家公司能獲利，通常都有其核心競爭力，真正能夠同時跨足多種不同行業，且還能持續獲利的公司其實很少，尤其是剛成立幾年的公司，其成功的可能性更低。因此，若公司的轉投資並非本業相關的領域，投資人請仔細評估其可能成功的機率。

　　當公司做大量的非本業轉投資，一來可能擴張太快，增加營運風險，二來則有可能是運用轉投資做各種財務槓桿操作，資訊透明度也可能因此而降低，再加上，當企業被清算時，這些固定資產，不是被折舊，就是被砍價砍得很厲害，毫無抬價的餘地，所以，在股價跌破淨值時，我們要先思考的是，這公司，真實的價值是多少？

　　筆者在精研股票十多年中，也研創出一套舉世獨步的選股法：即，**將所有不透明的部分，全部當作不——存——在。**

　　不管會計帳怎麼做，企業的價值，只能算「流動資產－存貨－應收帳款」，剩下來的部分，再扣掉總負債，就是我自創的「安全數字」。

月風流企業安全數字＝流動資產－存貨－應收帳款－總負債，需＞0

如果剩下來的數字是正的，就代表，此公司不但有能力一口氣還光所有欠的錢，還會留有現金（這一招，可幫你過濾掉99％的爛公司）。

企業借錢投資獲利不是壞事，不過還不出錢，就不是好事了！（當然，有些特定行業不能以此方法來衡量，比如建設股、金融股）。

安全數字愈高愈好，而安全數字可以和營業支出比較，如果公司一年花一億，現在資產有三億，不就代表不賺錢都可以活三年嗎？

其實，要看公司安不安全，最簡單的方式就是用現金扣掉總負債（長期，因為短期太不穩定），如果現金扣掉總負債之後還是正的，代表這個公司毫無危險。如果公司沒有負債，短期內就一定不會倒。

月風提醒
流動資產？現金為王！

流動資產是短期內會變動的東西，因此，流動資產可以代表公司的短期償債能力。而由於短期內可以直接拿來兌現，但並不一定有相同的價值。以存貨1900萬為例，實際上並沒有辦法換到1900萬的價值與需求。所以，從報表上看起來，東西還不少，其實真正有用的只有現金，所以我認為，**看流動資產時，只要看現金數字就夠了！**

▊ 從現金流量，揪出待觀察企業

「這家公司的帳，不是沒問題嗎？怎麼倒了？」在聚會時，常有人問我這個問題。

無論如何，帳都是人為的，很多企業，都會特地美化帳目，常讓投資人大歎：「明明帳目好好的，公司竟然也倒？」

請別忘了，企業成立的目的是獲利，有無現金流入才是重點，而不是抱著一堆「芭樂票」說自己是大富翁。

為了解開「看美化帳目」的盲點，你，需要睜大眼睛留意企業的現金流量表。

從現金流量表中，可以看出企業經營的能力；當我們檢查過資產表後，就該來看看，這間公司用這些現金，做了什麼事！（**再說一次，安全數字為負的公司，就不用看了，直——接——淘——汰！**）

現金流量表分為三大項：營業活動、投資活動、理財活動。

想得知企業本業的獲利，要從營業活動的部分來看；長期投資的部分，則屬於投資活動；理財活動與借還款有關，如：公司與銀行間的借還款、公司向市場增資，或是當錢不夠時，公司發行債券。

從現金流量表中，我們可以清楚看到：當企業財務出問題時，應收帳（芭樂票）和存貨（賣不出去的東西），總是會出現大增的傾向。

想擁有地雷股的嗅覺？那麼，從下面兩個情況，也可以先行觀察。

① 當營收大增，芭樂票跟賣不出去的東西也相對大增時，經營者

就有做帳的可能，就算不是做帳，也是不健康的營收。

②　當營收增加，但應收款也同時大幅增加時，這顯示公司為了達成營收目標而有強行銷貨的嫌疑，尤其是向經銷商或海外子公司塞貨，致使當期的營收虛增，也因而高估了盈餘——這是盈餘品質所顯示的警訊。

再好的公司，若是出現了上述兩種問題，都是該退出觀望的時候。

巴菲特曾說：「當我看不懂他們在做什麼的時候，表示他們不希望我看懂。」

我十分認同這句話。長期買賣股票的經驗，讓我知道，作帳與真正的獲利的差別在這裡，所以，若是營收增加，存貨與應收帳仍正常，表示此公司不斷的開發市場，表示市占率愈來愈高。

！ 月風提醒

經營兩件事

①　不投資經營未滿兩年，盈餘轉增資未達 50%的公司。

②　當企業的長期投資增加時，則增加了企業的不透明度。

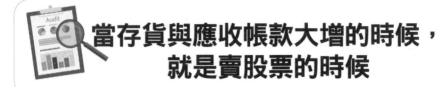

當存貨與應收帳款大增的時候，就是賣股票的時候

在前文中，我曾小小點出存貨與應收帳款都不能算在安全數字內，在此，我將針對這兩項進行更深入探討。

▊ 無奈的應收帳款

應收帳款，從字面上來解釋，就是「應該要收但還沒收的現金」。

關於應收帳款，我只能說，這四個字，道出了廠商的無奈。想想，為了讓下游廠商賣出貨，上游廠商必須忍耐比較久才能拿到錢，所以，**當我們在評估公司時，也要思考：這家公司是在產業的上游？還是位於產業的下游？**

應收帳款管理，是公司日常管理的重要活動之一，如果應收款管理不良，就會使款項收回時間拉長，不僅積壓資金，同時增加管理成本，壞帳機率也會提高。

此外，有些公司為了達成銷售目標，也會放寬付款條件，而使應收款期限拉長——這些都是公司經營出現問題的跡象。

舉個例，一間做麵粉的廠，把麵粉賣給麵包店，拿一張月支票，

麵包店如果賣麵包也收支票，這樣對嗎？

為了更加了解企業應收帳款情形，建議讀者朋友們可以**觀察「應收帳款週轉率」**，其所代表的意義是檢視公司為了賺錢，所收的帳健不健康？這個比率愈高，代表帳目愈健康。

要注意的是，由於各個產業間的輪動不同，建議要與同業做比較才準，千萬不要將傳產股和生技股拿來比。

■ 存貨週轉率遽減，小心轉移存貨

存貨又可分為**原料、半成品、成品**。

若一間公司的原料很多，當原料價格下跌時，公司就會受損失。

我認為，成品最不值錢，再來是原料，最優質的是半成品。

以蛋糕為例：做好的蛋糕會爛，麵粉則是很容易買到，而快做好的蛋糕，才更讓人期待！

從實際面來分析，當成品多且賣不出去時，平均存貨週轉天數將會不斷增加：存貨週轉天數增加時，通常表示公司產品競爭力不高或市場需求不振，導致銷貨速度緩慢。

另外，公司產銷的計畫規畫不好，或需求預測過於樂觀，也可能致使公司的存貨增加……這些在在顯示公司的經營階層無法因應市場的變化或經營管理，讓效率出問題。

存貨的指標是存貨週轉率，同應收帳款一般，比例愈高愈好。

不過，要小心，當此數字驟降時，請留意公司是否有轉移存貨，美化帳目的嫌疑，此時，我們必須要檢視其子公司的帳目，做核對。

▌股東權益，一定要關心

接著，我們來討論股東權益。

說到股東權益，很多投資人會想到每股盈餘 EPS。簡單來說，股東權益就是所有的錢（總資產扣去負債）。

而股東權益報酬率，跟一般散戶常在看的每股盈餘 EPS，其實是不同的，差別的地方在於分母。

每股盈餘是以淨值作分母，股東權益是以股東權益作分母——**企業要在股本做假較為容易，不過，要使股東權益失真就比較困難。**

股東權益跟總市值也是有密不可分的關係，**一間公司若是營收大增，股東權益報酬率卻無法增加，那麼就一點意義也沒有**，市場也不會給他好的價位為評價。

在觀察股東權益時，也必須要注意負債比，因為**如果負債比過高，那股東權益報酬率就有可能是槓桿的結果，也不是好現象**，這也是我自創安全數字的另一大突破！

月風提醒

三大指標，評估企業財務體質

評估企業財務體質的時候，最常用的三大指標是：負債比、流動比、速動比。

負債比代表公司需要跟別人借多少錢才能穩定獲利，也就是大家最常說的槓桿，若是負債比愈高，愈無法承受波動的危險，一有問題公司馬上就要面臨倒閉危機。

流動比是代表一家企業變現性較高的資產，與短期負債到期的負債承受度。

速動比則是更為嚴格的指標，會將存貨扣掉。

雖說嚴格，當然還是不如月風一再提到的「安全數字」好用，所以，在此，月風就不多花篇幅介紹此三大指標了。

如果讀者朋友們對於此三大指標有興趣，那麼在此小提醒一下，以月風的長期經驗來看，**不投資流動比 180%、速動比 120% 以內的企業。**

不投資股本百億以上的公司

股本的大小，與企業成長有很大的關係。

如果一間公司股本近千億，要如何維持高成長呢？能否一年賺到股本15％？

我認為，**15％是一年必須達到的基本獲利**，更別提還要扣除大量的原物料，人事成本等等。

除了15％外，再來要了解的是，所謂的股本形成（也就是資本的結構體）可分為三個部分，分別是現金增資、盈餘轉增資、公積。

股本＝現金增資＋盈餘轉增資＋公積

當一個企業在最開始形成時，都是籌資構成，所以在成立時，通常是百分百的現金增資；當公司賺錢了，再拿賺到的錢發給公司股東，這個部分就是盈餘轉增資；當公司把可轉換公司債換成股票，以及土地增值，或是以過去現金溢價，這個部分就是公積。

回到現實面，**企業真正有價值的部分**，只有盈餘轉增資，這代表的企業穩定的獲利能力，也顯示這間企業過去的經營績效（所有的地雷股，在盈餘轉增資這一塊，都有問題）。

另一方面，現金增資的比重，則代表了企業是不是一直當伸手牌，

一直跟市場要錢，卻沒有能力獲利？

　　如果一間公司是建立在現金增資上，就跟把房子蓋在沙上沒什麼兩樣。

　　此外，還要注意公司成立了多久？

　　新的公司，現金增資高是正常的，不過若是兩年內此公司現金增資比例還是無法下降，就不是我們該拿血汗錢投入的最佳標的——這也是我常說**不投資經營未滿兩年的企業**的主要原因。

　　在公積部分，也可視為公司並未專營本業，甚至有經營者不知道如何處理財產的問題，也不是好現象。

獲利能力，看兩數字

說到企業的獲利能力，相信大家的眼睛都亮了起來！

企業獲利能力的表現，是股東非常關切的，那麼，該從哪些地方來了解呢？

首先從**毛利率**開始篩選。

毛利指的是「收入減掉支出的成本」。

毛利率是非常重要的選股指標，我個人認為，值得留下來觀察的企業，毛利率最少要在 15％以上。

所以，若是賺一百元，要支出九十元成本，這樣的企業就是該捨棄的標的。

再來，要來看看**營業費用**。

可別以為付了成本就沒事了喔，因為，企業的管理、研發等費用，可是一項也跑不掉——這部分也與毛利率息息相關，愈高的毛利率，企業可承受的風險自然愈高。

當營業毛利扣除營業費用後，剩下的部分就是營業利益，這，才是企業獲利的終端數字。

依照月風的選股經驗，**毛利率 15％以上，營業利益 10％以上的企業，較值得投資。**

股票在誰手上？很重要！

上述提到的，都與財務報表數字分析有關，現在我要提醒讀者朋友的是：人。

有位聽眾問我，某檔普遍被認為會漲的知名公司股票，為什麼一直跌？

「你覺得，連公司大股東都不要的股票，有漲的道理嗎？」我反問。

沒錯！在看了數字之後，別忘了看一下股票握在誰手上！也就是所謂的「籌碼分析」。

股票，到底是握在喜歡殺進殺出的散戶中？還是了解公司的大股東手裡？或者很大的比重都被穩定性較高的法人吃下來？

若是股票發生內部人持續出脫持股的情況（內部人可包括經理人、董監事等），我們可以思考一下，通常內部人對公司的了解較外部投資人清楚，因此，當內部人出脫持股時，可能代表內部人對公司前景不看好，或有不為外部人所知的財務操控，值得注意的。

比如，如果王永慶都不要台塑的股票了，你敢買嗎？

當然，有時內部人為了個人的理財安排也可能出脫持股的情形，因此，只有在內部人持續大量出脫或多位內部人同時出脫持股時，較

可視為值得懷疑的指標。

再來，請觀察「大股東質押比例」。這個比例一旦偏高，很可能是大股東為了個人的財務週轉，而大量質押股票向銀行借錢，萬一股票價格下跌，大股東可能面臨還錢或股票被斷頭的壓力，在此情況下，他可能會要求公司管理階層操弄盈餘數字來維持股價，或甚至挪用公司資金來解除個人財務危機。

另一種可能是，經營階層為了把持公司，仍然持有股票，不過都拿去質押，就算公司倒了也無所謂——這都是要注意的部分。

我認為，**應該捨去大股東質押過高，或是經營階層持股過少的企業**。（當然，大企業股本過大，算是例外，不過，這樣的企業，對我來說，本來就是投資該捨棄的標的）。

在第一章即將結束前，我想再次呼應一開始所提到的：**基本分析的好壞，會因個人的主觀而不同，但企業操弄公司的方法，永遠都是那幾招**，所以，如能在獲利前先想到風險，未謀勝、先慮敗，將可以讓投資風險降到最低。

我們不可能百戰百勝，不過可以百戰不殆，把自己先立於不敗之地，之後要獲勝是不是比較簡單呢？

不論學的再多，最重要的還是實際去運用所學的知識，希望所有朋友們都可以離開虧損的泥淖，迎向與獲利同在的未來！

第 2 章

避開
有風險的公司

投資跟投機的差別在於：投資就是用最小的風險承擔合理的利潤；投機則是用合理的風險獲取最大的利潤。

臺灣真正正派經營的公司少之又少，我們必須要用嚴格的方式找出來，才能避免虧損。如果我們不是用最嚴格的標準審查一家公司，相對的，我們要承受的風險就會比較高。

本章中，我將告訴大家如何從財務分析、籌碼分析看出公司的風險，只要我們學習避開這些有大風險的公司，至少就能保有更多的安全值。

從財務分析圖，看穿公司體質

很多投資人都認為基本面超重要，可是，我們能確定看到的基本面跟真實情況是一樣的嗎？

有些公司藉由做假財報，讓我們以為公司獲利很多，這對我們一點幫助都沒有。

因此，我將不只從財務分析角度來教大家了解基本面，而是會讓各位讀者朋友們看到更多你必須要看到的事。

接下來，我以中興保全為例，教大家如何看財務報表。

▌從公開的基本資料看端倪

首先看到中保的基本資料，可以得知公司的股本大小、總市值、董事長是誰、公司營業項目／比重……等。

中保（9917）基本資料

開盤價	78.2	最高價	78.7	最低價	77.7	收盤價	77.8
漲跌	-0.6	一年內最高價	79.5	一年內最低價	66.5		
本益比	17.37	一年內最大量	1,709	一年內最低量	24	成交量	323
同業平均本益比	31.86	一年來最高本益比	18.04	一年來最低本益比	15.37	盤後量	
殖利率	4.69%	總市值	34,584	85年來最高總市值	35,340	85年來最低總市值	8,775

投資報酬率（04/21）		財務比例（102.4Q）		投資風險（04/21）		稅額扣抵率	
今年以來	4.01%	每股淨值（元）	23.35	貝他值	0.36	2013年	21.02%
最近一週	-139.00%	每人營收（仟元）	N/A	標準差	0.73%	2012年	20.48%
最近一個月	2.37%	每股營收（元）	7.56			2011年	18.10%
最近二個月	1.83%	負債比例	43.75%			2010年	22.36%
最近三個月	1.70%	股價淨值比	3.33			2009年	32.28%

基本資料		獲利能力（102.4Q）		前一年度配股		財務預測102	公司估
股本（億,台幣）	44.45	營業毛利率	37.74%	現金股利（元）	3.5	預估營收（億）	N/A
成立時間		營業利益率	17.73%	股票股利	0.15	預估稅前盈餘	N/A
初次上市（櫃）日期		稅前淨利率	18.87%	盈餘配股	0.15	預估稅後盈餘	N/A
股務代理	元大寶來證02-25865895	資產報酬率	2.94%	公積配股	0	預估稅前EPS	N/A
董事長	林孝信	股東權益報酬率	5.09%	現金增資（億）	N/A	預估稅後EPS	N/A
總經理	小野寺博史			認股率（每仟股）	N/A		
發言人	蘇瑩彭			現增溢價	N/A		
營收比重	服務收入 82.80%、工事收入 11.60%、其他收入 6.10%（2012年）						

公司電話	02-25575050						
網址	www.secom.com.tw						
公司地址	台北市鄭州路 139 號 6 樓						
年度	103	102	101	100	99	98	97	96
最高總市價	35,340	34,006	29,695	26,049	26,449	23,916	31,073	29,961
最低總市價	33,340	28,494	23,916	22,982	21,560	18,248	15,825	20,559
最高本益比	18	18	17	15	20	19	18	17
最低本益比	17	15	13	13	14	12	9	12
股票股利	N/A	0.15	0	0	0	0	0	0
現金股利	N/A	3.5	3.4	3.3	3.1	3	3	3.5
說明	本益比數據由交易所提供。						
計算公式：本益比－收益價／每股稅後純益。							

資料來源／凱基期貨超級大三元軟體（AP）

很多投資人會著重股本大小，其實，總市值比股本大小要來得更重要。

當總市值很高時，要拉抬股價付出的成本就會很重，相對之下炒作的意願跟機率就會比較低。 當然，一旦公司股本這麼高的時候，公司再好獲利也會有極限，無法一直成長。

以 7-11 為例，它非常賺錢，然而，市值也很大，但是能賺進的錢不可能一直擴張。假如 7-11 的營收是一年五十億，市值原本一百億，隔年市值卻增加到一百五十億，營收就算賺六十億，獲利的數值也不會太高，而當公司愈擴愈大，市值跟著變大時，獲利率當然也就會愈來愈低。

另外，董事長是誰也很重要！

所謂的重要，指的是**董事長只是掛名？還是真的有在做事？**

只要在籌碼分布表中看看董監持股，就會知道法人與經理人的持股比重，由此可以看出董事長是不是真的老闆。

例如：一位高科技業的名人，就常常掛名為董事長，目的就是吸引外資。

我在分析公司的基本面時，也常常關切股票多數持有人是誰？這些人與經營者是否休戚與共？如果董事長或總經理是請來的，那麼，公司賠或賺？當然不如自己經營在意。

董監持股最少要 10%～20% 才是安全的比重，且市值愈小的公司，董監持股比例愈重愈好。以三到五億的公司規模（股本）來說，董監持股最好都要在 40% 以上會比較妥當。

▌從相關產業景氣循環圖觀察公司的前景

公司營業項目和比重，也是一個重點，因為財務報表不只看該家公司，而是要「同類公司做比較」，當同期同樣的產品相比較時，才能看出良莠！

比重的部分，則可做為確認公司營業項目的方式之一：假如公司的營業項目是橡膠，但比重呈現出來的是 20%，就表示該公司已經不務正業了。

在一家「相關產業景氣循環分類圖」，會告訴你公司是在做什麼的？及整體的狀況。這個指標參考用就好，**如果顯示股票在衰退就一定是真的；如果在成長，就要考慮一下真實性了。**

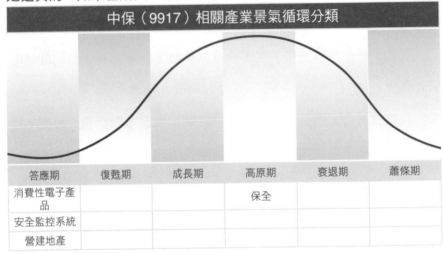

中保（9917）相關產業景氣循環分類

	答應期	復甦期	成長期	高原期	衰退期	蕭條期
消費性電子產品				保全		
安全監控系統						
營建地產						

資料來源／凱基期貨超級大三元軟體（AP）

■ 從股本形成和股本政策觀察公司的成長空間

從一家公司的股本形成表中可以看出這家公司股本形成、現金增資、公積和盈餘轉增資。

中保（9917）之股本形成

單位：億元

年度	現金增資	比重	盈餘轉增資	比重	公積及其他	比重
103	3.147	7.08%	32.944	74.11%	8.362	18.81%
102	3.147	7.08%	32.944	74.11%	8.362	18.81%
101	3.147	7.08%	32.944	74.11%	8.362	18.81%
100	3.147	7.08%	32.944	74.11%	8.362	18.81%

99	3.147	7.08%	32.944	74.11%	8.362	18.81%
98	3.147	7.08%	32.944	74.11%	8.362	18.81%
97	3.147	7.08%	32.944	74.11%	8.362	18.81%
96	3.147	7.08%	32.944	74.11%	8.362	18.81%
95	3.147	7.08%	32.944	74.11%	8.362	18.81%
94	3.147	7.15%	32.944	74.85%	7.921	18.00%
93	3.147	7.29%	32.081	74.35%	7.921	18.36%
92	3.147	7.29%	32.081	74.35%	7.921	18.36%
91	3.201	7.59%	32.622	77.32%	6.367	15.09%
90	3.201	7.97%	30.613	76.19%	6.367	15.85%
89	3.452	8.76%	31.043	78.81%	4.897	12.43%
88	3.452	10.25%	25.314	75.20%	4.897	14.54%
87	3.452	11.48%	21.713	72.23%	4.897	16.29%
86	1.952	8.88%	17.319	78.83%	2.7	12.29%
85	1.952	11.55%	12.249	72.48%	2.7	15.98%
84	1.952	15.01%	9.649	74.22%	1.4	10.77%
83	1.952	19.52%	6.649	66.49%	1.4	14.00%
82	1.952	24.39%	4.649	58.11%	1.4	17.50%

資料來源／凱基期貨超級大三元軟體（AP）

股本形成：可看出公司現在的成分，是現金增資還是盈餘轉增資。現金增資就是只跟股東要來的；盈餘轉增就是公司營運賺來的。

現金增資：指的是股東除了一開始拿出來的錢之外，後來又再補加的資金。我們可以想一想，什麼情況下公司需要股東一直拿錢出來？這樣思考就很容易了解，現金增資愈低愈好，太高代表公司沒有賺到錢。

公積：可能是土地上漲、未實現利益等，雖然不是很重要，但若是比重太大也不太好，代表錢都不是靠本業賺來的（**公積比重最好不要超過 20%**）。

一家正派經營的公司，就是要靠本業賺錢。試想，如果我們投資一家牛肉麵公司，結果卻不是因為牛肉麵生意好賺錢，而是因為房子的點設的好而漲了，會不會覺得很奇怪呢？

很多公司都靠投資奇奇怪怪的東西賺了很多錢，不是說不好，只是這種狀況通常有一無二，不能成為一個持續賺錢的方法，我們要的應該是**長期累積的報酬率**。

此外，資本額和公積愈多，通常代表公司不能承受太大的景氣循環（因為無法囤起來放）！

盈餘轉增資：**盈餘轉增資愈多，代表公司愈賺錢，可以透過自己賺的錢填滿股本**。比如，有家公司原本股東資本是兩三千萬，但現在已經有兩三億了，也就是說，現在公司有幾個百分比是本利和賺的，所以這樣的公司風險就會比較低。

股利政策：在這個表中要注意的是「員工配股率」。一般人會認為要看的是在於配股穩不穩定，其實不然，如果員工買一大堆，這行業千萬不要購買。因為以臺灣股市的經驗來看，多數員工拿到股票就會想要直接賣掉，與公司同進退的情況較為罕見。所以，員工買一大堆的情況，比較有可能像是在圖利員工。附帶一提，員工配股高的行

業，通常都不是傳產業。

　　一間公司若在成長時，一定是用盈餘配股；但當一家公司成長到一定程度，成長率愈來愈小時，一定是配現金。所以我們只要看一看公司習慣配現金還是股票，就可以知道還有沒有成長空間。沒有成長空間不代表不好，只是成長的空間就會比較局限。

中保（9917）之股利政策

單位：元

年度	現金股利	盈餘配股	公積配股	股票股利	合計	員工配股率 %
102	3.5	0.15	0	0.15	3.65	0
101	3.4	0	0	0	3.4	0
100	3.3	0	0	0	3.3	0
99	3.1	0	0	0	3.1	0
98	3	0	0	0	3	0
97	3	0	0	0	3	0
96	3.5	0	0	0	3.5	0
95	3	0	0	0	3	0
94	2.5	0	0.1	0.1	2.6	0
93	2.2	0.2	0	0.2	2.4	0
92	2	0	0	0	2	0
91	1.6	0	0.4	0.4	2	0
90	1.5	0.5	0	0.5	2	0
89	1	0.5	0.5	1	2	0
88	0.5	1.7	0	1.7	2.2	0
87	0.8	1.2	0	1.2	2	0
86	0	2	1	3	3	0
85	0	3	0	3	3	0
84	0	2	1	3	3	0
83	0	3	0	3	3	0
82	0.5	2.5	0	2.5	3	0
81	0	2.7	0	2.7	2.7	0
80	0	3.5	0	3.5	3.5	0
79	0	5.05	0	5.05	5.05	0
78	0	5.15	0	5.15	5.15	0
77	0	8	0	8	8	0

資料來源／凱基期貨超級大三元軟體（AP）

▌經營績效注重的應是 EPS 穩定度

經營績效：很多人會看每股盈餘（EPS），但其實這是可以造假跟操弄的。EPS 只要注意是不是穩定就可以。**EPS 維持穩定的狀況，會比看到 EPS 很高還來得有可靠度。**大家要記得，**不要買未來要買現在**，因為未來太不可知了，現在不好的公司，未來要好實在太難預測，相信當下的情況才是實際的作為。**此時此刻可以穩定賺錢的公司，未來才有可能再繼續穩定賺錢。**

					中保（9917）之經營績效		
							單位：億元
年度	加權平均股本	營業收入	稅前淨利	稅後淨利	每股營收（元）	稅前每股盈餘（元）	稅後每股盈餘（元）
102	4,341	12,613	2,416	1,946	29.05	5.56	4.48
101	4,341	12,059	2,279	1,879	27.78	5.25	4.33
100	4,341	11,649	2,148	1,740	26.83	4.95	4.01
99	4,341	11,175	2,081	1,703	25.74	4.79	3.92
98	4,341	11,176	1,917	1,457	25.75	4.42	3.36
97	4,334	11,873	1,651	1,311	27.35	3.81	3.03
96	4,322	10,337	2,489	1,842	23.88	5.76	4.26
95	4,316	8,947	2,241	1,701	20.73	5.19	3.94

資料來源／凱基期貨超級大三元軟體（AP）

▌ 獲益能力也是看重稅後淨利的穩定值

中保（9917）獲利能力分析

單位：百萬

102 年度

季別	毛利率	營益率	稅前盈利率	稅後盈利率
四	37.74%	17.73%	18.87%	15.84%
三	38.53%	19.49%	20.12%	16.65%
二	38.64%	18.97%	18.9%	15.08%
一	37.69%	18.93%	18.72%	15.34%

101 年度

季別	毛利率	營益率	稅前盈利率	稅後盈利率
四	20.93%	18.55%	17.47%	14.22%
三	43.5%	18.76%	20.04%	17.12%
二	43.39%	18.91%	19.03%	15.36%
一	43.66%	18.87%	19.08%	15.68%

100 年度

季別	毛利率	營益率	稅前盈利率	稅後盈利率
四	20.58%	17.64%	16.03%	12.41%
三	41.27%	17.24%	19.22%	15.97%
二	41.74%	18.07%	19.54%	15.89%
一	41.38%	17.41%	18.96%	15.71%

99 年度

季別	毛利率	營益率	稅前盈利率	稅後盈利率
四	34.95%	16.4%	18.42%	14.07%
三	42.83%	17.47%	17.64%	15.02%
二	46.57%	14.59%	18.9%	15.85%
一	40.62%	18.1%	19.64%	16.01%

98 年度

季別	毛利率	營益率	稅前盈利率	稅後盈利率
四	41.35%	15.91%	13.82%	10.65%
三	43.14%	14.94%	17.66%	12.39%
二	44.62%	16.97%	19.79%	15.49%
一	44.48%	18.04%	17.75%	13.45%

97 年度

季別	毛利率	營益率	稅前盈利率	稅後盈利率
四	48.68%	18.24%	6.87%	6.48%
三	44.28%	15.62%	11.63%	7.48%
二	42.08%	16.67%	17.8%	12.94%
一	43.98%	17.73%	18.9%	14.37%

資料來源／凱基期貨超級大三元軟體（AP）

獲益能力：包含毛利率、營利率、稅後淨利率。

毛利率：假如一個飲料成本十元，賣價二十，毛利率就會是50％。毛利不高的公司經不起風險，若遇上削價競爭，就會因為議價能力差而失去競爭力。除非它是行業中翹楚，否則不應考慮（毛利率15％，是月風的最低標）。

營利率：將東西賣掉時需要的成本（如店租、水電、員工、管銷……等等）扣除後的獲利，稱為營業利率。若是毛利高，營利率低代表公司花的很兇，雖然產品賺很多，但是公司支出卻很大，這樣的公司不代表一定很會賺錢。

稅後淨利率：扣掉應繳稅額後的獲利稱之為稅後淨利率。在這個項目中，我們要求的是穩定度，一旦稅後淨利率的波動大，就要注意了。可能是公司景氣循環很嚴重，也可能是公司定位不明確，或者，商品的推陳出新造成獲益不穩定。

那麼，稅後淨利率的波動，怎麼樣叫作大？

月風認為，如果是**固定的商品**，例如可口可樂，**稅後淨利的波動應該都不常超過 3%～ 5%**。

愈是產品簡單的公司，愈容易穩定，以中興保全為例，提供的就是一項單一保全服務，相對就會比較穩定。

月風提醒

毛利超高快買？週轉率也要顧！

很多人看到毛利率高，就心花怒放覺得挖到寶。

且慢，如果產品只是單純毛利率高，反而要小心。

舉個例子，如果我在沙漠中賣一杯一百美金的果汁，它的毛利

率就會高，但因為客戶少的關係，導致週轉率不高，反而比我

在一般地方賣一杯十元的果汁還難賺。

聰明的你，請勿以為毛利超高就一定可下手，與其看毛利，不

如找到毛利率＋週轉率都很高的公司，相信更能讓你賺到錢。

■ 如何看待公司的轉投資？

很多公司都會有轉投資。讓我們來看看如何判斷轉投資？參考中

保轉投資一覽表。

中保（9917）轉投資						
					單位：仟元；仟股	
轉投資事業	投資幣別	投資成本	持股股數	持股比例	帳面價值（台幣）	會計原則
eSOON Group Holdings Corp.（Cayman）	台幣	N/A	1,246	17.20%	52,050	成本衡量
大眾電信	台幣	N/A	27,211	6.05%	0	備供出售
中保投資	台幣	415,130	206,879	100.00%	2,233,892	權益法
中保物流	台幣	613,878	44,674	100.00%	482,754	權益法
中保保險經紀人	台幣	3,600	608	60.00%	13,313	權益法

中保資訊	台幣	20,000	2,000	100.00%	10,347	權益法
元寶新興市場債 A	台幣	N/A	500	N/A	5,160	備供出售
台中南業銀行 98 年度 第 1 期次順位金融債	台幣	N/A	0	N/A	5,000	持至副期
台灣水泥	台幣	N/A	3,812	N/A	176,324	備供出售
台灣視訊系統	台幣	405,240	14,312	49.24%	99,252	權益法
永耕健康管理	台幣	21,000	2,100	37.50%	6,840	權益法
立保保金	台幣	198,006	69,986	100.00%	984,913	權益法
立偉電子	台幣	74,200	5,738	35.64%	75,390	權益法
安豐企業	台幣	10,820	900	30.00%	13,277	權益法
青春茶寮文化事業	台幣	N/A	1,000	11.68%	0	成本衡量
科傑控盤	台幣	66,416	2,000	39.22%	52,172	權益法
國產寶業建設	台幣	1,374,479	89,876	5.91%	1,650,258	權益法
國雲公寓大廈管理維護	台幣	101,911	24,751	80.96%	313,855	權益法
國雲保全	台幣	40,034	21,210	100.00%	407,776	權益法
國興保全	台幣	0	29,322	83.77%	454,063	權益法
眾品科技	台幣	N/A	192	0.32%	2,102	成本衡量
博訊科技	台幣	266,755	25,480	73.75%	278,480	權益法
復興航空 XX	台幣	597,042	46,238	8.34%	673,980	權益法
華亞開發	台幣	87,195	6,677	25.48%	64,250	權益法
臺灣工業銀行	台幣	N/A	15,577	0.65%	97,513	備供出售
遠鼎創業投資	台幣	N/A	5,000	2.08%	50,000	成本衡量
樂副家國際娛樂	台幣	186,480	7,088	21.02%	79,858	權益法
錢隆科技	台幣	N/A	2,440	10.61%	8,809	備供出售
環華證券金融	台幣	N/A	1,172	0.16%	7,441	備供出售
駿馬 R1	台幣	N/A	22,973	N/A	374,919	備供出售
以上資料來自各公司財務報表及年輕，僅供參考，實際數字以公司發佈為準						

資料來源／凱基期貨超級大三元軟體（AP）

個人認為，一家公司如果投資很多別的副業，通常公司狀況不會太好。試想如果公司本業很賺錢，為什麼要把錢拿去別處投資？

不過，也有特例。比如：投資與自身相關的產業。

以中保為例，它投資中保物流，但也投資了其他不相關的產業（如水泥、債券……）。

說真的，不少公司的賠錢，都是轉投資賠掉的，請記住，**我們買一家公司的股票，不只是投資了公司的資產，甚至也投資了經營者的想法**。所以，若是經營者想法偏差，我們的投資就會跟著出問題。

投資成本：在同一張圖表中，也看到了「投資成本」的欄位。投資成本要對應到帳面價值，才會知道是不是賺錢的。

有一類公司專門靠投資賺錢，但為數不多，除非我們能找到真的很厲害的轉投資公司，否則真的少碰為妙。尤其有些公司會靠投資來操縱公司的財務，從中掏空的機會很大，更不容小覷。

營收明細：在觀察營收明細時，我們可從穩定度及循環兩項指標來判斷。營收不見得高就好，有時候，削價競爭也會造成營收高。因此，個人建議是，如果公司能維持穩定然後緩慢成長，這家公司大致達到一定的飽和市場，競爭者難以進入的情況，代表公司可以有穩定的收益。

在循環部分，有些行業會有景氣循環，例如房仲業就是景氣循環超明顯的產業，虧損跟賺錢都是分好幾期算的。景氣好就會好幾期賺，但是差就會賠好幾期。所以，觀察營收再配合市場脈動，會讓我們更容易找到低點，獲得利益。

中保（9917）月營收明細

單位：仟元

年 / 月	合併營收	月增率	去年同期	年增率	累計營收	年增率
103/03	1,061,492	6.90%	1,081,821	-1.88%	3,143,679	2.97%
103/02	992,964	-8.84%	975,416	1.80%	2,082,187	5.62%
103/01	1,089,223	-3.80%	995,888	9.37%	1,089,223	9.37%
102/12	1,132,249	2.75%	1,023,731	10.60%	12,612,747	4.59%
102/11	1,101,927	5.15%	993,816	10.88%	11,480,498	4.04%
102/10	1,047,953	-2.61%	985,425	6.35%	10,378,571	3.36%
102/09	1,076,036	2.48%	1,019,258	5.57%	9,330,618	3.01%
102/08	1,050,039	2.86%	1,017,260	3.22%	8,254,582	2.71%
102/07	1,020,824	-1.68%	1,006,737	1.40%	7,204,543	2.64%
102/06	1,038,249	-0.07%	997,474	4.09%	6,183,719	2.85%
102/05	1,038,987	-1.36%	1,045,428	-0.62%	5,145,470	2.60%
102/04	1,053,358	-2.63%	975,966	7.93%	4,106,483	3.45%
102/03	1,081,821	10.91%	1,057,314	2.32%	3,053,125	1.99%
102/02	975,416	-2.06%	977,274	-0.19%	1,971,304	1.81%
102/01	995,888	-2.72%	958,983	3.85%	995,888	3.85%
101/12	1,023,731	3.01%	1,003,110	2.06%	12,058,666	3.52%
101/11	993,816	0.85%	964,357	3.05%	11,034,935	3.65%
101/10	985,425	-3.32%	934,790	5.42%	10,041,119	3.71%
101/09	1,019,258	0.20%			9,055,694	
101/08	1,017,260	1.05%	1,084,345	-6.19%	8,036,436	-4.51%
101/07	1,006,737	0.93%	1,065,459	-5.51%	7,019,176	-4.25%
101/06	997,474	-4.59%	1,026,389	-2.82%	6,012,439	-4.00%
101/05	1,045,428	7.12%	1,056,318	-1.03%	5,014,965	-4.25%
101/04	975,966	-7.69%	1,051,075	-7.15%	3,969,537	-5.05%
101/03	1,057,314	8.19%	1,055,669	0.16%	2,993,571	-4.32%
101/02	977,274	1.91%	1,011,686	-3.40%	1,936,257	-6.69%
101/01	958,983	-4.40%	1,063,117	-9.80%	958,983	-9.80%
100/12	1,003,110	4.02%			11,649,007	
100/11	964,357	3.16%			10,645,897	
100/10	934,790				9,681,540	
100/09		-100.00%	1,010,658	-100.00%		-100.00%
100/08	1,084,345	1.77%	995,147	8.96%	8,415,944	5.38%

資料來源／凱基期貨超級大三元軟體（AP）

產銷組合：產銷組合看的是企業本身收入來源。如果產銷組合很複雜，就要小心了。一家公司若是想要多角化經營，一旦沒成功，就會變成「多慘化經營」，什麼都要卻什麼都不專精。

產銷組合愈集中，表示穩定度愈高，相對風險也會愈高。為了避免這個風險，我們要看清楚這家公司是否為該行業的佼佼者。

中保（9917） 產銷組合					
年月	產品名稱	單月銷售值（仟元）	單月構成（％）	累計銷售值（仟元）	累計構成（％）
101 / 04	電子工程收入	47,435	9.41%	209,107	10.29%
--	電子服務收入	426,054	84.51%	1,698,401	83.60%
--	其他營業收入	30,636	6.08%	124,157	6.11%
--	銷貨退回及折讓	-2,236	0.00%	-8,034	-0.40%
101 / 03	電子工程收入	63,037	12.17%	161,672	10.58%
--	電子服務收入	424,328	81.92%	1,272,347	83.29%
--	其他營業收入	30,591	5.91%	93,521	6.12%
--	銷貨退回及折讓	-2,237	0.00%	-5,798	-0.38%
101 / 02	電子工程收入	49,448	9.86%	98,635	9.77%
--	電子服務收入	421,889	84.09%	848,019	84.00%
--	其他營業收入	30,398	6.06%	62,930	6.23%
--	銷貨退回及折讓	-2,543	-0.51%	-3,561	-0.35%
101 / 01	電子工程收入	49,187	9.69%	49,187	9.69%
--	電子服務收入	426,130	83.91%	426,130	83.91%
--	其他營業收入	32,532	6.41%	32,532	6.41%
--	銷貨退回及折讓	-1,018	-0.20%	-1,018	-0.20%

資料來源／凱基期貨超級大三元軟體（AP）

在一個產業中，一定要投資最好的公司，第一名的公司能成為第一名、持續的成長，一定是有他的原因的。最有錢的人一定投資最好的，所以黃金的價格一定比白銀好，漲幅高跌幅小。重點是，如果我們投資最好的，我們等於和最有錢的人同進退，這也是一種投資心理學喔！

 月風提醒

關於掏空

不可否認的，有某些老闆在經營公司時，比較沒良心，會邊經營邊掏空！掏空的定義是「將甲公司的虧損視為乙公司的獲利」——這就是最基本的掏空定義。

公司有時會透過轉投資或母子公司的方式達到這樣的效果，為了更進一步預防，我們可以看看董監持股的多寡，如果董監持股少的公司，對投資者而言，屬於較不利的狀態，另外，也可以透過財務報表看出公司的財務是否透明化。

從籌碼分析圖，解讀公司前途

　　籌碼分析與財務分析是密不可分的。籌碼分析可說是股市中最重要的一部分，如果不願意試著了解籌碼分析，真的難以在市場中獲利。

▌三大法人，參考價值低

　　首先，從三大法人買賣超說起。

　　所謂三大法人，指的是外資、投信、自營商。

　　經常看股票節目的讀者朋友們，一定常常聽到主持人將三大法人掛嘴邊。

　　三大法人的參考價值高嗎？個人認為：很低。

　　原因在於，三大法人由太多的群眾組成，大家對於投資的意見標的都不同。單獨參考或許有價值，但如果全部混合成的一條線，意義其實並不大。

　　外資和投信買股票的心態和自營商相當不一樣，**外資重視的是布局；投信是要在短期內做出績效，或是幫主力出貨；自營商則是想在短時間內賺到錢**，也許兩三天就會做進出。所以，你所看到市場上很多關於三大法人的籌碼分析，其參考價值其實都微乎其微。

▋董監持股，必看！

我在十六歲開始學習投資之後，很少被騙，因為我發現資源總和是固定的，只要有人多拿，就會有人少拿。尤其在股票市場中，每個人進場都是為了利益，所以一個人的多得，勢必建立在另外一個人的付出。

只要了解這個道理，想清楚每個人每件事背後的動機，我們就不太可能被騙。

回頭來看籌碼分析，愈是賺錢的公司，愈多人想要持有它的股份，所以，特別賺錢的公司，也有可能不上市。

由此可知，一家公司既然上市，那麼，董監持股絕對是非常重要的事情，也可以說，要看一家公司好不好，就要看公司董監會持股多少，持的愈少，就代表他們涉入程度愈低，公司虧損也虧不到他頭上，那麼，這樣的公司就不太可信。

如果一家公司董監持股太少的情況下，組成都是外資投信自營商，那這樣公司要是賠錢就不關董監的事，這樣的情況，也會增加董監掏空公司的可能。

想想，若是一百億的資本額只能分到５％，我想，大家都會傾向直接吞掉一百億吧？

接下來，我以中興保全為例，告訴大家籌碼分析怎麼看！

中保（9917）董監事經理人及大股東持股明細

資料日期：103/03
選任日期：100/06/15

職稱	姓名／法人名稱	持股張數	持股比例	質押張數	質押比例
董事兼總經理	SECOM 株式會 - 小野寺博史	121,291	27.29%	0	0.00%
常董	SECOM 株式會 - 佐藤興一	121,291	27.29%	0	0.00%
常董	SECOM 株式會 - 和田均	121,291	27.29%	0	0.00%
總經理	小野寺博史	114	0.03%	0	0.00%
大股東	中華郵政（股）	8,400	1.89%	0	0.00%
總經理	王福基	16	0.00%	0	0.00%
董事	田弘茂	135	0.03%	0	0.00%
副總	朱漢光	1	0.00%	0	0.00%
副總	江文亮	0	0.00%	0	0.00%
部門總經理	李榮貴	21	0.00%	0	0.00%
董事	杜恒誼	0	0.00%	0	0.00%
人股東	杜萬全慈善事	8,442	1.90%	0	0.00%
部門總經理	周興國	0	0.00%	0	0.00%
監察人	尚璟投資（股）- 游銘賢	3,263	0.73%	0	0.00%
董事長	承信投資（有）- 林孝信	15,663	3.52%	7120	45.46%
董事	東樹投資（股）- 陳敏斷	573	0.13%	0	0.00%
法人代表	林孝信	7,927	1.78%	4400	55.51%
副董兼部門總經理	林明昇	1,174	0.26%	570	48.55%
副總	林建涵	1,085	0.24%	500	46.08%
副總	林榮元	1	0.00%	0	0.00%
大股東	欣蘭企業（股）	13,946	3.14%	0	0.00%
董事	金葵（股）- 許明德	457	0.10%	300	65.65%
董事	長僑投資開發（有）- 廖偉志	1,125	0.25%	0	0.00%
部門總經理／財務	徐蘭英	0	0.00%	0	0.00%
副總	張俊元	20	0.00%	0	0.00%

資料來源／凱基期貨超級大三元軟體（AP）

　　在監事經理人及大股東持股明細表中，我們可以看到，該公司的董監持股，董事長僅持有 3.52％：你覺得這樣的比重，董監事會認真經營的可能性，是高還是低？

中保（9917）申報轉讓				
日期	申報人	身分	申報張數	轉讓方式
97/12/22	林孝信	關係人	20	
97/12/22	莊景珠	關係人	20	
92/05/30	林孝信	關係人	2,000	
91/12/23	林月娟	監察人	35	
90/11/23	霖蕊（股）	董事	500	
90/11/16	林孝信	董事	3,200	
90/11/06	林月娟	監察人	30	
90/05/25	林柏峰	董事	1,688	
89/12/16	林月娟	監察人	30	
88/08/31	林月娟	監察人	12	
88/05/12	林志昶	關係人	1,000	
88/03/22	杜萬金	關係人	小於 1	
88/03/04	杜萬金	關係人	3,620	
87/06/30	林志昶	關係人	500	
87/05/07	林孝信	關係人	1,000	
87/03/13	林嘉政	關係人	700	
87/03/09	林嘉政	關係人	600	
86/12/18	林月娟	監察人	200	
86/12/05	林志昶	關係人	500	
86/02/20	林月娟	監察人	200	
86/02/17	林孝信	關係人	1,000	
86/01/07	林志昶	關係人	1,000	
85/05/09	林孝信	董事長	500	
85/02/23	林孝信	董事長	1,000	
84/08/30	林月娟	監察人	15	
84/06/07	林孝信	董事長	200	
84/05/29	林孝信	董事長	370	
* 以上資料來自公開資訊觀測站				

資料來源／凱基期貨超級大三元軟體（AP）

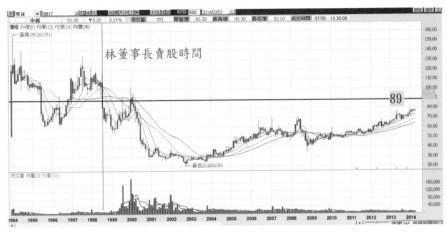

林董事長賣股時間

中保 K 線圖

　　我們來看一下董事長把股票賣掉的紀錄及 K 線圖（參看「中保申報轉讓」和中保 K 線圖）。當八十七年左右，其他同行出現，市占率被壓縮時，董監比我們還要早知道，所以就會開始釋出股票。

　　各位讀者朋友們，如果你看到有間公司的董監一直賣股票，麻煩你一定要趕快跟著他一起賣——連老闆都不要了你還留著，那豈不是傻瓜嗎？

中保（9917）法人持股明細									
近五日　　自社區間：從　101　年　5　月　21　日 ~　101　年　5　月 25 日									
（自社區間僅提供一年內查詢）									
	買賣超				估計持股				持股比重	
日期	外資	投信	自營商	單日合計	外資	投信	自營商	單日合計	外資	三大法人
101/05/25	153	0	0	153	213,582	4,962	711	219,255	48.04%	49.32%
101/05/24	75	0	0	75	213,430	4,962	711	219,103	48.01%	49.29%

101/05/23	24	-1	-1	22	213,355	4,962	711	219,028	47.99%	49.27%
101/05/22	14	0	0	14	213,331	4,963	712	219,006	47.99%	49.27%
101/05/21	25	0	1	26	213,317	4,963	712	218,992	47.98%	49.26%
合計買賣超	291	-1	0	290						

資料來源／凱基期貨超級大三元軟體（AP）

從公司的法人持股明細中，顯示的是法人持股中，外資持有的比重。

外資跟我們評估的方式較不一樣，外資看好的是產業，是以該公司在臺灣有沒有前景去做評估，但這並不代表他評估到的產業經營者是否正派。

如果一個外資持有48％，想想，到底是怎樣的情況呢？

這間公司在董事長釋出股票後，有一位日本經營家買下27％的股份，實際上，公司的股權已經變成日本人的了。也就是說，中興保全幾乎已經被日產接走了。這也是我經常喜歡用中興保全為例子的原因，一般情況下，當公司董事釋出多數股票後，公司很難再起死回生，但中保卻走了另一個不同的道路。

從資產負債表，看出問題來源

資產負債表，是較複雜但非常重要的表。

先預告一下，接下來，你將會看到一些數字，當然，我還是秉持不說廢話的立場，並且盡量簡化，所以，為了未來選出好公司，請務必消化並學會。

中保（9917）資產負債表（年表）								
							單位：百萬	
期別	101	100	99	98	97	96	95	94
現金及約當現金	531	561	558	650	833	732	657	780
短期投資	640	511	302	273	195	242	1,238	808
應收帳款及票據	636	627	561	506	519	527	522	532
其他應收款	0	0	0	0	0	0	0	85
短期借支	0	0	0	0	0	0	0	0
存貨	64	79	63	57	59	49	51	53
在建工程	N/A	N/A	N/A	N/A	N/A	N/A	N/A	N/A
預付費用及預付款	104	118	93	107	65	88	71	82
其他流動資產	57	54	86	64	61	25	7	10
流動資產	2,032	1,948	1,663	1,657	1,732	1,664	2,545	2,349
長期投資	7,727	7,596	7,104	6,885	6,826	6,767	4,808	4,509
土地成本	1,003	733	733	733	733	733	1,115	1,115
房屋及建築成本	730	615	615	615	615	615	592	592
機器及儀器設備成本	414	408	405	415	573	596	567	548
其他設備成本	7,229	6,894	6,577	6,387	6,034	5,829	5,401	5,137
固定資產重估增值	0	0	0	0	0	0	0	0
固定資產累計折舊	-5,590	-5,412	-5,080	-4,836	-4,621	-4,452	-4,309	-4,090
固定資產損失準備	0	0	0	0	0	0	-79	0
未完工程及預付款	8	13	72	18	16	21	334	112

固定資產	3,794	3,251	3,322	3,332	3,351	3,342	3,620	3,413
遞延資產	13	0	1	3	5	21	334	112
無形資產	68	84	90	96	92	64	62	0
什項資產	217	213	196	182	178	164	149	131
其他資產	298	297	287	281	275	248	231	214
資產總額	13,821	13,091	12,376	12,155	12,183	12,021	11,204	10,486
短期借款	650	450	550	650	950	400	0	100
應付商業本票	0	0	0	150	50	100	0	0
應付帳款及票據	469	407	311	308	225	250	355	300
應付費用	402	392	374	333	341	332	342	258
預收款項	915	910	826	772	764	739	653	590
其他應付款	0	0	0	0	0	0	25	28
應付所得稅	117	148	130	120	177	181	185	168
一年內到期長期負債	0	0	0	0	0	0	0	0
其他流動負債	133	129	112	99	99	111	162	192
流動負債	2,686	2,437	2,302	2,432	2,605	2,112	1,721	1,637
長期負債	0	0	0	0	0	0	0	0
遞延貨項	0	0	0	0	0	0	0	0
退休金準備	833	630	493	362	219	173	103	84
遞延所得稅	0	0	0	0	0	0	0	0
土地增值稅準備	0	0	0	0	0	0	0	0
各項損失準備	0	0	0	0	0	0	0	0
什項負債	522	532	544	532	541	545	550	525
其他負債及準備	1,356	1,162	1,037	894	760	718	653	609
負債總額	4,042	3,598	3,339	3,326	3,365	2,829	2,375	2,245
股東權益總額	9,810	9,493	9,037	8,829	8,818	9,192	8,829	8,240
普通股股本	4,445	4,445	4,445	4,445	4,445	4,445	4,445	4,401
特別股股本	0	0	0	0	0	0	0	0
資本公積	852	823	728	714	679	661	566	577
法定盈餘公積	2,249	2,075	1,904	1,759	1,628	1,443	1,273	1,134
特別盈餘公積	617	545	370	223	176	31	75	62
未分配盈餘	2,582	2,416	2,400	2,323	2,378	3,085	2,822	2,462
長期投資評價損失	100	-23	-23	-50	-76	-35	72	-5
負債及股東權益總額	13,852	13,091	12,376	12,155	12,183	12,021	11,204	10,486

資料來源／凱基期貨超級大三元軟體（AP）

▌資產：現金為王

有位美國首富說過一句話：「我看公司只看一個地方，即：公司每季的現金有沒有增加！」

在財務報表上，所有東西都可能作假，銀行的戶頭卻不能亂報。所以，如果一間公司的現金能夠持續成長，它就是有在**賺錢**的。但公司的現金，可能不只放在銀行戶頭，也包含短期投資（一年內會實現的產值，如：應收帳款、流動資產……）、長期投資（土地、設備），這些，都會影響到公司獲益能力。

如果再加上長期的投資，如土地和設備，就會比較有疑慮，要特別留意。因為，**一旦公司要靠持續的投資設備才能獲益時，相對成本就會變大。**

▌負債：要小負債，多獲利

企業難免會有負債。

流動負債指的是一年要還清的部分（如應付帳款）。

請注意，**應收帳款**不一定收的到，但是應付帳款卻是一定要給出去的錢，所以，在觀察這兩個數字時，要特別留心。

在**一家公司在倒之前，必定會有幾個動作：股票出貨、長期負債、公司借錢**的部分，以前一則中興保全為例，可以看到它的長期負債為

零，非常優秀。長期負債指的是公司拿長期的資產（如土地廠房）做抵押所成為的負債。

當金融海嘯來臨時，沒負債的公司，絕對不會倒。至於企業如果有小負債，多獲利，未嘗不可。

一家公司在倒之前，必定會有幾個動作：股票出貨、公司借錢。

所以，公司只要持股夠高，負債比夠低，一定不會出事情。

換句話說，負債比愈低，公司愈不容易倒，風險就相對會比較低。

在資產總額部分，以中興保全為例，帳面上看起來好像挺不錯，資產總額很多很安全，但真的是這樣嗎？

還記得前文中，月風數次提到的安全數字嗎？

流動資產─（存貨＋應收帳款＋總負債）＝安全數字

流動資產包含存貨、應收帳款、現金……等等。所以扣掉不能兌現的存貨、不一定收得回的應收帳款還有負債，才會是一家好公司應該有的狀況。所以，安全數字愈高，公司風險就愈低。

績「憂」股，問題大揭露

任何一項技能，都要一再練習，才能達到更好的境界。

投資也是如此。

我在十六歲開始認識股票時，看了許多書，並且照著書上寫的操作，然後發現，很多似是而非的概念，會曲解我們的想法。

接下來，我將舉出三家公司，說明為什麼績優股也會出事？並教你看出問題的關鍵點，日後不會犯同樣的錯誤！

▌從營利率和籌碼分布看到問題

鑽全曾是所有法人都認為是績優股的公司，主要營業項目是工業打洞機，它的產品大都輸出到歐美國家，業績非常好。但是，為什麼這麼被看好的公司，曾經出過問題？

鑽全（1527）基本資料							
				最近交易日：04/22		市價單位：百萬	
開盤價		38.2	最高值	38.2	最低價值	37.8	收盤價	38
漲跌		-0.2	一年內最高值	40.15	一年內最低值	21.1		
本益比		11.08	一年內最大量	8,768	一年內最低量	200	成交量	621
同業平均本益比		26.49	一年來最高本益比	64.21	一年來最低本益比	9.68	盤後量	1

複利率		6.58%	總市價	5,825	85 年來最高總市價	12,200	85 年來最低總市價	2,142
投資報酬率（04/22）			財務比例（102.4Q）		投資風險（04/22）		稅額扣抵率	
今年以來		20.63%	每股淨值（元）	17.54	其他值	0.71	2013 年	21.14%
最近一週		2.70%	每人營收（仟元）	N/A	標準差	2.36%	2012 年	27.70%
最近一個月		2.29%	每股營收（元）	4.3			2011 年	20.48%
最近兩個月		15.85%	負債比例	78.11%			2010 年	0.00%
最近三個月		23.78%	股價淨值比	2.17			2009 年	33.33%
			營收市值比	N/A				
基本資料			獲利能力（102.4Q）		前一年度配股		財務預測 102	公司估
股本（億）		15.33	營業毛利率	26.23%	現金股利（元）	2.5	預估營收（億）	N/A
成立時間		72/07/02	營業利益率	16.61%	股票股利	0	預估稅前盈餘	N/A
初上市（櫃）日期		88/01/12	稅前淨利率	28.57%	盈餘配股	0	預估稅後盈餘	N/A
股務代理		群益金鼎證 02-27023999	資產報酬率	1.38%	公積配股	0	預估稅前EPS	N/A
董事長		賴明達	股東權益報酬率	5.66%	現金增資（億）	N/A	預估稅後EPS	N/A
總經理		賴明興			認股率（每仟股）	N/A		
發言人		賴伯彥			現增溢價	N/A		
營收比重		氣動打釘機 82.70%、其他 11.40%、鎂合金 5.8%（2012 年）						
公司電話		04-23598877						
網址		www.basso.com.tw						
公司地址		台中市 407 工業區 36 路 24 號						

年度	103	102	101	100	99	98	97	96
最高總市價	6,124	5,771	3,990	4,539	6,325	6,047	7,914	11,266
最低總市價	4,599	2,690	2,521	2,257	3,911	2,593	2,142	7,188
最高本益比	15	65	49	22	66	19	N/A	12

最低本益比	11	10	4	15	14	0	11	9
股票股利	N/A	0.00	0.00	0.00	0.00	0.00	0.00	0.00
現金股利	N/A	2.50	0.50	1.83	0.00	1.33	1.23	2.32

資料來源／凱基期貨超級大三元軟體（AP）

▲因為，很多事情，是財務報表分析不出來的。

鑽全（1527）之股本形成

單位：億元

年度	現金增資	比重	盈餘轉增資	比重	公積及其他	比重
103	-0.563	-3.67%	15.701	102.43%	0.190	1.24%
102	-0.563	-3.67%	15.701	102.43%	0.190	1.24%
101	-0.563	-3.67%	15.701	102.43%	0.190	1.24%
100	-0.584	-3.67%	16.284	102.43%	0.198	1.24%
99	-0.584	-3.67%	16.284	102.43%	0.198	1.24%
98	-0.637	-3.67%	17.773	102.43%	0.216	1.24%
97	-0.654	-3.67%	18.225	102.43%	0.221	1.24%
96	-0.684	-3.67%	19.074	102.43%	0.231	1.24%
95	-0.684	-3.67%	19.074	102.43%	0.231	1.24%
94	-0.684	-4.48%	15.702	102.97%	0.231	1.52%
93	-0.684	-4.62%	15.236	103.06%	0.231	1.57%
92	-0.684	-5.16%	13.710	103.41%	0.231	1.75%
91	-0.684	-5.21%	13.564	103.45%	0.231	1.76%
90	-0.684	-5.27%	13.430	103.48%	0.231	1.78%
89	1.532	14.24%	8.999	83.61%	0.231	2.15%
88	1.532	21.46%	5.374	75.29%	0.231	3.24%
87	1.532	33.95%	2.749	60.92%	0.231	5.13%
86	1.532	66.21%	0.782	33.79%	0	0.00%

資料來源／凱基期貨超級大三元軟體（AP）

鑽全（1527）之經營績效

單位：億元

年度	100	99	98	97	96	95	94	93	92	91	90	89	88	87	86	85	84
加權平均股本	16	16	17	18	18	19	15	15	13	13	13	11	7	5	2	1	1

營業收入	27.8	27.4	20.8	28.3	34.5	34.2	37.3	33.3	25.6	21.6	18.6	18.1	16.9	12.5	10.1	8.5	5.0
稅前盈餘	5.1	0.3	3.0	0.9	8.1	10.6	11.5	10.9	9.5	7.6	7.1	6.1	5.4	3.8	2.9	1.0	-0.0
稅後純益	3.8	0.1	1.6	1.0	6.2	7.2	8.9	8.5	7.2	6.0	5.6	4.7	4.1	2.9	2.3	0.8	0.0
每股營收（元）	17.7	17.2	12.6	16.3	18.7	18.6	21.5	22.5	19.3	16.5	14.4	16.8	23.7	27.8	43.6	108.5	63.5
稅前 EPS	3.2	0.2	1.8	0.5	4.4	5.7	7.6	7.4	7.2	5.8	5.5	5.6	7.5	8.4	15.3	13.1	-0.3
稅後 EPS	2.4	0.0	1.0	0.6	3.4	3.9	5.9	5.8	5.4	4.6	4.3	4.4	5.7	6.5	11.9	10.4	0.3

資料來源／凱基期貨超級大三元軟體（AP）

▲出事前看不出來

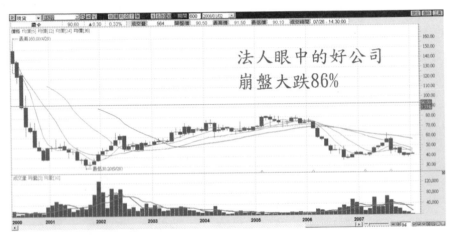

鑽全 K 線圖

　　我們來看看鑽全的股本形成表，看起來好像很賺錢，經營績效表的數字也很穩定，但出事後卻跌了 86％！

　　為什麼會這樣呢？

關鍵 1：營利率

鑽全 （1527）獲利能力分析			
			單位：百萬

·101 年度

季別	毛利率	營益率	稅前盈利率	稅後盈利率
一	23.52%	13.46%	-14.43%	-11.98%

·100 年度

季別	毛利率	營益率	稅前盈利率	稅後盈利率
四	24.77%	13.72%	7.85%	2.34%
三	25.95%	16.61%	73.89%	63.51%
二	24.63%	15.55%	-35.14%	-34.24%
一	22.97%	13.84%	23.48%	19.65%

·99 年度

季別	毛利率	營益率	稅前盈利率	稅後盈利率
四	27.74%	19.47%	-45.70%	-37.09%
三	29.24%	19.84%	-3.25%	-2.44%
二	30.08%	18.50%	28.6%	20.59%
一	27.94%	17.03%	15.77%	13.09%

·98 年度

季別	毛利率	營益率	稅前盈利率	稅後盈利率
四	28.48%	15.40%	21.90%	3.48%
三	29.24%	19.27%	9.90%	8.53%
二	22.23%	-0.30%	-26.22%	-19.63%
一	26.49%	10.74%	49.50%	38.39%

·97 年度

季別	毛利率	營益率	稅前盈利率	稅後盈利率
四	30.34%	18.39%	42.16%	31.49%
三	25.11%	16.51%	26.41%	21.36%
二	23.36%	10.58%	23.07%	19.10%
一	28.72%	18.70%	-63.78%	-46.98%

·96 年度

季別	毛利率	營益率	稅前盈利率	稅後盈利率
四	28.07%	16.13%	3.28%	2.97%
三	33.81%	25.62%	22.22%	17.80%
二	38.17%	29.83%	21.13%	15.40%
一	34.50%	25.31%	47.52%	36.21%

資料來源／凱基期貨超級大三元軟體（AP）

從這張圖表中，我們可以看到，鑽全的營利率忽高忽低，代表行業領導力不夠，所以必須隨著市場波動，這樣的投資不穩定，營收也非常不穩定，有時賺很多，有時跌幅高。

鑽全 （1527）籌碼分布

日期：05/25

	張數	占股本比例
董監持股	25,602	16.42%
外資持股	7,213	4.62%
投信持股	1,339	0.86%
自營商持股	0	0.00%
法人合計	8,552	5.48%
集保庫存	155,884	100.00%
融資餘額	3,971	2.55%
融券餘額	7	0.00%
六日均量	173	0.11%

附註：
1. 大戶與散戶之籌碼比：
   大戶 = 董監 ＋ 法人持股總數
   散戶 = 融資餘額
2. 籌碼安定度：
   大戶 = 董監 ＋ 法人持股總數占總股本比例
3. 由於董監可能是外資，
   故股本比例總和有可能超過 100%

資料來源／凱基期貨超級大三元軟體（AP）

鑽全 （1527）董監事經理人及大股東持股明細

資料日期：101/04

選任日期：99/06/17

職稱	姓名／法人名稱	持股張數	持股比例	質押張數	質押比率
董事長	八威投資（股）- 賴明達	16,427	10.54%	0	0.00%
協理	何榮茂	0	0.00%	0	0.00%
大股東	吳秋男	1,000	0.64%	0	0.00%
監察人	李曼華	0	0.00%	0	0.00%
協理	沈堯生	807	0.54%	0	0.00%

大股東	定興投資（有）	9,990	6.41%	0	0.00%
董事	洪忠雄	255	0.16%	0	0.00%
董事	洪睿雲	124	0.08%	0	0.00%
財會主管	胡如真	36	0.02%	0	0.00%
監察人	張瑋庭	3,059	1.96%	0	0.00%
董事	莊水旺	0	0.00%	0	0.00%
董事兼協理	陳進興	13	0.01%	0	0.00%
大股東	富邦人壽（股）	4,854	3.11%	0	0.00%
大股東	渣打託管維吉	847	0.54%	0	0.00%
大股東	劉淑香	2,188	1.40%	0	0.00%
監察人	蔡信華	4	0.00%	0	0.00%
董事兼副總	賴伯彥	3,016	1.93%	0	0.00%
大股東	賴伯峰	5,125	3.29%	0	0.00%
法人代表	賴明達	166	0.11%	0	0.00%
董事兼總經理	賴明興	2,704	1.73%	0	0.00%

資料來源／凱基期貨超級大三元軟體（AP）

　　再來看籌碼分布。看！董監持股僅 16.42％！要了解，鑽全並不是一間非常大的公司，內部的持股卻相當低，是不是有一種拿著投資人的錢在玩的感覺？加上董事長只有 10％ 的股份，投資虧了，最多不過虧 10％，賺了則有機會能掏空移轉一些出來，當然，董事會很甘願去做大風險投資。

　　現在，讓我們來計算看看，如果使用月風的安全數字公式，能否避開這個風險？

鑽全（1527）資產負債表（年表）

單位：百萬

期別	100	99	98	97	96	95	94	93
現金及約當現金	2,182	1,676	544	509	498	1,473	1,765	1,368
短期投資	257	121	1,179	965	2,671	1,211	690	178
應收帳款及票據	429	411	421	325	517	267	215	474
其他應收款	0	0	56	50	115	16	41	15
短期借支	0	0	0	0	0	0	0	0
存貨	622	574	516	491	487	456	429	459
在建工程	N/A	N/A	N/A	N/A	N/A	N/A	N/A	N/A
預付費用及預付款	0	0	14	29	12	15	14	18
其他流動資產	4,114	4,289	3,913	1,855	1,064	5	15	22
流動資產	7,605	7,071	6,643	4,224	5,364	3,442	3,170	2,533
長期投資	0	7	327	2,945	2,865	1,427	1,891	795
土地成本	305	305	305	305	305	305	305	305
房屋及建築成本	664	663	665	665	633	630	611	514
機器及儀器設備成本	1,758	1,737	1,699	1,659	1,536	1,299	1,204	995
其他設備成本	236	243	240	245	232	218	200	163
固定資產重估增值	0	0	0	0	0	0	0	0
固定資產累計折舊	-1,689	-1,537	-1,363	-1,189	-987	-788	-594	-467
固定資產損失準備	0	0	0	0	0	0	0	0
未完工程及預付款	13	3	3	4	51	62	28	83
固定資產	1,308	1,434	1,571	1,712	1,771	1,727	1,755	1,593
遞延資產	4	7	205	346	45	41	9	9
無形資產	6	6	0	0	0	0	0	0
什項資產	1,210	300	231	9	2	682	1	7
其他資產	1,220	313	437	354	47	724	10	16
資產總額	10,133	8,825	8,978	9,235	10,047	2,319	6,826	4,938
短期借款	5,701	4,693	4,857	3,454	3,078	1,160	1,710	1,130
應付商業本票	0	0	0	0	0	50	350	340
應付帳款及票據	284	206	177	171	237	167	143	149
應付費用	0	0	176	116	196	162	133	132
預收款項	0	0	30	17	26	4	22	8
其他應付款	0	0	3	4	23	13	18	11
應付所得稅	0	0	96	80	139	122	120	170
一年內到期長期負債	35	1,284	904	950	230	0	0	0

其他流動負債	229	191	1	1	0	0	0	0
流動負債	6,249	6,373	6,244	4,793	3,929	1,678	2,495	1,939
長期負債	1,200	315	195	1,880	2,500	2,010	1,000	0
遞延貨項	0	0	0	0	0	0	0	0
退休金準備	5	7	9	10	13	16	21	17
遞延所得稅	0	0	0	0	0	0	0	0
土地增值稅準備	0	0	0	0	0	0	0	0
各項損失準備	0	0	0	0	0	0	0	0
什項負債	0	0	0	0	0	0	0	0
其他負債及準備	5	7	9	10	13	16	21	17
負債總額	7,454	6,695	6,448	6,684	6,441	3,704	3,517	1,956
股東權益總額	2,679	2,130	2,530	2,551	3,606	3,615	3,309	2,982
普通股股本	1,590	1,590	1,735	1,782	1,862	1,862	1,525	1,478
特別股股本	0	0	0	0	0	0	0	0
資本公積	0	0	0	0	0	0	0	0
法定盈餘公積	678	678	662	652	593	512	423	338
特別盈餘公積	224	230	507	0	0	5	40	0
未分配盈餘	240	-145	104	754	1,242	1,328	1,327	1,205
長期投資評價損失	-14	-221	-230	-507	0	0	-7	-40
負債及股東權益總額	10,133	8,825	8,978	9,235	10,047	7,319	6,826	4,938

資料來源／凱基期貨超級大三元軟體（AP）

7605（流動資產）－ 622（存貨）－ 429（應收帳款）－ 7454（總負債）＝ -900

　　看，這樣的數字你敢買嗎？在負債比如此高的情況下，實在不適合進場。

註：鑽全在經過調整後，整體業績向上，但過去曾經出現的軌跡是無法抹滅的，從這一次的分析中，我們可以看到，營利率和籌碼分布很重要！

▋七大不尋常，看出問題！

　　關中，是一家製作烤肉架的公司，鄭弘儀曾經在書上提到，這家公司經營很正派，然而股價卻在大家一片看好中，兵敗如山倒（如下圖）。

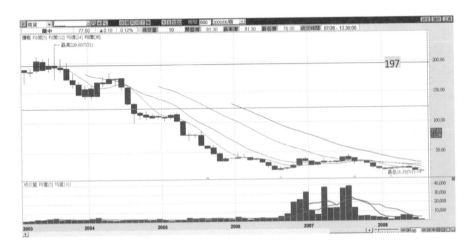

關中 K 線圖

　　問題到底出在哪裡呢？

　　讓我們用月風法則來檢視一下。

① 現金增資。

　　從這張關中的股本形成表中，我們可以發現，它的現金增資情況很奇怪：一開始籌資是經由股東，但是，明明都已經賺錢了，為何還要再向股東拿錢呢？

關中（8941）之股本形成

單位：億元

年度	現金增資	比重	盈餘轉增資	比重	公積及其他	比重
101	5.45	41.70%	7.62	58.30%	0	0.00%
100	5.45	41.70%	7.62	58.30%	0	0.00%
99	4.57	37.49%	7.62	62.51%	0	0.00%
98	1.57	17.08%	7.62	82.92%	0	0.00%
97	1.57	17.08%	7.62	82.92%	0	0.00%
96	1.63	17.16%	7.82	82.14%	0	0.00%
95	1.38	14.92%	7.87	85.08%	0	0.00%
94	1.38	15.75%	7.38	84.25%	0	0.00%
93	1.38	19.06%	5.86	80.94%	0	0.00%
92	1.38	22.12%	4.86	77.88%	0	0.00%
91	1.38	28.93%	3.39	71.07%	0	0.00%
90	1.38	37.60%	2.29	62.40%	0	0.00%
89	1.38	52.67%	1.24	47.33%	0	0.00%
88	1.38	68.32%	0.64	31.68%	0	0.00%
86	1.38	95.83%	0.06	4.17%	0	0.00%

資料來源／凱基期貨超級大三元軟體（AP）

② 股利政策表中，股價明明一直掉，股東卻還一直配股息？

關中（8941）之股利政策

單位：元

年度	現金股利	盈餘配股	公積配股	股票股利	合計	員工配股率 %
100	0	0	0	0	0	0
99	0	0	0	0	0	0
98	0	0	0	0	0	0
97	0	0	0	0	0	0
96	0.901	0	0	0	0.902	0
95	0.489	0	0	0	0.489	0
94	2	0.5	0	0.5	2.5	0.56
93	4	2	0	2	6	0.99
92	9	1.5	0	1.5	10.5	0.97
91	9	3	0	3	12	0.81

90	5	3	0	3	8	0
89	2	4	0	4	6	0
88	0.9	3	0	3	3.9	0

資料來源／凱基期貨超級大三元軟體（AP）

③ 從經營績效裡，績效很顯然從＋17 掉到 -8，非常的劇烈。

關中（8941）之經營績效

單位：億元

年度	100	99	98	97	96	95	94	93	92	91	90	89	88	87	86	85	84
加權平均股本	13	11	9	9	9	9	9	7	6	5	4	3	2	1	1	1	1
營業收入	22.1	23.0	23.5	37.3	45.5	42.0	51.2	62.6	65.3	60.3	33.4	25.4	11.5	11.6	5.6	5.5	4.2
稅前盈餘	-2.0	-3.1	-7.6	-3.0	1.8	1.3	4.8	7.9	9.6	9.4	4.2	2.3	1.2	1.0	0.2	0.1	0.0
稅後純益	-2.0	-3.5	-7.2	-2.2	1.1	0.9	1.7	6.0	7.3	7.2	3.0	1.8	0.9	0.8	0.1	0.0	0.0
每股營收（元）	16.9	18.8	25.5	40.5	47.9	45.4	58.4	86.5	104.6	126.2	90.9	97.0	56.8	80.8	39.1	109.9	84.5
稅前 EPS	-1.6	-2.8	-8.3	-3.2	1.9	1.4	5.5	10.9	15.4	19.8	11.6	8.7	6.1	6.6	3.5	1.4	0.8
稅後 EPS	-1.6	-3.1	-7.8	-2.3	1.4	1.0	4.2	8.3	11.7	15.2	9.1	6.9	4.5	5.4	2.4	1.0	0.6

資料來源／凱基期貨超級大三元軟體（AP）

▲經營績效掉得跟雲霄飛車一樣

④ 從獲利能力分析一表，可看出盈餘的情況，一年賠掉 90%。

關中（8941）獲利能力分析

單位：百萬

101 年度				
季別	毛利率	營益率	稅前盈利率	稅後盈利率
一	14.78%	5.17%	-8.35%	-9.28%
100 年度				
季別	毛利率	營益率	稅前盈利率	稅後盈利率
四	17.69%	1.78%	-24.19%	-24.84%

季別	毛利率	營益率	稅前盈利率	稅後盈利率
三	10.67%	-16.57%	-15.42%	-15.83%
二	18.40%	-2.47%	5.88%	6.90%
一	13.56%	1.79%	-6.87%	-7.30%

99 年度				
季別	毛利率	營益率	稅前盈利率	稅後盈利率
四	11.85%	-8.02%	-13.23%	-21.65%
三	18.88%	-1.64%	-18.44%	-18.48%
二	19.76%	0.41%	6.2%	8.78%
一	14.91%	5.74%	-25.94%	-28.16%

98 年度				
季別	毛利率	營益率	稅前盈利率	稅後盈利率
四	6.66%	-3.24%	-94.95%	-91.73%
三	18.17%	16.98%	-31.57%	-26.87%
二	20.19%	0.50%	-20.76%	-17.36%
一	18.70%	4.38%	-7.09%	-8.58%

97 年度				
季別	毛利率	營益率	稅前盈利率	稅後盈利率
四	12.38%	-6.94%	-46.86%	-34.64%
三	9.24%	-11.15%	-12.99%	-9.17%
二	10.96%	-4.05%	-3.62%	-2.70%
一	12.57%	7.06%	5.53%	4.19%

96 年度				
季別	毛利率	營益率	稅前盈利率	稅後盈利率
四	11.57%	1.57%	-3.59%	-2.59%
三	11.78%	3.07%	-3.57%	-2.56%
二	10.29%	4.40%	8.25%	6.24%
一	11.63%	6.53%	8.19%	6.14%

資料來源／凱基期貨超級大三元軟體（AP）

⑤ 轉投資的情況也是下滑──這也是一般公司在轉投資時常會遇到的風險，不一定不會賺，但是賠起來嚇死人，財報也看不到。

關中（8941）轉投資

單位：仟元；仟股

轉投資事業	投資幣別	投資成本	持股股數	持股比例	帳面價值（台幣）	會計原則
Cyber Vision Trading（BVI）	台幣	18,007	520	65.00%	85,036	權益法
Global-Tech. Int'l Inc.	台幣	145,263	4,261	100.00%	57,652	權益法
Grand Hall Holding Ltd.	台幣	8,482	5,000	100.00%	111,908	權益法
Grand Hall USA, Inc.	台幣	345,171	1,000	100.00%	273,290	權益法
Grand Home Holdings Inc.	台幣	1,294,714	4	92.00%	-201,101	權益法
Grand Well International Inc.	台幣	N／A	14	10.00%	18,745	成本衡量
其他	台幣	N／A	N／A	N／A	19	成本衡量
精鼎智能	台幣	N／A	500	10.00%	5,000	成本衡量
關友	台幣	87,268	5,997	26.00%	209,383	權益法
關弘科技	台幣	5,635	662	37.00%	5,116	權益法

以上資料來自各公司財務報表及年報，僅供參考，實際數字以公司發布為準

資料來源／凱基期貨超級大三元軟體（AP）

▲轉投資慘賠

⑥ 從籌碼分布與董監事持股明細對照，可看出董監持股 11.65％，董事長 4.95％，只有 6400 張股票，卻拿了 5000 張跟銀行借錢，你不覺得很怪嗎？

關中（8941）籌碼分布

日期：05/25

	張數	占股本比例
董監持股	15,228	11.65%
外資持股	2,698	2.06%
投信持股	0	0.00%
自營商持股	0	0.00%
法人合計	2,698	2.06%
集保庫存	91,950	70.33%
融資餘額	0	0.00%

融券餘額	0	0.00%
六日均量	71	0.05%

資料來源／凱基期貨超級大三元軟體（AP）

關中（8941）董監事經理人及大股東持股明細

資料日期：101/04

選任日期：99/06/17

職稱	姓名／法人名稱	持股張數	持股比例	質押張數	質押比率
大股東	Heather Elli	2,306	1.76%	0	0.00%
大股東	中通投資（股）	27,033	20.68%	0	0.00%
副總	李俊德	0	0.00%	0	0.00%
獨立董事	林貴榮	12	0.01%	0	0.00%
協理	林維聰	11	0.01%	0	0.00%
監察人	施達雄	571	0.44%	0	0.00%
董事長兼總經理	洪文照	6,471	4.95%	5000	77.27%
監察人	洪文裕	455	0.35%	0	0.00%
大股東	科辰投資（股）	4,000	3.06%	0	0.00%
財務主管	高淑卿	0	0.00%	0	0.00%
大股東	偉城投資（股）	2,520	1.93%	0	0.00%
董事	偉碩投資（股）- 蔡坤參	7,560	5.78%	0	0.00%
董事	張家福	98	0.07%	0	0.00%
副總	陳忠華	138	0.11%	0	0.00%
獨立董事	陳俊廷	19	0.01%	0	0.00%
會計主管	陳彥光	0	0.00%	0	0.00%
大股東	頂基開發（股）	7,000	5.35%	0	0.00%
監察人	曾國正	42	0.03%	0	0.00%
法人代表	蔡坤參	1,200	0.92%	0	0.00%
大股東	關友（股）	8,200	6.27%	0	0.00%
大股東	嚴偉誠	4,546	3.48%	0	0.00%
大股東	觀中投資（股）	9,621	7.36%	0	0.00%

資料來源／凱基期貨超級大三元軟體（AP）

▲老闆持股有 4.95% 總計 6400 張，其中 5000 拿去銀行質押。

⑦ 觀察資產負債年表的現金：應收帳款列了很多，但全部都是芭樂票。應付帳款太多根本爬不起來，被債壓死根本沒有進場的時間。

關中（8941）資產負債表（年表）							
							單位：百萬
期別	100	99	98	97	96	95	94	93
現金及約當現金	20	118	57	123	165	101	105	91
短期投資	0	0	0	0	0	0	0	0
應收帳款及票據	982	520	669	358	503	385	345	463
其他應收款	3	5	4	2	1	13	6	9
短期借支	18	9	76	0	23	22	21	18
存貨	219	188	210	188	256	162	75	113
在建工程	N/A	N/A	N/A	N/A	N/A	N/A	N/A	N/A
預付費用及預付款	0	0	0	7	23	29	5	5
其他流動資產	98	146	131	84	39	27	27	24
流動資產	1,341	986	1,146	762	1,009	741	585	721
長期投資	792	758	864	1,251	1,048	1,063	1,147	1,104
土地成本	163	163	188	188	188	222	222	222
房屋及建築成本	116	113	124	123	121	150	148	132
機器及儀器設備成本	23	20	18	15	13	10	0	0
其他設備成本	452	442	498	451	429	360	388	244
固定資產重估增值	0	0	0	0	0	0	0	0
固定資產累計折舊	-485	-439	-453	-394	-318	-263	-222	-155
固定資產損失準備	0	0	0	0	0	0	0	0
未完工程及預付款	4	7	6	23	9	51	10	33
固定資產	274	305	380	406	442	530	548	477
遞延資產	106	64	93	55	0	0	0	0
無形資產	0	0	5	5	5	5	3	1
什項資產	12	10	64	77	70	4	4	4
其他資產	118	74	162	137	75	9	7	5
資產總額	2,525	2,122	2,553	2,556	2,573	2,343	2,287	2,307
短期借款	413	484	447	390	0	0	45	40
應付商業本票	0	0	0	0	0	0	0	0
應付帳款及票據	438	306	347	319	603	465	406	412
應付費用	66	19	0	63	61	65	108	185

項目								
預收款項	0	0	8	1	0	0	1	1
其他應付款	97	0	0	5	4	17	2	0
應付所得稅	0	4	0	20	34	15	27	83
一年內到期長期負債	166	58	233	108	0	0	0	0
其他流動負債	138	96	74	13	2	1	3	0
流動負債	1,317	966	1,108	919	704	563	591	720
長期負債	125	264	198	200	104	152	0	0
遞延貨項	0	0	48	9	0	3	4	4
退休金準備	9	9	9	9	9	9	9	8
遞延所得稅	0	0	0	0	27	40	50	48
土地增值稅準備	0	0	0	0	0	0	0	0
各項損失準備	0	0	0	0	0	0	0	0
什項負債	512	218	458	1	12	8	0	0
其他負債及準備	521	227	515	19	48	60	63	60
負債總額	1,962	1,457	1,821	1,138	856	775	654	781
股東權益總額	562	665	733	1,418	1,717	1,568	1,633	1,526
普通股股本	1,308	1,220	920	920	950	925	876	724

資料來源／凱基期貨超級大三元軟體（AP）

　　檢視完七大項目後，就不難發現：關中根本就是一個非常有問題，且不正派經營的公司，這個公司的股價只有放空，沒有再拉抬回來的可能。

▋不合理關鍵，抓出來！

　　大同，是一家在臺灣數十年，令大家非常耳熟能詳的公司。

　　這家公司走過飛黃騰達，後來卻演變成金錢流向不明，股價曾經高達幾百塊過，為什麼後來風光不再？（參考下頁Ｋ線圖）。

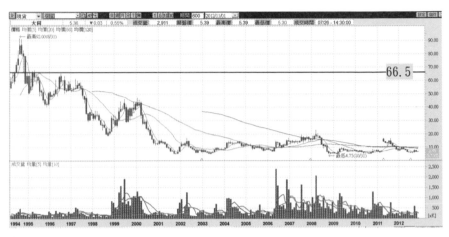

大同 K 線圖

基本資料： 從基本資料中，我們可以看到大同公司的股本為 233
億，而當時，是民國 51 年，233 億，是多大的錢？

大同 （2371） 基本資料							
最近交易日：05/25 市值單位：百萬							
開盤價	6.81	最高價	6.88	最低價	6.75	收盤價	6.87
漲跌	+ 0.09	一年內最高價	16.5	一年內最低價	6.75		
本益比	17.18	一年內最大量	106,157	一年內最低量	2,311	成交量	6,750
同業平均本益比	21.31	一年來最高本益比	N/A	一年來最低本益比	13.15	盤後量	47
殖利率	0.00%	總市值	16,073	85 年來最高總市值	163,601	85 年來最低總市值	15,862
投資報酬率（05/25）		財務比例（101.1Q）		投資風險（05/25）		稅額扣抵率	
今年以來	-9.72%	每股淨值（元）	14.5	貝他值	1.01	2011 年	0.00%
最近一週	-1.70%	每人營收（仟元）	841.00	標準差	2.60%	2010 年	0.00%
最近一個月	-12.37%	每股營收（元）	12.43			2009 年	0.00%
最近二個月	-28.29%	負債比例	66.76%			2008 年	0.00%
最近三個月	-29.83%	股價淨值比	0.47			2007 年	0.00%

基本資料		獲利能力（101.1Q）		前一年度配股		財務預測 100		公司估
股本（億,台幣）	233.95	營業毛利率	0.43%	現金股利（元）	0	預估營收（億）	N/A	
成立時間		營業利益率	-14.00%	股票股利	0	預估稅前盈餘	N/A	
初次上市（櫃）日期		稅前淨利率	-14.40%	盈餘配股	0	預估稅後盈餘	N/A	
股務代理		資產報酬率	-1.54%	公積配股	0	預估稅前EPS	N/A	
董事長		股東權益報酬率	-5.43%	現金增資（億）	N/A	預估稅後EPS	N/A	
總經理				認股率（每仟股）	N/A			
發言人				現增溢價	N/A			
營收比重		消費產品 47.91%、電力 42.71%、系統整合 9.38%						
公司電話		02-25925252						
網址								
公司地址								

年度	101	100	99	98	97	96	95	94
最高總市值	23,512	44,417	45,305	44,236	97,609	84,565	69,312	54,576
最低總市值	15,862	16,353	29,593	23,294	22,748	53,090	30,059	31,276

資料來源／凱基期貨超級大三元軟體（AP）

　　股本形成：現金增資得到的金額比例，在民國 96 年時突然開始增加。試想，一家股本兩百多億的公司成立了那麼久，最後還缺錢用，難道不是一個警訊？如果你是它的股東，跟著它一起增資不就是傻子嗎？再看到盈餘轉增資的情況愈來愈低，代表公司愈來愈沒有能力靠自己賺錢，錢都變成借來的，或者跟股東要來的，這種情況下公司就會愈來愈慘。

大同（2371）之股本形成

單位：億元

年度	現金增資	比重	盈餘轉增資	比重	公積及其他	比重
101	85.68	36.62%	95.64	40.88%	85.68	22.50%
100	85.68	36.62%	95.64	40.88%	52.63	22.50%
99	203.37	36.63%	227.01	40.88%	124.89	22.49%
98	203.37	36.63%	227.01	40.89%	124.79	22.48%
97	103.37	22.72%	227.01	49.90%	124.57	27.38%
96	101.16	22.54%	227.01	50.58%	120.6	26.87%
95	88.29	20.30%	227.01	52.20%	119.57	27.50%
94	73.75	17.57%	227.01	54.07%	119.05	28.36%
93	73.75	17.57%	227.01	54.07%	119.05	28.36%
92	73.75	17.57%	227.01	54.07%	119.05	28.36%
91	73.96	17.57%	227.65	54.07%	119.39	28.36%
90	73.96	17.57%	227.65	54.07%	119.39	28.36%
89	73.96	18.49%	210.64	52.66%	115.4	28.85%
88	73.96	20.12%	196.66	53.49%	97.02	26.39%
87	73.96	22.13%	196.66	58.84%	63.6	19.03%
86	73.96	25.16%	174.08	59.21%	45.96	15.63%
85	67.96	28.74%	137.13	57.98%	31.41	13.28%
84	67.96	36.54%	99.65	53.58%	18.39	9.89%
83	67.96	45.31%	66.65	44.43%	15.39	10.26%
82	48.7	48.34%	36.65	36.38%	15.39	15.28%

資料來源／凱基期貨超級大三元軟體（AP）

經營績效：經營績效首重穩定。一間公司我們要的不是爆增成長、不是大賺，只要能持之以恆的賺錢就好。然而，從這張表中，我們不難看到，大同公司有時賺有時賠，且賺賠間的起伏非常的大。

這樣不好嗎？

舉個簡單的例子：如果你有一個朋友找你借錢，他可能三不五時就換工作，那麼，當你借他錢時，心中會不會有疑慮，不知道他有沒

有能力還你？一樣的道理，一家公司的經營績效，穩定度很重要。

大同（2371）之經營績效

單位：億元

年度	100	99	98	97	96	95	94	93	92	91	90	89	88	87	86	85	84
加權平均股本	231	550	472	448	439	414	412	418	401	396	420	400	368	333	291	279	186
營業收入	384.1	386.1	302.6	372.8	430.7	346.8	752.9	948.9	836.4	667.0	714.4	845.3	614.8	426.2	332.4	388.2	408.7
稅前盈餘	12.5	-35.0	-99.4	-68.0	36.1	-82.1	-60.5	46.9	1.6	-50.9	-87.0	35.6	48.2	-8.1	34.8	76.5	56.3
稅後純益	13.8	-34.8	-99.2	-68.6	35.8	-81.8	-61.3	46.7	1.4	-51.1	-86.5	35.3	46.3	-6.5	40.2	74.1	58.9
每股營收（元）	17.4	7.4	5.8	8.8	10.1	8.4	19.0	22.7	20.0	16.9	17.0	21.1	16.7	12.8	11.3	16.4	22.0
稅前 EPS	0.5	-0.6	-2.1	-1.5	0.8	-2.0	-1.5	1.1	0.0	-1.3	-2.1	0.9	1.3	-0.2	1.2	2.7	3.0
稅後 EPS	0.6	-0.6	-2.1	-1.5	0.8	-2.0	-1.5	1.1	0.0	-1.3	-2.1	0.9	1.3	-0.2	1.4	2.7	3.2

資料來源／凱基期貨超級大三元軟體（AP）

轉投資：很容易看，全部都是賠的，數字也很慘，賠了幾十億。

大同（2371）轉投資

單位：仟元；仟股

轉投資事業	投資幣別	投資成本	持股股數	持股比例	帳面價值（台幣）	會計原則
Absolute Alpha Limited	台幣	2,352,502	50	100.00%	8,629	權益法
Tatung Global Strategy Investment （B	台幣	3,190	72,000	100.00%	4,923	權益法
大同大隈	台幣	49,000	8,428	49.00%	440,173	權益法
大同日本	台幣	1,903	15	100.00%	629,159	權益法
大同世界科技	台幣	247,655	36,018	53.60%	553,603	權益法
大同加拿大	台幣	30,577	0	100.00%	22,766	權益法
大同生科	台幣	206,474	13,932	92.87%	117,428	權益法
大同住重進減速機	台幣	71,220	6,400	85.33%	155,986	權益法
大同科技	台幣	632,934	5,122	100.00%	8,704	權益法
大同美國	台幣	45,115	1,750	50.00%	162,798	權益法
大同美國電機	台幣	121,184	1,000	100.00%	175,657	權益法
大同英國	台幣	2,067,876	42,584	100.00%	-221,130	權益法

大同泰國	台幣	896,506	97,400	100.00%	348,209	權益法
大同捷克	台幣	342,448	N/A	100.00%	228,412	權益法
大同荷蘭	台幣	178,579	11	100.00%	-125,852	權益法
大同通訊	台幣	2,953	88	35.00%	-3,184	權益法
大同越南家電電子	台幣	974,437	N/A	100.00%	209,916	權益法
大同越南電機科技	台幣	353,512	N/A	100.00%	123,000	權益法
大同奧的斯電梯_C	台幣	N/A	20	10.00%	90,121	成本衡量
大同新加坡資訊	台幣	1,625,465	86,050	100.00%	169,887	權益法
大同新加坡電子	台幣	48,276	3,600	90.00%	68,223	權益法
大同新加坡電機	台幣	626,418	31,599	100.00%	796,331	權益法
大同電信_C	台幣	2,500,000	250,000	100.00%	106,601	待處份A
大同電線電纜泰國	台幣	60,154	6,810	100.00%	97,735	權益法
大同綜合訊電	台幣	650,000	55,000	100.00%	-115,556	權益法
大同墨西哥	台幣	380,363	1,269	100.00%	377,997	權益法
大同壓鑄	台幣	7,880	79	51.00%	28,568	權益法
大同聯合科技	台幣	N/A	1,027	3.31%	16,711	成本衡量
大同顯示器墨西哥	台幣	122,926	33	100.00%	83,686	權益法
大眾商銀金融債券	台幣	N/A	N/A	N/A	20,000	持至到期
中台科技開發工業	台幣	88,000	2,200	22.00%	15,939	權益法
中研科技	台幣	135,000	13,500	100.00%	78,221	權益法
中國醫藥產物_C	台幣	N/A	600	5.45%	2,917	成本衡量

資料來源／凱基期貨超級大三元軟體（AP）

籌碼分布：董監持股只有 7.15％，真少！

董監持股真的是一個很重要的指標，月風研究股票那麼多年，沒看過董監持股低的公司賺錢的，賺給大家花嗎？他們又不是傻瓜！

大同（2371）籌碼分布		
		日期：05/25
	張數	占股本比例
董監持股	167,217	7.15%
外資持股	533,810	22.81%
投信持股	851	0.04%
自營商持股	1,910	0.08%

法人合計	536,571	22.93%
集保庫存	2,339,536	100.00%
融資餘額	86,849	3.71%
融券餘額	3,027	0.13%
六日均量	9,984	0.43%

附註：
1. 大戶與散戶之籌碼比：
   大戶 = 董監 + 法人持股總數
   散戶 = 融資餘額
2. 籌碼安定度：
   大戶 = 董監 + 法人持股總數占總股本比例
3. 由於董監可能是外資，
   故股本比例總和有可能超過 100%

資料來源／凱基期貨超級大三元軟體（AP）

▲董事長持股僅有 7.15%

　　持股明細：老闆和老闆娘兩人的持股加起來不到 0.6％！這這
這……當年，如果你買了大同，別太傷心了～至少你現在知道發生了
什麼事！

大同（2371）董監事經理人及大股東持股明細

資料日期：101/04

選任日期：100/06/24

職稱	姓名 / 法人名稱	持股張數	持股比例	質押張數	質押比率
董事	大同大學 - 陳火炎	144,798	6.19%	0	0.00%
大股東	大同高中	32,050	1.37%	0	0.00%
大股東	大同聯職會	31,863	1.36%	0	0.00%
大股東	中信託大同	114,878	4.91%	0	0.00%
副總	何明果	42	0.00%	0	0.00%
獨立董事	呂東英	46	0.00%	0	0.00%
董事	李龍達	0	0.00%	0	0.00%
董事兼總經理	林郭文艷	1,448	0.06%	0	0.00%
大股東	林陳秀鑾	43,443	1.86%	0	0.00%
董事長	林蔚山	10,505	0.45%	5,477	52.14%
董事	林蔚東	10,192	0.44%	8,300	81.44%

大股東	國寶人壽（股）	30,618	1.31%	0	0.00%
董事	張益華	108	0.01%	0	0.00%
大股東	梅隆大同存託	126,213	5.39%	0	0.00%
法人代表	陳火炎	14	0.00%	0	0.00%
會計主管	陳淑芬	23	0.00%	0	0.00%
大股東	渣打梵加德戶	28,548	1.22%	0	0.00%
大股東	渣打麥肯錫	61,623	2.63%	0	0.00%
副總	程凌雲	0	0.00%	0	0.00%
大股東	華映（股）	71,425	3.05%	0	0.00%
副總	黃英哲	86	0.00%	0	0.00%
副總	楊銘彰	0	0.00%	0	0.00%
副總	潘泰吉	40	0.00%	0	0.00%
副總	盧錦鈿	210	0.01%	0	0.00%
副總	蕭棨鞍	0	0.00%	0	0.00%
副總	嚴福心	0	0.00%	0	0.00%
獨立董事	蘇鵬飛	0	0.00%	0	0.00%
副總/財務主管	龔鐘嶸	0	0.00%	0	0.00%

* 來自年報的大股東資料，是指股權佔前十名的股東。若當中大股東剛好是 ： 董事、監察人、經理人、持有股份超過百分之十股東，會依照公開資訊觀測站上的每月更新資料。
* 持股張數，按持有股數四捨五入至「張」數。

資料來源／凱基期貨超級大三元軟體（AP）

▲董事長、總經理持股總和只有 0.51%，其中 50% 質押銀行。

資產負債表：從現金及存貨這兩個欄位來比對會發現，現金少，存貨又還一直增加，明明賣不好卻還一直做，真的是非常弔詭。

大同（2371）資產負債表（年表）

單位：百萬

期別	100	99	98	97	96	95	94	93
現金及約當現金	2,214	2,695	7,073	3,375	1,965	1,367	1,311	3,571
短期投資	381	304	34	0	7	0	110	110
應收帳款及票據	8,551	8,626	6,677	8,140	11,804	10,139	14,722	13,320
其他應收款	902	1,274	44	2,063	5,356	2,316	1,323	2,212
短期借支	1,517	0	2,250	0	0	0	0	0
存貨	6,783	6,420	5,145	5,871	5,823	5,635	9,863	8,978

在建工程	N/A	N/A	N/A	N/A	N/A	N/A	N/A	N/A
預付費用及預付款	305	369	378	399	304	379	264	915
其他流動資產	793	776	774	595	351	429	132	267
流動資產	21,448	20,465	22,375	20,444	25,611	20,266	27,726	29,373
長期投資	52,831	51,151	50,450	59,393	63,339	56,099	56,534	56,350
土地成本	0	0	0	0	0	0	0	0
房屋及建築成本	187	215	1,717	1,667	1,676	1,713	1,703	1,699
機器及儀器設備成本	6,008	4,963	5,114	5,879	5,947	6,152	6,203	6,158
其他設備成本	2,313	2,095	2,528	3,196	3,252	3,223	4,285	4,171
固定資產重估增值	258	258	258	258	258	258	258	258
固定資產累計折舊	-6,411	-6,102	-6,872	-7,950	-7,974	-7,935	-8,990	-8,976
固定資產損失準備	0	0	0	0	0	0	0	0
未完工程及預付款	88	110	1,375	1,422	818	18	19	38
固定資產	2,444	1,539	4,120	4,472	3,947	3,429	3,479	3,349
遞延資產	312	325	336	337	1,322	1,698	1,982	2,400
無形資產	71	26	304	594	25	53	0	0
什項資產	1,341	423	842	448	1,542	1,755	1,163	642
其他資產	1,724	774	1,481	1,378	2,889	3,505	3,145	3,042
資產總額	78,447	73,929	78,426	85,687	95,816	83,299	90,883	92,115
短期借款	6,711	5,597	7,976	7,997	8,978	7,449	9,012	8,930
應付商業本票	600	2,446	3,346	1,148	1,446	1,046	1,741	1,994
應付帳款及票據	5,973	6,372	4,342	6,390	9,599	6,293	10,072	9,287
應付費用	310	311	681	625	0	0	492	653
預收款項	343	1,195	943	1,060	598	1,425	1,174	825
其他應付款	2,131	1,538	1,561	2,204	3,874	2,747	1,257	1,159
應付所得稅	0	0	0	0	0	0	0	0
一年內到期長期負債	2,474	780	5,452	1,719	1,273	887	119	4,367
其他流動負債	44	78	320	96	227	276	113	194
流動負債	18,585	18,317	24,619	21,239	25,995	20,122	25,060	27,410
長期負債	21,923	18,934	14,443	20,184	17,902	17,124	14,355	6,876
遞延貨項	864	860	865	851	850	802	802	802
退休金準備	3,110	3,172	3,248	3,466	3,471	4,118	4,330	4,222
遞延所得稅	0	0	0	0	0	0	0	0

土地增值稅準備	3	3	3	3	3	3	3	3
各項損失準備	0	0	0	0	0	0	0	0
什項負債	1,203	1,779	2,428	2,743	3,351	2,600	1,711	1,852
其他負債及準備	5,180	5,815	6,544	7,064	7,676	7,524	6,846	6,880
負債總額	45,688	43,065	45,606	48,487	51,573	44,770	46,261	41,167
股東權益總額	32,759	30,863	32,820	37,200	44,243	38,529	44,622	50,948
普通股股本	23,395	55,521	55,517	45,495	44,878	43,487	41,981	41,981

資料來源／凱基期貨超級大三元軟體（AP）

　　再看到負債比例，一樣很高。

　　臺灣有不少公司，喜歡用銀行的錢來做生意。公司股票押給銀行買，又一直跟銀行借錢。贏了公司裡面多拿一點，輸了就是股東們攤。反正銀行借了幾百億也不是他們攤——他們，就是用這種心態經營公司。而這些帳根本不平衡。全部都是票轉票，只是帳面上好看，實際上還不是全部都跳票。

　　現在，再讓我們用月風安全數字來分析：

　　21,448（流動資產）－ 6,783（存貨）－ 8,551（應收帳款）－ 45,688（總負債）＝ -39,574

　　也就是說，如果存貨賣不動，或是應收帳無法回收，公司就有倒閉的危險。

　　你覺得這樣子合理嗎？

　　看了上述幾個例子，相信讀者朋友們不難知道，為什麼我在一開頭時會說，在分析報表時，大家不需要一項一項拿出來檢視，只要掌握「有沒有錢、有沒有賺錢、欠不欠錢」這幾個重點，就掌握公司了。

祕～知名公司大解析

請問，一加一等於多少？

從數學上的邏輯說，答案是二。但若是我們將這個概念應用在投資學上：一檔爛股票加上另一檔爛股票會變成什麼？

答案是，什麼都不剩。

臺灣的大公司，最不好的是哪幾家？相信每個人心中的答案都不一樣。

以下，就讓我來介紹兩家知名度頗高的公司，如果，你手上剛好有這些股票，不妨當參考。

▌股東會前後均放空的有力背景股

有一家公司，從 30 塊放空，到 10 塊錢回補，中間經過一次股東會，在股東會完還繼續放空！

這……實在太不可思議了！

為什麼這家公司能這樣？敢這樣？

說穿了，都是因為有個「有力的背景」：這個有力的富爸爸放了 1 兆的資金，不料，公司拿了這麼多錢，卻全部燒掉。

現在，就讓我們來檢視這一家知名的公司。

友達（2409）基本資料

開盤價	11.95	最高值	12.1	最低價值	11.85	收盤價	11.85
漲跌	-0.05	一年內最高值	23.8	一年內最低值	11.7		
本益比	N/A	一年內最大量	189,523	一年內最低量	17,370	成交量	20,713
同業平均本益比	23.9	一年來最高本益比	N/A	一年來最低本益比	N/A	盤後量	71
複利率	0.00%	總市價	104,600	85年來最高總市價	550,356	85年來最低總市價	21,450

投資報酬率（04/22）		財務比例（102.4Q）		投資風險（04/22）		稅額扣抵率	
今年以來	-8.85%	每股淨值（元）	21.59	其他值	1.47	2013年	0%
最近一週	-2.07%	每人營收（仟元）	1241.00	標準差	3.02%	2012年	11.80%
最近一個月	-15.36%	每股營收（元）	9.19			2011年	0%
最近兩個月	-19.11%	負債比例	65.79%			2010年	7.71%
最近三個月	-25.47%	股價淨值比	0.55			2009年	7.74%
		營收市值比	N/A				

基本資料		獲利能力（102.4Q）		前一年度配股		財務預測102	公司估
股本（億）	882.70	營業毛利率	-7.95%	現金股利（元）	0	預估營收（億）	N/A
成立時間	85/08/12	營業利益率	-16.63%	股票股利	0	預估稅前盈餘	N/A
初上市（櫃）日期	89/09/08	稅前淨利率	-17.30%	盈餘配股	0	預估稅後盈餘	N/A
股務代理	台新銀02-25048125	資產報酬率	-2.07%	公積配股	0	預估稅前EPS	N/A
董事長	李焜耀	股東權益報酬率	-6.44%	現金增資（億）	N/A	預估稅後EPS	N/A
總經理	彭又又浪			認股率（每仟股）	N/A		
發言人	楊本豫			現增溢價	N/A		
營收比重	TFT-LCD100.00%						

公司電話	03-5008800						
網址	www.auo.com						
公司地址	新竹市科學園區力行二路一號						
年度	101	100	99	98	97	96	95	94
最高總市價	153,591	267,901	370,736	342,489	490,170	550,356	360,483	309,602
最低總市價	104,600	105,042	240,978	196,057	155,654	327,919	233,222	205,759
最高本益比	N/A	N/A	461	N/A	19	174	167	1,255
最低本益比	N/A	18	0	2	2	16	10	5
股票股利	N/A	0.00	0.00	0.00	0.30	0.50	0.20	0.30
現金股利	N/A	0.00	0.40	0.00	0.30	2.50	0.20	0.30

資料來源／凱基期貨超級大三元軟體（AP）

　　從這張友達基本資料表中，我們可以看到，無論是投報率或獲利能力都是負數，但營收比重卻是100％，而所有的產品都是LCD，這個產品的毛利率一直往下掉，所以，真的是賺不到錢啊！

股本形成：盈餘轉增資僅30％。

　　還記得第一章月風提到的，盈餘轉增資不到50％都不要理會嗎？所以淘汰！

友達（2409）之股本形成

單位：億元

年度	現金增資	比重	盈餘轉增資	比重	公積及其他	比重
101	310.29	35.15%	266.9	30.24%	305.52	34.61%
100	310.29	35.15%	266.9	30.24%	305.52	34.61%
99	310.29	35.15%	266.9	30.24%	305.52	34.61%
98	310.29	35.15%	266.9	30.24%	305.52	34.61%

97	310.29	36.48%	234.77	27.60%	305.52	35.92%
96	310	39.41%	171.05	21.75%	305.47	38.84%
95	301.76	39.84%	150.17	19.83%	305.41	40.33%
94	301.76	51.75%	123.82	21.24%	157.48	27.01%
93	268.76	54.21%	69.57	14.03%	157.48	31.76%
92	238.76	54.86%	38.99	8.96%	157.48	36.18%
91	228.25	57.02%	14.58	3.64%	157.48	39.34%
90	125	42.08%	14.58	4.91%	157.48	53.01%
89	110	100.00%	0	0.00%	0	0.00%
88	110	100.00%	0	0.00%	0	0.00%
87	80	100.00%	0	0.00%	0	0.00%
86	20	100.00%	0	0.00%	0	0.00%
85	5	100.00%	0	0.00%	0	0.00%

資料來源／凱基期貨超級大三元軟體（AP）

經營績效：看看 EPS，你會發現它忽高忽低，一下好一下壞，這，就是不穩定！

友達（2409）之經營績效

單位：億元

年度	100	99	98	97	96	95	94	93	92	91	90	89	88	87	86	85
加權平均股本	883	883	880	851	781	647	564	480	429	364	287	110	83	42	17	5
營業收入	3595.3	4430.0	3501.8	4219.6	4797.3	2930.3	2173.0	1646.0	976.1	755.1	375.9	148.4	37.7	0.0	0.0	0.0
稅前盈餘	-661.7	63.8	-272.5	259.3	582.4	101.2	161.0	280.2	155.7	60.2	-67.4	8.3	-2.0	-1.5	-0.5	0.1
稅後純益	-612.6	66.9	-267.7	212.7	564.2	91.0	156.3	279.6	156.6	60.2	-67.1	17.6	6.0	-0.3	-0.4	0.1
每股營收（元）	40.7	50.2	39.7	49.6	61.4	38.7	37.3	33.3	22.5	18.8	12.7	13.5	3.4	0.0	0.0	0.0
稅前 EPS	-7.5	0.7	-3.1	3.1	7.5	1.6	2.9	5.8	3.6	1.7	-2.4	0.8	-0.2	-0.2	-0.3	0.2
稅後 EPS	-6.9	0.8	-3.0	2.5	7.2	1.4	2.8	5.8	3.7	1.7	-2.3	1.6	0.7	-0.1	-0.2	0.2

資料來源／凱基期貨超級大三元軟體（AP）

獲利能力：營益率，在民國 97 年度突然負非常多；到了 100 年度，可以說是慘不忍睹；再看毛利率，負 30％左右，這生意維持得下去嗎？

友達（2409）獲利能力分析			
			單位：百萬

100 年度			
季別	毛利率	營益率	稅前盈利率	稅後盈利率
四	-12.32%	-19.07%	-25.95%	-24.54%
三	-10.61%	-16.99%	-19.00%	-16.89%
二	-4.34%	-10.32%	-12.51%	-11.56%
一	-8.27%	-14.59%	-16.81%	-15.83%

99 年度			
季別	毛利率	營益率	稅前盈利率	稅後盈利率
四	-6.85%	-11.49%	-12.34%	-11.95%
三	3.7%	0.21%	-0.30%	0.08%
二	14.02%	9.60%	9.35%	8.99%
一	10.81%	6.53%	6.76%	6.69%

98 年度			
季別	毛利率	營益率	稅前盈利率	稅後盈利率
四	6.48%	1.63%	-7.59%	-6.29%
三	9.73%	5.70%	6.46%	6.75%
二	-1.54%	-7.28%	-6.00%	-8.36%
一	-36.77%	-43.73%	-41.60%	-40.28%

97 年度			
季別	毛利率	營益率	稅前盈利率	稅後盈利率
四	-37.32%	-41.5%	-46.31%	-44.63%
三	6.45%	1.83%	1.21%	0.78%
二	23.34%	18.46%	19.21%	16.48%
一	26.11%	21.72%	21.09%	19.72%

96 年度			
季別	毛利率	營益率	稅前盈利率	稅後盈利率
四	26.51%	22.4%	21.46%	21.26%
三	21.70%	17.94%	17.46%	16.34%
二	9.91%	5.66%	5.63%	5.65%
一	-0.49%	-5.3%	-6.33%	-6.33%

95 年度			
季別	毛利率	營益率	稅前盈利率	稅後盈利率

四	7.29%	2.70%	2.00%	1.75%
三	6.98%	2.07%	0.95%	0.86%
二	7.67%	1.94%	0.50%	0.30%
一	16.31%	12.00%	10.93%	10.04%

資料來源／凱基期貨超級大三元軟體（AP）

轉投資：投資成本幾十億，賠得更是誇張！為什麼會賠成這樣？
沒有人知道，因為，**轉投資的資訊不用公開，愈是不公開愈不透明**。

巴菲特說過一句話很有道理：「如果一個成本我看不到，代表他
們不希望我看到。」所以，不公開、不透明的東西就是不要去碰。

友達（2409）轉投資

單位：仟元；仟股

轉投資事業	投資幣別	投資成本	持股股數	持股比例	帳面價值（台幣）	會計原則
Asia Pacific Genesis VC Fund L.P.	台幣	111,067	N/A	11.25%	136,812	權益法
AU Optronics （L）Corp.	台幣	42,577,922	1,343,229	100.00%	42,091,961	權益法
Patentop, Ltd.	台幣	50,873	1,640	41.00%	0	權益法
友達晶材	台幣	8,422,207	548,798	70.81%	6,025,850	權益法
台灣凸版國際彩光	台幣	7,532,865	752,787	49.00%	7,519,857	權益法
佳世達科技	台幣	6,086,844	186,364	9.48%	3,173,580	權益法
金融負債 - 流動 - 遠期外匯合約 _C	台幣	N/A	N/A	N/A	-88,835	FV 變動
金融負債流動利率交換合約	台幣	N/A	N/A	N/A	-136,858	避險
金融資產 - 流動 - 遠期外匯合約 _C	台幣	N/A	N/A	N/A	27,484	FV 變動
康利投資	台幣	4,400,000	270,000	100.00%	5,425,920	權益法
景智光電	台幣	4,442,163	278,362	50.98%	5,247,884	權益法
森勁電力	台幣	74,000	7,400	100.00%	71,066	權益法
隆利投資	台幣	2,784,573	250,000	100.00%	3,225,781	權益法
隆達電子	台幣	1,092,305	97,218	23.18%	1,837,368	權益法
以上資料來自各公司財務報表及年輕，僅供參考，實際數字以公司發佈為準						

資料來源／凱基期貨超級大三元軟體（AP）

▲轉投資……唉！

籌碼分布和董監事持股明細：相信看到這兩張表，讀者朋友們都心知肚明了～快看！董監持股僅 7.76％，這樣你還買得下去嗎？尤其，董事長的持股竟然只有 0.12％！昏～

友達（2409）籌碼分布		
		日期：05/25
	張數	占股本比例
董監持股	685,242	7.76%
外資持股	3,075,960	34.84%
投信持股	147,869	1.68%
自營商持股	75,476	0.86%
法人合計	3,299,304	37.38%
集保庫存	8,637,954	97.86%
融資餘額	3,315,212	3.57%
融券餘額	9,328	0.11%
六日均量	36,845	0.42%

資料來源／凱基期貨超級大三元軟體（AP）

▲董事長持股 7.76%

（2409）董監事經理人及大股東持股明細					
				資料日期：101/04	
				選任日期：99/06/17	
職稱	姓名／法人名稱	持股張數	持股比例	質押張數	質押比率
大股東	大通保阿布達	78,342	0.89%	0	0.00%
大股東	大通託阿拉伯	154,000	1.74%	0	0.00%
大股東	中華郵政（股）	82,608	0.94%	0	0.00%
大股東	公務退撫基金	80,839	0.92%	0	0.00%
協理	古秀華	147	0.00%	0	0.00%
副總	向富棋	1,484	0.02%	0	0.00%
董事	安基生醫（股）- 蔡長海	200	0.00%	0	0.00%
副總	何玄政	0	0.00%	0	0.00%
獨立董事	何美玥	0	0.00%	0	0.00%
協理	利錦洲	565	0.01%	0	0.00%
副總	吳大剛	0	0.00%	0	0.00%

協理	吳仰恩	100	0.00%	0	0.00%
協理	宋友聰	851	0.01%	0	0.00%
董事長	李焜耀	10,512	0.12%	0	0.00%
副總	余瑞豐	52	0.00%	0	0.00%
董事	佳世達（股）游克用	663,599	7.52%	528,259	79.61%
董事	佳世達（股）熊暉	663,599	7.52%	528,259	79.61%
協理	周悟興	0	0.00%	0	0.00%
董事	明基友達文教 - 莊人川	100	0.00%	0	0.00%
副總	林士凱	0	0.00%	0	0.00%
協理	林文宜	0	0.00%	0	0.00%
協理	林昆裕	623	0.01%	0	0.00%
協理	林雨潔	49	0.00%	0	0.00%
協理	林培弘	56	0.00%	0	0.00%
協理	林淳源	1,935	0.02%	0	0.00%
大股東	花旗台新新加坡（股）	102,486	1.16%	0	0.00%
大股東	花旗託管友達	1,097,304	12.43%	0	0.00%
副總	柯富仁	554	0.01%	0	0.00%
副總	洪泓杰	409	0.00%	0	0.00%
協理	孫綬昶	10	0.00%	0	0.00%
協理	袁鈞賢	0	0.00%	0	0.00%
大股東	國壽（股）	183,276	2.08%	0	0.00%
協理	張茂禹	1,000	0.01%	0	0.00%
協理	張進祥	50	0.00%	0	0.00%
法人代表	莊人川	125	0.00%	0	0.00%

資料來源／凱基期貨超級大三元軟體（AP）

▲董事長持股 0.12%

營收狀況：從友達月營收明細表中可看出月營收狀況，非常穩定的在⋯⋯賠錢。

在營收這一塊，與公司決策有相當大的關係，而這家公司的決策為什麼會這麼糟呢？首先，董事長持有股份只有 0.12％，賠了也不痛不癢。

友達（2409）月營收明細

單位：仟元

年/月	營業收入	月增率	去年同期	年增率	累計營收	去年同期	年增率	達成率
101/04	29,169,370	-3.57%	31,079,829	-6.15%	106,740,871	119,369,787	-10.58%	N/A
101/03	30,250,053	13.43%	34,236,261	-11.64%	77,571,501	88,289,958	-12.14%	N/A
101/02	26,668,671	29.13%	25,712,477	3.72%	47,321,448	54,053,697	-12.45%	N/A
101/01	20,652,777	-21.28%	28,341,220	-27.13%	20,652,777	28,341,220	-27.13%	N/A
100/12	26,234,489	-8.76%	28,155,506	-6.82%	359,528,070	442,996,298	-18.84%	N/A
100/11	28,752,697	-1.71%	34,314,433	-16.21%	33,293,581	414,840,792	-19.66%	N/A
100/10	29,252,165	-6.17%	33,430,103	-12.50%	304,540,884	380,526,359	-19.97%	N/A
100/09	31,174,661	-0.35%	39,945,589	-21.96%	275,288,719	347,096,256	-20.69%	N/A
100/08	31,284,018	0.44%	41,683,700	-24.95%	244,114,058	307,150,667	-20.52%	N/A
100/07	31,147,067	3.82%	37,301,044	-16.50%	212,830,040	265,466,967	-19.83%	N/A
100/06	30,002,281	-7.15%	41,437,952	-27.60%	181,682,973	228,165,923	-20.37%	N/A
100/05	32,310,905	3.96%	41,474,227	-22.09%	151,680,692	186,727,971	-18.77%	N/A
100/04	31,079,829	-9.22%	39,011,910	-20.33%	119,369,787	145,253,744	-17.82%	N/A
100/03	34,236,261	33.15%	38,800,677	-11.76%	88,289,958	106,241,834	-16.90%	N/A
100/02	25,712,477	-9.28%	31,181,532	-17.54%	54,053,697	67,441,157	-19.85%	N/A
100/01	28,341,220	0.66%	36,259,625	-21.84%	28,341,220	36,259,625	-21.84%	N/A
99/12	28,155,506	-17.95%	35,203,573	-20.02%	442,996,298	350,168,758	26.51%	N/A
99/11	34,314,433	2.65%	36,785,466	-6.72%	414,840,792	314,965,185	31.71%	N/A
99/10	33,430,103	-16.31%	38,074,878	-12.20%	380,526,359	278,179,719	36.79%	N/A
99/09	39,945,589	-4.17%	39,445,819	1.27%	347,096,256	240,104,841	44.56%	N/A
99/08	41,683,700	11.75%	36,911,083	12.93%	307,150,667	200,659,022	53.07%	N/A
99/07	37,301,044	-9.98%	31,843,098	17.14%	265,466,967	163,747,939	62.12%	N/A
99/06	41,437,952	-0.09%	29,952,281	38.35%	228,165,923	131,904,841	72.98%	N/A
99/05	41,474,227	6.31%	27,421,379	51.25%	186,727,971	101,952,560	83.15%	N/A
99/04	39,011,910	0.54%	24,072,672	62.06%	145,253,744	74,531,181	94.89%	N/A
99/03	38,800,677	24.43%	21,936,753	76.88%	106,241,834	50,458,509	110.55%	N/A
99/02	31,181,532	-14.00%	15,322,762	103.50%	67,441,157	28,521,756	136.46%	N/A
99/01	36,259,625	3.00%	13,198,994	174.72%	36,259,625	13,198,994	174.72%	N/A
98/12	35,203,573	-4.30%	14,684,248	139.74%	350,168,758	N/A	N/A	N/A
98/11	36,785,466	-3.39%	17,623,525	108.73%	314,965,185	N/A	N/A	N/A
98/10	38,074,878	-3.48%	27,210,541	39.93%	278,179,719	N/A	N/A	N/A
98/09	39,445,819	6.87%	34,537,395	14.21%	240,104,841	N/A	N/A	N/A

資料來源／凱基期貨超級大三元軟體（AP）

讓我們來回憶一下這家公司當年發布消息提到，他們準備了一大筆錢準備要救另一家外國公司時，大家都知道這是有去無回的生意。而既然老闆都這樣說了，主力不放空他要放空誰呢？一家公司擺明要賠怎麼可能會賺？

申報轉讓：董監會選擇賣掉股票一定事出必有因，這一張報表中，總共賣了十萬張！這些人都是有錢人，沒有人賣掉是因為缺錢用。而這些，都是有紀錄的，所以，如果我們懂得使用財報分析工具，就比較不會被騙。

友達（2409）申報轉讓				
日期	申報人	身分	申報張數	轉讓方式
100/06/16	向富棋	經理人	3,000	
99/10/05	陳建斌	經理人	600	
99/04/23	劉秉德	經理人	400	
99/01/29	徐智雄	經理人	200	
99/01/04	嚴昌達	經理人	500	
98/12/09	林文宜	經理人	585	
98/12/07	池泰安	經理人	100	
98/11/23	連水池	經理人	1,400	
98/09/18	林堃裕	經理人	300	
98/09/14	向富棋	經理人	60	
98/08/28	鄭煒順	經理人	200	
98/08/10	鄭煒順	經理人	250	
98/05/07	劉秉德	經理人	700	
98/05/06	彭双浪	經理人	300	
98/04/30	王智偉	經理人	500	
98/02/13	陳炫彬	董事	300	
98/02/13	劉金枝	關係人配偶	100	
97/12/25	李瓊滿	關係人配偶	50	
97/11/10	林裕	經理人	200	
97/10/27	陳來助	經理人	88	

97/09/23	張茂禹	經理人	32	
97/08/26	向富棋	經理人	98	
97/08/26	林士凱	經理人	400	
97/07/14	彭雙浪	經理人	200	
97/04/02	向富棋	經理人	2,000	
96/03/27	明基電通（股）	董事	100,000	
94/09/09	中華開發 工業（股）	監察人	5,000	
94/08/19	連水池	經理人	190	
＊以上資料來自公開資訊觀測站				

資料來源／凱基期貨超級大三元軟體（AP）

▲明基電通（股）轉讓 10 萬張股票

　　有時，我會將大型的公司董事長說過的話記錄下來，再對照董監持股一看：

　　究竟董事長是否真誠信？如同照妖鏡般一對立知！

　　資產負債表：從資產負債表來看，總資產有五百億，而負債卻是三千億！這⋯⋯這根本怎麼還都還不完吧！但，反正董事長持股連0.2％都不到，董監會股票又賣了一堆，如果換作你是董事長或董監事，你需要擔心嗎？

友達 （2409） 資產負債表 （年表）								
							單位：百萬	
期別	100	99	98	97	96	95	94	93
現金及約當現金	54,825	52,460	57,114	67,727	80,532	41,042	24,667	16,529
短期投資	66	416	378	1,517	1,499	1,870	1,587	1,587
應收帳款及票據	46,320	53,284	59,573	23,896	76,216	58,279	42,621	20,779
其他應收款	1,402	620	115	292	0	0	43	0
短期借支	0	0	0	0	0	0	0	0

存貨	35,943	34,416	29,874	19,456	32,317	37,168	16,508	13,794
在建工程	N/A	N/A	N/A	N/A	N/A	N/A	N/A	N/A
預付費用及預付款	0	274	733	4,128	3,795	1,937	1,303	150
其他流動資產	8,606	6,748	7,504	6,873	8,083	3,687	4,822	3,412
流動資產	147,162	148,218	155,291	123,890	202,442	143,983	91,553	56,249
長期投資	76,818	72,340	53,043	40,775	31,370	23,621	12,008	11,219
土地成本	6,274	6,274	6,274	6,274	6,274	6,274	3,591	160
房屋及建築成本	83,781	83,765	67,406	55,141	54,553	53,987	35,838	14,905
機器及儀器設備成本	598,506	558,602	541,382	457,854	431,145	392,990	232,185	136,216
其他設備成本	27,755	27,081	23,093	19,891	16,744	13,705	9,612	7,737
固定資產重估增值	0	0	0	0	0	0	0	0
固定資產累計折舊	-466,561	-404,576	-337,112	-264,888	-201,271	-133,189	-88,480	-60,162
固定資產損失準備	0	0	0	0	0	0	0	0
未完工程及預付款	10,058	34,538	19,662	69,935	15,101	21,621	15,457	50,231
固定資產	259,812	305,684	320,704	344,207	322,546	355,388	208,203	149,088
遞延資產	11,617	4,056	3,883	3,211	1,935	4,888	1,310	1,427
無形資產	15,252	13,881	14,053	15,299	18,988	20,143	2,483	1,063
什項資產	2,752	1,885	3,779	2,721	4,521	6,135	3,344	2,399
其他資產	29,622	19,822	21,716	21,230	25,444	31,165	7,137	4,888
資產總額	513,414	546,064	550,753	530,102	581,802	554,157	318,901	221,444
短期借款	4,400	0	0		0	0	0	
應付商業本票	0	0	0	0	0	0	0	0
應付帳款及票據	81,014	89,219	93,358	59,493	97,081	72,007	47,215	25,329
應付費用	27,866	23,013	21,247	10,150	13,162	12,611	7,255	4,270
預收款項	0	0	0	588	807	0	126	29
其他應付款	12,921	16,818	18,484	19,667	13,397	29,157	19,374	6,201
應付所得稅	0	0	0	1,645	4,703	0	1,229	327
一年內到期長期負債	42,678	30,287	39,548	39,248	31,462	37,792	8,185	5,896
其他流動負債	3,813	3,694	3,980	6,324	2,145	535	317	342

流動負債	172,692	163,031	176,618	140,815	162,757	152,102	83,702	48,194
長期負債	132,889	113,469	111,543	98,396	127,176	170,981	79,324	42,492
遞延貨項	656	794	0	0	0	0	0	0
退休金準備	0	0	0	0	0	0	171	190
遞延所得稅	0	0	0	0	0	0	0	0
土地增值稅準備	0	0	0	0	0	0	0	0
各項損失準備	0	0	0	0	0	0	0	0
什項負債	1,788	609	506	831	90	339	2	2
其他負債及準備	2,444	1,403	506	831	90	339	173	192
負債總額	308,025	277,903	288,666	240,043	290,023	323,423	163,199	90,878
股東權益總額	205,389	268,161	262,087	290,059	291,779	230,734	155,702	130,566
普通股股本	88,270	88,270	88,270	85,057	78,177	75,734	58,305	49,580
特別股股本	0	0	0	0	0	0	0	0
資本公積	117,709	115,948	114,972	113,651	113,808	110,680	57,664	45,165
法定盈餘公積	15,875	15,206	15,206	13,079	7,438	6,527	4,965	2,168
特別盈餘公積	0	0	0	0	0	202	202	0
未分配盈餘	-18,348	47,116	40,863	76,913	89,092	37,263	34,507	34,105
長期投資評價損失	-139	567	1,090	-932	1,739	23	0	0
負債及股東權益總額	513,414	546,064	550,753	530,102	581,802	554,157	318,901	221,444

資料來源／凱基期貨超級大三元軟體（AP）

台灣股神教你看懂贏家**選股必賺的財報祕技**　101

█ 集團型的休閒產業股

現在,喜歡到大型遊樂園的人愈來愈多,讓我們來一探這家有樂園,有飯店的集團背後,藏著什麼祕密!

股本形成:看一下轉增資欄和其他項目的比較,不難發現,公司幾乎沒有什麼賺進來的錢,全部都靠增資募進來的,不是股票就是土地,實際上,公司並沒有能力賺錢。

劍湖山(5701)之股本形成

單位:億元

年度	現金增資	比重	盈餘轉增資	比重	盈餘轉增資	比重
101	17.2	41.38%	2.49	5.99%	21.88	52.63%
100	17.2	41.38%	2.49	5.99%	21.88	52.63%
99	17.2	41.38%	2.49	5.99%	21.88	52.63%
98	17.2	41.38%	2.49	5.99%	21.88	52.63%
97	17.2	41.38%	2.49	5.99%	21.88	52.63%
96	17.2	41.38%	2.49	5.99%	21.88	52.63%
95	17.2	64.42%	2.49	9.33%	7.01	26.25%
94	17.2	64.42%	2.49	9.33%	7.01	26.25%
93	11.6	54.98%	2.49	11.08%	7.01	33.22%
92	11.6	54.98%	2.49	11.08%	7.01	33.22%
91	11.6	54.98%	2.49	11.08%	7.01	33.22%
90	11.6	54.98%	2.49	11.08%	7.01	33.22%
89	11.6	56.65%	2.49	12.16%	6.39	31.20%
88	11.6	62.30%	2.49	13.37%	4.53	24.33%
87	11.6	74.74%	2.49	16.04%	1.43	9.21%
86	6.6	75.26%	1.44	16.42%	0.73	8.32%
85	6.6	79.04%	1.02	12.22%	0.73	8.74%
84	6.6	90.91%	0.66	9.09%	0	0.00%

資料來源/凱基期貨超級大三元軟體(AP)

股利政策：公司剛開始在成長期就會發股利，到後面沒有成長時就發現金，那麼，要是連現金也發不出來代表什麼？難道是既不成長也沒賺錢嗎？

劍湖山（5701）之股利政策

單位：元

年度	現金股利	盈餘配股	公積配股	股票股利	合計	員工配股率 %
100	0	0	0	0	0	0.00
99	0	0	0	0	0	0.00
98	0	0	0	0	0	0.00
97	0	0	0	0	0	0.00
96	0	0	0	0	0	0.00
95	0	0	0	0	0	0.00
94	0	0	0	0	0	0.00
93	0	0	0	0	0	0.00
92	0	0	0	0	0	0.00
91	0	0	0	0	0	0.00
90	0	0	0	0	0	0.00
89	0	0	0.3	0.3	0.3	0.00
88	0.5	0	1	1	1.5	0.00
87	1	0	2	2	3	0.00
86	0	1.2	0.8	2	2	0.00
85	1	0.5	0	0.5	1.5	0.00
84	0	0.5	1	1.5	1.5	0.00
83	0	1	0	1	1	0.00
82	0	0	0	0	0	0.00
81	0	0	0	0	0	0.00

資料來源／凱基期貨超級大三元軟體（AP）

經營績效：從這兩張圖中，可以看到大片的赤字。大家不會很好奇嗎？即使賠了錢，為什麼公司都不會倒？之前幾家公司的經營績效大都是不穩定，但這家公司長期虧損，卻都沒有倒，真的很奇怪啊！

劍湖山（5701）之經營績效

單位：億元

年度	100	99	98	97	96	95	94	93	92	91	90	89	88	87	86	85	84
加權平均股本	42	42	42	42	30	27	22	21	21	21	21	21	19	12	9	8	7
營業收入	27.3	27.2	25.9	28.6	22.6	17.1	17.2	16.1	13.5	11.1	6.8	7.8	6.0	8.7	5.3	4.6	4.5
稅前盈餘	-3.1	-4.0	-10.1	-7.7	-4.2	-4.2	0.1	0.2	0.3	-1.0	-1.9	-1.0	0.4	2.6	1.1	1.2	0.6
稅後純利	-4.0	-4.5	-10.4	-7.9	-4.0	-4.2	0.1	0.2	0.3	-1.0	-1.9	0.0	1.6	2.4	1.0	1.1	0.9
每股營收（元）	5.8	5.8	5.5	6.9	5.4	6.4	6.4	7.6	6.4	5.3	3.2	3.8	3.2	5.6	6.0	5.5	6.2
稅前 EPS	-0.8	-1.0	-2.5	-1.9	-1.4	-1.6	0.0	0.1	0.1	-0.9	-0.5	-0.9	0.2	2.1	1.3	1.4	0.9
稅後 EPS	-1.0	-1.1	-2.5	-1.9	-1.3	-1.6	0.0	0.1	0.1	-0.9	-0.5	0.0	0.9	2.0	1.1	1.4	1.3

資料來源／凱基期貨超級大三元軟體（AP）

劍湖山（5701）獲利能力分析

單位：百萬

季別	毛利率	營益率	稅前盈利率	稅後盈利率
101 年度				
一	30.55%	-10.24%	-12.22%	-14.74%
100 年度				
四	37.35%	-10.90%	-12.89%	-24.82%
三	36.41%	-4.32%	-6.19%	-6.68%
二	37.32%	-11.54%	-16.1%	-17.18%
一	32.91%	-9.90%	-11.21%	-12.02%
99 年度				
四	36.56%	-13.05%	-19.24%	-23.47%
三	37.06%	-2.48%	-5.21%	-5.25%
二	32.47%	-24.82%	-29.4%	-33.13%
一	33.53%	-8.80%	-10.04%	-10.04%
98 年度				
四	33.39%	-22.85%	-27.86%	-23.10%
三	33.90%	-8.27%	-74.21%	-77.09%

| 二 | 33.95% | -10.86% | -44.7% | -51.13% |
| 一 | 33.66% | -3.15% | -8.95% | -8.95% |

97 年度				
季別	毛利率	營益率	稅前盈利率	稅後盈利率
四	39.25%	-6.35%	-47.35%	-41.96%
三	35.0%	-6.19%	-22.90%	-24.25%
二	30.19%	-11.14%	-22.32%	-28.44%
一	33.50%	-11.38%	-17.15%	-17.15%

96 年度				
季別	毛利率	營益率	稅前盈利率	稅後盈利率
四	26.56%	-14.57%	-22.90%	-20.58%
三	19.92%	-15.14%	-19.33%	-19.33%
二	53.37%	-26.42%	-33.39%	-33.39%
一	48.90%	1.07%	1.23%	1.23%

95 年度				
季別	毛利率	營益率	稅前盈利率	稅後盈利率
四	42.56%	-14.3%	-36.53%	-36.53%
三	48.29%	2.99%	-10.24%	-10.24%
二	29.28%	-34.70%	-52.3%	-52.29%
一	44.04%	-4.3%	-9.13%	-9.13%

資料來源／凱基期貨超級大三元軟體（AP）

轉投資：轉投資很多，也賠很多。當中也有不透明的部分，但從數字上可以知道，很多大型的投資都是賠錢的

劍湖山（5701）轉投資						
					單位：仟元；仟股	
轉投資事業	投資幣別	投資成本	持股股數	持股比例	帳面價值（台幣）	會計原則
宇詮科技	台幣	N/A	18	N/A	0	成本衡量
亞太電信	台幣	N/A	1,001	0.03%	6,006	成本衡量
和信國際事業	台幣	3,600	360	60.00%	3,000	權益法
東台灣知本溫泉事業	台幣	135,000	13,500	30.00%	77,992	權益法
東台灣資源開啟	台幣	N/A	2,050	11.48%	20,008	成本衡量
松田崗休閒開啟特別股	台幣	N/A	2,600	28.89%	26,000	成本衡量
耐斯企業	台幣	N/A	19,996	12.90%	342,565	成本衡量

莫麗蓋曼群島楷捷國際投資	台幣	N/A	3,075	2.94%	200,000	成本衡量
康麗文化媒體	台幣	N/A	1,950	16.81%	8,621	成本衡量
康麗文化媒體 - 特別股	台幣	N/A	10,000	29.41%	100,000	成本衡量
國票金融控股 _C	台幣	N/A	3,700	N/A	37,560	FV 變動
統一證卷投資信託	台幣	N/A	750	2.14%	30,000	成本衡量
博通社諮詢顧問	台幣	N/A	1,000	8.93%	0	成本衡量
越冠企業	台幣	N/A	1,852	18.52%	0	成本衡量
嘉義農場	台幣	130,000	13,000	100.00%	-27,521	權益法
遠雄悅來大飯店	台幣	N/A	500	0.53%	5,443	成本衡量
遠雄海洋主題樂園	台幣	N/A	922	0.53%	10,025	成本衡量
劍湖山休閒事業管理顧問	台幣	32,000	3,200	100.00%	33,310	權益法
聯統開啟	台幣	N/A	2,000	11.76%	20,000	成本衡量
聯華電信	台幣	N/A	140	0.53%	700	成本衡量

資料來源／凱基期貨超級大三元軟體（AP）

籌碼分析和董監事持股明細：董監持股很低僅 7.11％，董事長本人更是只有 1.39％跟 1.08％，加起來不到 3％，而其中，又有 66％以上是跟銀行借的。

大家有沒有發現一件事：不好的公司都會有一些慣性，而我現在說明的幾乎是一個不好公司狀況的 SOP，從上到下都有相似的情況。這也說明了，月風教的東西都是最基礎的，照著這個邏輯走一定不會虧錢。

劍湖山（5701）籌碼分布

	張數	占股本比例
董監持股	29,545	7.11%
外資持股	1,623	
投信持股	0	0.00%
自營商持股	157	0.04%
法人合計	1,420	
集保庫存	415,699	100.00%
融資餘額	0	0.00%
融券餘額	0	0.00%
六日均量	513	0.12%

日期：5/31

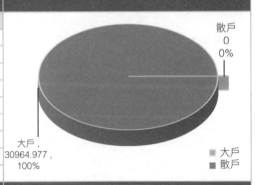

大戶與散戶之籌碼比

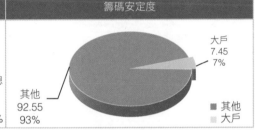

籌碼安定度

附註：

1. 大戶與散戶之籌碼比：
   大戶 = 董監 + 法人持股總數
   散戶 = 融資餘額
2. 籌碼安定度：
   大戶 = 董監 + 法人持股總數占總股本比例
3. 由於董監可能是外資，
   故股本比例總和有可能超過 100%

資料來源／凱基期貨超級大三元軟體（AP）

劍湖山（5701）董監事經理人及大股東持股明細

資料日期：101/04

選任日期：99/06/17

職稱	姓名／法人名稱	持股張數	持股比例	質押張數	質押比例
監察人	七陽實業（股）- 賴麗珣	1,820	0.44%	693	38.08%
副總	尤義賢	1	0.00%	0	0.00%
董事	台富食品工業（股）- 陸醒華	0	0.00%	0	0.00%
大股東	兆豐商銀（股）	7,214	1.74%	0	0.00%
財務主管	李美玉	0	0.00%	0	0.00%
副總	李麗珍	2	0.00%	0	0.00%
大股東	村園和榮（股）	2,231	0.54%	0	0.00%
大股東	和園投資（股）	3,594	0.86%	0	0.00%
董事	和愛通商（股）- 胡偉	1,360	0.33%	920	67.65%
董事兼協理	和愛通商（股）- 張志恆	1,360	0.33%	920	67.65%

會計主任	林美草	0	0.00%	0	0.00%
協理	施樂萍	0	0.00%	0	0.00%
監察人	柏拉弗（股）- 蘇聖傑	629	0.15%	0	0.00%
大股東	耐斯企業（股）	4,498	1.08%	0	0.00%
董事長	耐斯國際開發（股）- 陳志鴻	5,798	1.39%	3,827	66.01%
董事	耐斯國際開發（股）- 陳鏡亮	5,798	1.39%	3,827	66.01%
法人代表	胡偉	2	0.00%	0	0.00%
協理	高蕙婷	0	0.00%	0	0.00%
董事兼總經理	國本投資開發（股）- 張錦榮	467	0.11%	0	0.00%
副董	國本投資開發（股）- 游國謙	467	0.11%	0	0.00%
協理	張志恆	50	0.01%	0	0.00%
總經理	張錦榮	0	0.00%	0	0.00%
協理	莊蕙禎	0	0.00%	0	0.00%
協理	郭文瑞	0	0.00%	0	0.00%
協理	陳志倫	226	0.05%	0	0.00%
法人代表	陳志鴻	1,090	0.26%	0	0.00%
大股東	陳哲芳	2,470	0.59%	0	0.00%
法人代表	陳鏡仁	154	0.04%	153	99.35%
大股東	陳鏡村	2,514	0.60%	0	0.00%
法人代表	陳鏡亮	1,962	0.47%	1,881	95.87%
法人代表	游國謙	325	0.08%	0	0.00%
協理	黃秀美	10	0.00%	0	0.00%
監察人	匯孚投資開發（股）- 丁澤祥	276	0.07%	0	0.00%
董事	愛之味（股）- 陳鏡仁	19,195	4.62%	10,000	52.10%
董事	愛之味（股）- 楊鐵爐	19,195	4.62%	10,000	52.10%

資料來源／凱基期貨超級大三元軟體（AP）

資產負債表：資產負債表上，我們可以看到，現金只有兩億多，實在少得可憐，但負債卻高達 21 億！這要怎樣才能還完呢？或是在利息壓力下獲利呢？想必十分困難。

劍湖山（5701）資產負債表（年表）

單位：百萬

期別	100	99	98	97	96	95	94	93
現金及約當現金	228	388	800	63	104	50	192	73
短期投資	37	36	258	0	0	0	11	30
應收帳款及票據	19	20	25	21	77	71	70	61
其他應收款	16	7	36	14	4	6	61	48
短期借支	2	0	0	0	0	0	30	8
存貨	101	96	99	117	144	183	177	32
在建工程	N/A	N/A	N/A	N/A	N/A	N/A	N/A	N/A
預付費用及預付款	34	29	29	54	58	34	31	57
其他流動資產	4	4	0	23	13	33	33	28
流動資產	441	580	1,247	292	401	377	606	337
長期投資	884	878	687	337	786	1,379	1,381	1,113
土地成本	519	481	258	1,900	1,852	213	213	344
房屋及建築成本	1,816	1,808	1,833	5,702	5,301	1,783	1,765	1,728
機器及儀器設備成本	2,317	2,426	2,391	2,393	2,440	2,201	1,803	1,760
其他設備成本	2,598	2,559	2,529	1,806	2,333	2,035	1,621	1,663
固定資產重估增值	368	329	329	329	77	77	77	82
固定資產累計折舊	-3,899	-3,694	-3,355	-3,119	-2,749	-2,379	-2,057	-1,753
固定資產損失準備	0	0	0	0	0	0	0	0
未完工程及預付款	4	38	28	27	24	184	307	45
固定資產	3,722	3,948	4,013	9,038	9,278	4,114	3,729	3,871
遞延資產	210	289	357	420	385	285	259	256
無形資產	1	3	7	10	91	0	0	0
什項資產	311	367	369	276	273	291	272	283
其他資產	522	659	733	705	748	576	531	539
資產總額	5,569	6,064	6,680	10,373	11,212	6,446	6,247	5,859
短期借款	0	0	0	187	458	846	396	561
應付商業本票	0	0	30	60	60	110	209	209

項目								
應付帳款及票據	187	166	186	186	226	110	133	114
應付費用	149	141	115	170	188	119	59	61
預收款項	51	44	40	84	79	24	39	40
其他應付款	34	53	26	133	246	69	17	28
應付所得稅	0	0	0	0	0	0	0	0
一年內到期長期負債	205	331	282	654	788	431	290	451
其他流動負債	0	0	0	0	0	0	0	0
流動負債	626	736	678	1,474	2,044	1,709	1,143	1,465
長期負債	1,341	1,369	1,602	3,833	3,585	868	842	1,116
遞延貸項	0	0	0	0	0	0	0	0
退休金準備	92	91	88	82	74	53	48	42
遞延所得稅	0	0	0	0	0	0	0	0
土地增值稅準備	99	92	92	92	33	33	33	55
各項損失準備	0	0	0	0	0	0	0	0
什項負債	7	7	8	43	42	14	2	6
其他負債及準備	198	191	189	217	150	101	84	104
負債總額	2,165	2,296	2,468	5,524	5,779	2,678	2,069	2,685
股東權益總額	3,404	3,769	4,212	4,848	5,433	3,768	4,178	3,174
普通股股本	4,157	4,157	4,157	4,157	4,157	260	2,670	2,110
特別股股本	557	557	557	0	0	0	0	0
資本公積	264	232	718	1,501	1,696	1,543	1,538	1,101
法定盈餘公積	0	0	0	0	0	3	2	0
特別盈餘公積	0	0	0	0	11	23	14	0
未分配盈餘	-1,559	-1,159	-1,199	-788	-399	-421	9	16
長期投資評價損失	-1	0	-1	-3	-14	-47	-52	-49
負債及股東權益總額	5,569	6,064	6,680	10,373	11,212	6,446	6,247	5,859

資料來源／凱基期貨超級大三元軟體（AP）

到這裡為止，我都在告訴讀者朋友們，如何避免踩到地雷股。

你會不會覺得標準好嚴格，很難找到好的公司？

其實不會，只要你願意多看多聽多觀察，一定能找到好的公司。

第 3 章

這樣看，
讓資金無所遁形

企業的錢是可以交叉作帳的，本業的營收關乎稅務的問題比較難作假，但是投資的錢，就比較容易有一些動作，所以，在本章中，我會教大家辨別出企業的錢，到底乾不乾淨！

本章的速度一樣很快，重點介紹損益表、財務比率表和現金流量表，同時進入實務分析，讓你看個過癮！

損益表，現出金錢原形

損益表有兩個最重要的功能，一是觀察錢乾不乾淨：即，金錢的來源到底是從本業來的？還是投資來的？

損益表的第二個功能，就是金錢的流向：就算一家公司再會賺錢，如果公司本身也花得很兇，只開源不節流，那麼相當於沒賺。所以，我會教大家檢視：公司的錢到底花到哪裡去！

▌簡單了解損益表

損益表包含的部分有營收、營業成本、營業毛利、營業費用、營業利益。

廢話不多說，直接舉例子來說明它們之間的關係。

假設我賣一罐番茄汁 20 元，成本 10 元，店面租金 12 元。

營收：20 元。

營業成本：10 元。

營業毛利：10 元（20 － 10）

營業費用：12 元

營業利益：賠 2 元（20 － 10 － 12 ＝ -2）

現在，讓我們來看一下劍湖山的損益表。

劍湖山（5701）損益表（年表）

單位：百萬

年	100	99	98	97	96	95	94	93
營業收入淨額	2,734	2,718	2,593	2,858	2,263	1,706	1,720	1,612
營業成本	1,752	1765	1718	1872	1485	982	917	852
營業毛利	982	953	874	987	778	724	803	760
聯屬公司間未實現消費	0	0	0	0	0	0	0	0
營業費用	1226	1256	1155	1237	1077	896	739	663
營業利益	-243	-303	-281	-251	-299	-172	64	97
利息收入	0	2	1	1	2	3	1	0
投資收入／股利收入	9	5	0	0	5	0	2	0
處分投資利得	4	16	0	0	37	5	0	13
投資跌價損失回轉	0	6	1	0	0	1	48	0
處分資產立得	0	0	0	0	0	1	82	46
存貨跌價損失回轉	0	0	0	0	0	0	0	0
兌換營利	4	0	0	0	0	0	0	0
其他收入	21	19	32	24	20	9	5	5
營業外收入合計	38	49	35	24	64	18	139	65
利息支出	54	59	110	201	106	62	74	82
投資損失	3	33	41	96	259	170	0	28
處分投資損失	0	3	2	28	0	0	72	16
投資跌價損失	10	0	0	26	7	29	1	6
處分資產損失	25	32	396	20	0	1	0	0
兌換損失	0	0	0	0	0	0	0	0
資產評價損失	0	0	0	0	0	0	0	0
其他損失	10	17	214	177	42	6	47	14
營業外支出合計	103	144	763	548	185	267	193	146
稅前淨利	-308	-398	-1009	-774	-420	-421	10	16
所得稅費用	92	47	28	-46	-21	0	0	0
經常利益	-400	-446	-1037	-728	-399	-421	10	16
停業部門損益	0	0	0	-59	0	0	0	0
非常項目	0	0	0	0	0	0	0	0

累計影響數	0	0	0	0	0	0	0	0
本期稅後淨利	-400	-446	-1037	-787	-399	-421	10	16
每股盈餘（元）	-1.01	-1.12	-2.52	-1.89	-1.31	-1.58	0.04	0.07
加權平均股本	4157	4157	4157	4157	3042	2670	2203	2110
每季特別股利息負債	20	19	12	0	0	0	0	0

資料來源／凱基期貨超級大三元軟體（AP）

投資收入：投資收入的部分，如果很高，代表公司不專注於投資本業。不專注在本業也就算了，如果不專注本業，投資又沒賺什麼錢，就會很慘。

再連結一下，前一章中，各位是否還記得這一家企業的董監持股僅７％？這樣，大家應該明白發生什麼事了！

企業的報表，獨立看與合併一起看，會有很大的不同。當獨立分開看時，看的是片面，當合在一起看時，就會愈看愈發現：哇～原來有錢人是這樣操縱錢的！

從財務比率表，看出體質良莠！

為了讓投資人可以更快看到數字，有些證券公司或資訊軟體，會將重要的財務報表做分析，稱為財務比率表（以劍湖山財務比率表為例）。

劍湖山（5701）財務比率表（年表）

單位：%

獲利能力

期別	100	99	98	97	96	95	94	93
淨值報酬率-稅後	-11.15	-11.17	-22.9	-14.15	-8.66	-10.6	0.27	0.49
營業毛利率	35.93	35.05	33.73	34.52	34.39	42.42	46.7	47.13
營業利益率	-8.91	-11.17	-10.82	-8.77	-13.19	-10.1	3.72	5.99
稅前淨利率	-11.26	-14.66	-38.92	-27.08	-18.54	-24.69	0.57	0.96
稅後淨利率	-14.62	-16.4	-40.01	-27.52	-17.61	-24.68	0.57	0.96
每股淨值（元）	7.22	7.99	8.93	11.66	13.07	14.11	15.65	15.04
每股營業額（元）	5.8	5.77	5.5	6.88	5.44	6.39	6.44	7.64
每股營業利益（元）	-0.52	-0.64	-0.6	-0.6	-0.72	-0.65	0.24	0.46
每股稅前淨利（元）	-0.79	-1	-2.46	-1.86	-1.38	-1.58	0.04	0.07
股東權益報酬率	-11.15	-11.17	-22.9	-14.15	-8.66	-10.6	0.27	0.49
資產報酬率	-6.11	-6.23	-11.9	-5.34	-3.61	-5.9	1.08	1.33
每股稅後淨利（元）	-1.01	-1.12	-2.52	-1.89	-1.31	-1.58	0.04	0.07

經營績效

期別	100	99	98	97	96	95	94	93
營收成長率	0.58	4.83	-9.3	26.32	32.64	-0.81	6.67	19.03
營業利益成長率	19.76	-8.14	-11.95	16.04	-73.22	-369.5	-33.76	-10.71
稅前淨利成長率	22.75	60.52	-30.38	-84.45	0.36	-4406.97	-36.95	-46.62
稅後淨利成長率	10.3	57.04	-31.88	-97.34	5.35	-4406.89	-37.04	-46.55
總資產成長率	-8.18	-9.21	-35.6	-7.49	73.94	3.19	6.61	2.73
淨值成長率	-9.69	-10.51	-13.14	-10.76	44.19	-9.81	31.62	0.38

固定資產成長率	-9.63	-8.43	-49.68	-7.35	92.18	11.19	-0.16	-2.44
償債能力								
期別	100	99	98	97	96	95	94	93
流動比率	70.48	78.79	184.03	19.81	19.61	22.08	52.99	22.97
速動比率	48.3	61.33	16512	6.67	9.06	7.4	31.89	14.98
負債比率	38.87	37.85	36.95	53.26	51.54	41.55	33.12	45.38
利息保障倍數	-4.72	-5.77	-8.14	-2.84	-2.94	-5.79	1.13	1.19
經營能力								
期別	100	99	98	97	96	95	94	93
應收帳款週轉率（次）	141.8	121.7	112.86	58.28	30.67	24.21	26.11	39.09
存貨週轉率（次）	17.77	18.16	15.95	14.33	9.05	5.45	8.76	30.08
固定資產週轉率（次）	0.71	0.68	0.4	0.31	0.34	0.44	0.45	0.41
總資產週轉率（次）	0.47	0.43	0.3	0.26	0.26	0.27	0.28	0.28
員工平均營業額（千元）	3168	3075	2910	2627	1555	1322	2065	1884
淨值週轉率	0.76	0.68	0.57	0.56	0.49	0.43	0.47	0.51

資料來源／凱基期貨超級大三元軟體（AP）

　　毛利率、營益率：第一章中我已經先說明過，在此重申，毛利率好的公司如果營益率不合格，就絕對不要考慮了。

　　股東權益報酬率：指的是公司一年能夠幫股東賺進多少比例的金額。

　　資產報酬率：即整體公司的資產。

　　負債比率：這邊沒有分析出庫存及應收帳款，所以，如果直接看一定會賠掉很多金額。

　　流動比率：指的是應收帳款、存貨週轉速度，簡言之就是錢的週轉速度。錢的週轉度愈高就愈賺錢；**當客戶數愈高，金錢週轉度愈高，代表買賣愈頻繁、愈容易賺錢。**

　　速動比率：即扣掉存貨的流動比。**速動比率愈高愈好**，不過各家

公司的速動比率，還是有造假的可能，例如，將票據假裝拿回來貼現，再換一張新的，造成「票轉過一遍」的假象，但其實還是原來的應收帳款。

在財務比率表中，所有的細項都可以從各財務報表中看到，唯上面沒有列出董監持股，缺少了這一項，就顯示不出公司良莠。

賺錢實務：買 HTC ？還是玩泥巴？

投資的真諦，是用合理的價錢，買進賺錢的事業體。

請問，如果今天有一筆錢，你要投資 HTC ？還是拿去玩泥巴？

2008 金融風暴過後，有三間公司同時面臨轉型，分別是威盛（將重心轉到宏達電）、三星（準備面臨破產）和 APPLE（賈伯斯正拿著音樂播放器想要締造奇蹟）。

如果不以現在論過去，當時，誰看起來最有前景？怎麼看都是宏達電吧？

但最後事實證明並非如此。這表示經營者的觀念思維，影響公司的方向是非常深的。

我們就當時宏達電和亞洲水泥的報表來分析看看，到底，你的這一筆錢，到底要來玩手機？還是玩泥巴？

▌HTC 的財報故事

基本資料：請看基本資料中框起來的部分，資產跟股東報酬率竟然這麼低？這家公司理應很賺錢，但結果為何這麼不好？它的總市值曾經高到一千億的公司，這數字可靠嗎？怎麼來的？

宏達電（2498） 基本資料

最近交易日：05/30　市值單位：百萬

開盤價	438.5	最高價	446	最低價	424	收盤價	424
漲跌	-8	一年內最高價	1285	一年內最低價	398		
本益比	7	一年內最大量	41,556	一年內最低量	2,638	成交量	14,319
同業平均本益比	19.11	一年來最高本益比	21.28	一年來最低本益比	5.31	盤後量	125
殖利率	9.43%	總市值	361,270	85 年來最高總市值	1,062,949	85 年來最低總市值	16,028

投資報酬率（05/30）		財務比例（101.1Q）		投資風險（05/30）		稅額扣抵率	
今年以來	-14.69%	每股淨值（元）	122.24	貝他值	1.48	2011 年	15.49%
最近一週	0.36%	每人營收（仟元）	4,048.00	標準差	3.54%	2010 年	17.73%
最近一個月	-4.29%	每股營收（元）	81.55			2009 年	13.85%
最近二個月	-28.98%	負債比例	56.19%			2008 年	10.55%
最近三個月	-35.85%	股價淨值比	3.47			2007 年	7.26%

基本資料		獲利能力（101.1Q）		前一年度配股		財務預測100	公司估
股本（億，台幣）	85.21	營業毛利率	25.03%	現金股利（元）	40	預估營收（億）	N/A
成立時間		營業利益率	7.53%	股票股利	0	預估稅前盈餘	N/A
初次上市（櫃）日期		稅前淨利率	8.20%	盈餘配股	0	預估稅後盈餘	N/A
股務代理	中信託02-2311838	資產報酬率	1.97%	公積配股	0	預估稅前EPS	N/A
董事長	王雪紅	股東權益報酬率	4.69%	現金增資（億）	N/A	預估稅後EPS	N/A
總經理	周永明			認股率（每仟股）	N/A		
發言人	張嘉臨			現增溢價	N/A		
營收比重	掌上型電腦及相關配件 100.00%						
公司電話	03-3753252						
網址	www.htc.com						
公司地址	桃園市桃園區興華路 23 號						

年度	101	100	99	98	97	96	95	94
最高總市值	563,206	1,062,949	747,335	400,276	508,369	394,889	421,278	224,919
最低總市值	341,247	349,562	219,324	236,438	207,355	188,097	224,919	38,814

資料來源／凱基期貨超級大三元軟體（AP）

營業利益率：有７％以上，感覺很賺錢。

員工配股：員工配股一度高達７％以上（參看宏達電之股利政策），但員工卻沒拿出應有的水平來讓公司獲利，最後，股價從一千多掉到七十塊。稅後純益（參看經營績效）EPS 為 73 元，乍看很高，但是股價來到一千元，等於投資一千才賺七十，真的厲害嗎？其實，只是看起來很高，比值卻非常低，比投資一百元賺八元還糟。

宏達電（2498）之股利政策						
						單位：元
年度	現金股利	盈餘配股	公積配股	股票股利	合計	員工配股率（％）
100	40	0	0	0	40	0
99	37	0.500	0	0.500	37.500	0.5
98	26	0.5	0	0.5	26.5	0.65
97	27	0.5	0	0.5	27.5	1.79
96	34	3	0	3	37	1.8
95	27	3	0	3	30	2.43
94	14	2	0	2	16	2.24
93	5	2	0	2	7	3.64
92	3	2	0	2	5	4.09
91	2	2	0	2	4	4.61
90	1	2	0	2	3	7.52
89	0	0	0	0	0	0
88	0	0	0	0	0	0
87	0	0	0	0	0	0

資料來源／凱基期貨超級大三元軟體（AP）

宏達電（2498）之經營績效															
														單位：億元	
年度	100	99	98	97	96	95	94	93	92	91	90	89	88	87	86
加權平均股本	85.0	82.0	79.0	75.0	57.0	44.0	35.0	27.0	20.0	16.0	13.0	11.0	10.0	3.0	0.0
營業收入	4,550.8	2,750.5	1,448.8	1,525.6	1,185.8	1,048.2	727.7	364.0	218.2	206.4	155.5	45.6	14.9	3.6	0.0
稅前盈餘	698.5	444.9	252.1	315.9	321.5	269.6	121.6	39.6	19.6	15.1	9.9	1.1	-2.8	-4.8	-0.4

税後純益	619.8	395.3	226.1	286.4	289.4	252.5	117.8	38.6	18.5	14.6	9.6	1.3	-2.8	-1.3	-0.4
每股營收（元）	543.0	340.5	183.6	204.7	206.9	240.4	203.8	134.1	100.5	126.9	121.9	36.5	14.9	3.6	0.0
税前 EPS	82.6	54.6	32.0	41.9	56.1	61.8	34.3	14.6	9.6	9.3	7.8	1.0	-2.8	-5.8	-78.4
税後 EPS	73.3	48.5	28.7	38.0	50.5	57.9	33.3	14.2	9.1	9.0	7.6	1.2	-2.8	-4.1	-78.4

資料來源／凱基期貨超級大三元軟體（AP）

獲利能力：從下圖獲利能力分析中可看出，税後盈利率 10％以上一直跌到 6％。月風說過，這部分最重要就是求穩定，而 HTC 因為競爭對手太強大，所以就掉得這麼慘。

宏達電 （2498）獲利能力分析			
			單位：百萬
101 年度			
季別	毛利率	營益率	税前盈利率	税後盈利率
一	21.35%	6.64%	7.54%	6.88%
100 年度			
季別	毛利率	營益率	税前盈利率	税後盈利率
四	24.40%	11.79%	12.53%	11.07%
三	26.46%	14.76%	15.86%	14.09%
二	27.02%	14.97%	16.12%	14.29%
一	27.14%	15.13%	16.50%	14.68%
99 年度			
季別	毛利率	營益率	税前盈利率	税後盈利率
四	28.68%	15.56%	16.18%	14.38%
三	28.07%	15.69%	16.82%	15.01%
二	19.76%	15.16%	16.0%	14.27%
一	14.91%	14.62%	15.17%	13.26%
98 年度			
季別	毛利率	營益率	税前盈利率	税後盈利率
四	31.98%	14.89%	15.24%	13.47%
三	32.32%	18.58%	18.96%	16.75%
二	32.03%	18.05%	18.62%	17.03%
一	30.07%	15.34%	17.07%	15.43%
97 年度			
季別	毛利率	營益率	税前盈利率	税後盈利率

季別	毛利率	營益率	稅前盈利率	稅後盈利率
四	29.76%	18.28%	18.87%	17.08%
三	34.16%	19.09%	20.34%	18.45%
二	34.54%	19.97%	21.1%	19.11%
一	35.64%	22.80%	23.41%	21.24%
96 年度				
季別	毛利率	營益率	稅前盈利率	稅後盈利率
四	35.67%	26.78%	27.86%	25.61%
三	34.05%	25.53%	27.58%	25.53%
二	33.31%	25.78%	26.9%	22.25%
一	31.35%	24.30%	25.50%	23.47%
95 年度				
季別	毛利率	營益率	稅前盈利率	稅後盈利率
四	33.75%	26.78%	28.15%	26.04%
三	33.89%	26.08%	26.77%	25.45%
二	32.61%	25.14%	24.2%	22.07%
一	29.26%	22.63%	23.38%	22.46%

資料來源／凱基期貨超級大三元軟體（AP）

籌碼分布：宏達電籌碼分布中董監持股為 11％，以大公司而言，11％似乎不算少。但是從董監事持股明細看一下持有比例，王雪紅持有比例僅 3.2％。她曾經多買了幾千張，說要救公司，為何不一開始就持有多一點呢？此外，第二大股東總經理只有零點多，嘴上說要支持公司，實際作為卻讓人不敢恭維。

宏達電（2498）籌碼分布		
日期：05/31		
	張數	占股本比例
董監持股	93,762	11.00%
外資持股	440,086	
投信持股	11,505	1.35%
自營商持股	6,116	0.72%
法人合計	457,707	
集保庫存	852,052	100.00%
融資餘額	31,931	3.75%
融券餘額	2,151	0.25%
六日均量	9,639	1.13%

附註：
1. 大戶與散戶之籌碼比：
大戶 = 董監 + 法人持股總數
散戶 = 融資餘額
2. 籌碼安定度：
大戶 = 董監 + 法人持股總數占總股本比例
3. 由於董監可能是外資，
故股本比例總和有可能超過 100%

資料來源／凱基期貨超級大三元軟體（AP）

大戶與散戶之籌碼比

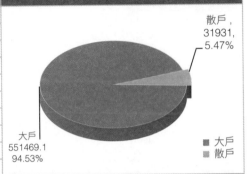

散戶，31931，5.47%

大戶 551469.1 94.53%

■ 大戶
■ 散戶

籌碼安定度

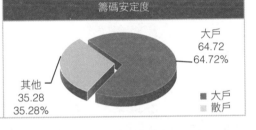

大戶 64.72 64.72%

其他 35.28 35.28%

■ 大戶
■ 散戶

宏達電（2498）董監事經理人及大股東持股明細				
資料日期：101/04				
選任日期：99/06/18				
職稱	姓名／法人名稱	持股張數	持股比例	質押張數	質押比率
---	---	---	---	---	---
副總	Boulloy	19	0.00%	0	0.00%
董事	David Bruce	0	0.00%	0	0.00%
副總	Florian Seic	84	0.01%	0	0.00%
副總	Gregory	4	0.00%	0	0.00%
副總	Jason Buchan	16	0.00%	0	0.00%
獨立董事	Josef Felder	134	0.02%	0	0.00%
副總	Matthew Vinc	20	0.00%	0	0.00%
大股東	大通太平洋成	33,901	3.98%	0	0.00%
大股東	大通資本世界	13,350	1.57%	0	0.00%
副總	小寺康司	28	0.01%	0	0.00%

副總	王文淵	0	0.00%	0	0.00%
副總	王志華	18	0.00%	0	0.00%
董事長	王雪紅	27,272	3.20%	0	0.00%
副總	王景弘	21	0.00%	0	0.00%
副總	王慶賢	89	0.01%	0	0.00%
大股東	弘茂投資（股）	21,810	2.56%	0	0.00%
副總	任偉光	3	0.00%	0	0.00%
監察人	朱黃傑	0	0.00%	0	0.00%
董事	卓火土	146	0.02%	0	0.00%
總經理	周永明	3,934	0.46%	0	0.00%
副總	林信芳	23	0.00%	0	0.00%
獨立董事	林振國	0	0.00%	0	0.00%
協理	林雨潔	49	0.00%	0	0.00%
副總	林淇源	71	0.01%	0	0.00%
大股東	花旗宏達電存	20,055	2.35%	0	0.00%
大股東	威連科技（股）	35,865	4.21%	0	0.00%
監察人	威智投資（股）- 黎少倫	43,819	5.14%	0	0.00%
副總 / 財務主管	張嘉臨	0	0.00%	0	0.00%
副總 / 會計主管	陳及幼	3	0.00%	0	0.00%
副總	陳文俊	239	0.03%	0	0.00%
董事	陳文琦	22,391	2.63%	0	0.00%
副總	陳學群	21	0.00%	0	0.00%
董事	賀陳旦	0	0.00%	0	0.00%
副總	董俊良	67	0.01%	0	0.00%
副總	雷憶瑜	67	0.01%	0	0.00%
副總	劉萬賢	54	0.01%	0	0.00%
副總	劉筠棋	0	0.00%	0	0.00%
副總	劉慶東	1,509	0.18%	0	0.00%
大股東	德銀松柏國際	18,494	2.17%	0	0.00%
大股東	摩根歐本漢瑪	13,809	1.62%	0	0.00%
監察人	歐陽康立	0	0.00%	0	0.00%
協理	鄭昭義	5	0.00%	0	0.00%
副總	謝文瑞	0	0.00%	0	0.00%
副總	簡志霖	22	0.00%	0	0.00%

資料來源／凱基期貨超級大三元軟體（AP）

申報轉讓：看一下宏達電申報轉讓一覽表中，這些數字，會不會覺得有心痛的感覺呢？有時間也可以再去調更詳細的資料，就會發現大股東一個個將股票拿去賣了！

日期	申報人	身分	申報張數	轉讓方式
		宏達電（2498）申報轉讓		
100/08/26	Shashi Hari	經理人	16	
100/08/22	劉慶東	經理人	25	
100/08/22	劉慶東之配偶	關係人配偶	25	
100/08/19	小寺康司	經理人	43	
100/08/19	王文淵	經理人	8	
100/08/19	王志華	經理人	21	
100/08/19	王景弘	經理人	22	
100/08/19	王湘君	經理人	6	
100/08/19	王慶賢	經理人	24	
100/08/19	任偉光	經理人	12	
100/08/19	周永明	經理人	180	
100/08/19	周咸誠	經理人	10	
100/08/19	林信芳	經理人	25	
100/08/19	林淇源	經理人	12	
100/08/19	柯馬修	經理人	30	
100/08/19	容覺生	經理人	18	
100/08/19	陳及幼	經理人	8	
100/08/19	陳文俊	經理人	48	
100/08/19	陳學群	經理人	26	
100/08/19	麥杰生	經理人	85	
100/08/19	費格瑞	經理人	6	
100/08/19	董俊良	經理人	48	
100/08/19	雷憶瑜	經理人	24	
100/08/19	劉萬賢	經理人	25	
100/08/19	劉慶東	經理人	120	
100/08/19	鄭昭義	經理人	8	
100/08/19	駱榮恩	經理人	39	
100/08/19	鮑喬治	經理人	25	
100/08/19	謝文瑞	經理人	25	
100/08/19	謝甫安	經理人	48	

100/08/19	簡志霖	經理人	18	
	陸學森	經理人	25	
	小寺康司	經理人	14	
	王文淵	經理人	5	
	王志華	經理人	14	
	王景弘	經理人	15	
	王湘君	經理人	5	
	王慶賢	經理人	12	
	周永明	經理人	75	
	周佩徽	經理人	14	
	周咸誠	經理人	5	
	林信芳	經理人	15	
	林淇源	經理人	7	
	陳及幼	經理人	6	
	陳文俊	經理人	20	
	陳學群	經理人	15	
	麥杰生	經理人	36	
	曾金瑞	經理人	5	
	曾啟光	經理人	2	
	董俊良	經理人	15	
	雷憶瑜	經理人	7	
	劉萬賢	經理人	15	
	劉慶東	經理人	60	
	劉慶東之配偶	關係人配偶	25	
	鄭昭義	經理人	4	
	駱榮恩	經理人	11	
	謝文瑞	經理人	15	
	謝甫安	經理人	36	
	劉慶東	經理人	500	
	劉慶東之配偶	關係人配偶	500	
	劉慶東	經理人	500	
	Florian Seic	經理人	50	
	Hok-Sum Hora	經理人	60	
	Jason Buchan	經理人	46	
	王文淵	經理人	12	
	王志華	經理人	20	
	王冠軍	經理人	5	

	王景弘	經理人	28	
	王湘君	經理人	16	
	王慶賢	經理人	25	
	周永明	經理人	154	
	周佩徽	經理人	20	
	周咸誠	經理人	12	
	林信芳	經理人	22	
	林淇源	經理人	20	
	莊正松	經理人	53	
	陳及幼	經理人	20	
	陳文俊	經理人	48	
	陳炳勳	經理人	10	
	陳學群	經理人	20	
	曾啟光	經理人	6	
	童國雄	經理人	20	
	董俊良	經理人	25	
	雷憶瑜	經理人	16	
	劉萬賢	經理人	22	
	劉慶東	經理人	100	
	蔣輝國	經理人	8	
	鄭昭義	經理人	12	
	鄭慧明	經理人	56	
	鄧霖森	經理人	10	
	謝文瑞	經理人	25	
	Florian Sei	經理人	30	
	周永明	經理人	300	
	王湘君	經理人	7	
	蔣輝國	經理人	12	
	Florian Seic	經理人	64	
	Hok-Sum Hora	經理人	42	
	Jason Buchan	經理人	42	
	王志華	經理人	15	
	王冠軍	經理人	5	
	王景弘	經理人	25	
	王慶賢	經理人	25	
	周永明	經理人	150	
	周佩徽	經理人	20	

	周咸誠	經理人	5	
	林信芳	經理人	20	
	林政寬	經理人	11	
	林淇源	經理人	22	
	洪煌城	經理人	22	
	莊正松	經理人	45	
	陳文俊	經理人	26	
	陳炳勳	經理人	15	
	陳學群	經理人	17	
	曾啟光	經理人	4	
	童國雄	經理人	25	
	董俊良	經理人	30	
	雷憶瑜	經理人	15	
	劉萬賢	經理人	20	
	劉慶東	經理人	75	
	蔣培德	經理人	4	
	鄭慧明	經理人	25	
	鄧霖森	經理人	15	
	謝文瑞	經理人	25	
	周永明	經理人	300	
	Florian Seic	經理人	59	
	Hok-Sun Hora	經理人	49	
	王景弘	經理人	49	
	王慶賢	經理人	31	
	佘祥生	經理人	5	
	周永明	經理人	150	
	林政寬	經理人	29	
	林淇源	經理人	49	
	洪煌城	經理人	49	
	陳文俊	經理人	49	
	陳炳勳	經理人	26	
	陳學群	經理人	26	
	章健志	經理人	2	
	曾啟光	經理人	3	
	童國雄	經理人	41	
	董俊良	經理人	82	
	雷憶瑜	經理人	31	
	劉慶東	經理人	115	
	蔣培德	經理人	16	
	蔣輝國	經理人	28	
	鄭慧明	經理人	41	
	周永明	經理人	200	

	王慶賢	經理人	25	
	周永明	經理人	200	
	林政寬	經理人	15	
	陳學群	經理人	15	
	章健志	經理人	5	
	曾啟光	經理人	2	
	童國雄	經理人	30	
	劉慶東	經理人	100	
	蔣培德	經理人	5	
	周永明	經理人	200	
	王慶賢	經理人	40	
	周永明	經理人	150	
	林政寬	經理人	25	
	陳學群	經理人	20	
	章健志	經理人	10	
	曾啟光	經理人	2	
	童國雄	經理人	35	
	劉慶東	經理人	50	
	蔣培德	經理人	10	
	周永明	經理人	1,000	
	周永明	經理人	300	
	周永明	經理人	300	
	周永明	經理人	300	
＊以上資料來自公開資訊觀測站				

資料來源／凱基期貨超級大三元軟體（AP）

資產負債表：看看資產負債表中應收帳款及其他應收帳款這兩個項目，會發現不斷增加應收帳款，未來收到芭樂票的可能性大增！但事實上根本沒有賺到錢。再看到存貨，突然增加這麼多，而手機是日新月異的東西，存貨那麼多，根本每季都在折價，這樣的公司會漲還跌？

宏達電（2498）資產負債表（年表）

單位：百萬

期別	100	99	98	97	96	95	94
現金及約當現金	78,872	66,282	61,676	61,827	55,036	34,397	16,196
短期投資	993	892	2,516	0	33	0	0
應收帳款及票據	65,017	63,365	27,571	29,799	19,484	19,689	14,733
其他應收款	1,236	689	211	247	270	96	129
短期借支	0	0	0	0	0	83	0
存貨	25,389	21,920	5,217	7,418	6119	4984	4838
在建工程	N/A	N/A	N/A	N/A	N/A	N/A	N/A
預付費用及預付款	6,473	2,315	3,351	1,238	1537	1881	474
其他流動資產	2,224	1,411	962	743	693	681	246
流動資產	180,204	156,875	101,504	101,272	83173	61811	36616
長期投資	37,778	10,708	6,506	5,161	2899	824	326
土地成本	7,462	5,691	4,720	3,568	610	610	610
房屋及建築成本	3,681	3,505	3,175	2,854	2240	1083	1074
機器及儀器設備成本	7,273	5,738	4,181	4,100	3538	3115	2745
其他設備成本	829	654	535	494	379	315	293
固定資產重估增值	0	0	0	0	0	0	0
固定資產累計折舊	-5,850	-4,934	-4,322	-3,729	-3197	-2684	-2254
固定資產損失準備	0	0	0	0	0	0	0
未完工程及預付款	2,028	289	26	89	146	470	27
固定資產	15,422	10,941	8,314	7,376	3716	2910	2495
遞延資產	3,717	2,447	1,136	873	468	338	399
無形資產	2,121	209	0	0	95	74	0
什項資產	8,868	2,870	2,162	545	93	37	85
其他資產	14,706	5,526	3,298	1,418	657	449	484
資產總額	248,111	184,050	119,622	115,226	90,445	65,994	39,921
短期借款	0	0	0	0	0	0	0
應付商業本票	0	0	0	0	0	0	0
應付帳款及票據	76,495	57,826	25,361	27,907	22020	16,847	13797
應付費用	55,119	40,721	22,416	15,633	5270	2,340	1205
預收款項	135	333	196	121	105	37	113
其他應付款	1,058	920	975	814	503	619	126
應付所得稅	9,653	6,417	4,153	3,938	2514	1,759	617
一年內到期長期負債	0	0	0	0	0	0	0
其他流動負債	4,224	3,119	881	6,146	3956	1,819	1079

流動負債	146,684	109,335	53,980	54,558	34368	23,421	16935
長期負債	0	0	0	0	0	0	0
遞延貸項	0	0	0	0	0	0	0
退休金準備	0	0	0	0	0	0	0
遞延所得稅	0	0	0	0	0	0	0
土地增值稅準備	0	0	0	0	0	0	0
各項損失準備	0	0	0	0	0	0	0
什項負債	1	1	1	6	1	1	1
其他負債及準備	1	1	1	6	1	1	1
負債總額	146,684	109,336	53,981	54,565	34369	23,422	16936
股東權益總額	101,427	74,714	65,640	60,661	56076	42,572	22986
普通股股本	8,521	8,177	7,889	7,554	5731	4,364	3570
特別股股本	0	0	0	0	0	0	0
資本公積	16,620	10,821	9,100	4,418	4416	4,453	4437
法定盈餘公積	10,274	10,274	10,274	7,410	4516	1,992	813
特別盈餘公積	581	0	0	0	0	6	19
未分配盈餘	75,762	52,877	38,364	44,626	41404	31,991	14152
長期投資評價損失	3	-1	-2	-2	-1	0	-1
負債及股東權益總額	248,111	184,050	119,622	115,226	90445	65,994	39921

資料來源／凱基期貨超級大三元軟體（AP）

▲94~98 年負債額維持正常值

附帶一提，有些公司在操控存貨或作假帳上很容易，只要這樣一放，帳上資產變高，總資產增加，淨值也就跟著墊高，股價就上來了。

在流動資產的部分，我們可以看到它是暴增的情形，賺了八成左右，好像很讚，但請看負債，增加了一千億啊！想想，跟銀行借了一千億，然後讓戶頭裡面多了八百億，這種狀況股票不跌怎麼可能呢？

很多經理人都有一些慣性，喜歡在某種情況下炒作或是賣出，看報表就會知道。外資也看懂了這樣的情況，所以一直賣，最後股價就跌到一個不行（請參考宏達電K線圖）。

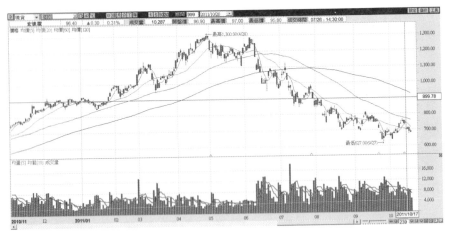

宏達電 K 線圖

　　損益表：從損益表看起來收入好像不錯，其實，毛利率扣完之後就只剩一點點了，再扣完營業成本更是慘不忍睹。利潤並沒有大增，資產卻增加八百億，很明顯就是灌水。業外收入這麼高，表示本業賣不好開始進行投資。再來看看業外支出也很誇張，這些錢那麼多年全部都是賠掉的。

　　注意喔！很多報表看起來不錯，卻漏洞百出的公司層出不窮，投資人會說公司做假財報騙人，事實上哪有呢？他只是移項目來混淆視聽而已。

宏達電（2498） 損益表（年表）

單位：百萬

年	100	99	98	97	96	95	94	93
營業收入淨額	455,079	275,047	144,881	152,559	118,580	104,817	72,769	36,397
營業成本	335,325	195,490	99,018	101,917	78,402	70,779	54,758	28,493
營業毛利	119,754	79,557	45,862	50,642	40,178	34,037	18,010	7,904
聯屬公司已（未）實現銷	-806	-237	26	41	-11	-149	-9	1
營業費用	54,087	37,024	21,713	20,426	9,631	7,337	5,161	3,595
營業利益	64,861	42,295	24,175	30,256	30,536	26,552	12,840	4,310
利息收入	622	287	349	1,368	816	439	145	61
投資收入／股利收入	2,718	1,457	274	0	104	0	0	0
處分投資利得	0	3	3	0	0	0	0	14
投資跌價損失回轉	257	450	18	0	0	0	0	0
處分資產利得	0	0	3	6	2	41	5	11
存貨跌價損失回轉	0	0	0	0	0	0	0	0
兌換盈益	1,212	0	514	661	658	306	0	108
其他收入	250	339	463	265	230	151	68	120
營業外收入合計	5,060	2,536	1,623	2,300	1811	1234	218	313
利息支出	10	0	0	0	0	0	20	29
投資損失	0	0	0	57	0	13	35	36
處分投資損失	0	0	0	0	0	0	0	0
投資跌價損失	0	1	31	0	0	0	0	0
處分資產損失	0	0	0	6	1	3	3	12
兌換損失	0	304	0	0	0	0	239	0
資產評估損失	0	0	0	0	0	729	584	544
其他損失	61	35	555	902	194	83	22	42
營業外支出合計	71	340	586	966	195	828	903	663
稅前淨利	69,850	44,491	25,212	31,590	32,151	26,958	12,156	3,961
所得稅費用	7,874	4,958	2,604	2,955	3,212	1,711	374	105
經常利益	61,976	39,534	22,609	28,635	28,939	25,247	11,782	3,855
停業部門損益	0	0	0	0	0	0	0	0
非常項目	0	0	0	0	0	0	0	0
累計影響數	0	0	0	0	0	0	0	0
本期稅後淨利	61,976	39,534	22,609	28,635	28,939	25,247	11,782	3,855
每股盈餘（元）	73.32	48.49	28.71	37.97	50.48	57.85	33.26	14.21
加權平均股本	8,453	8,152	7,874	7,541	5,733	4,364	3,542	2,714
當季特別股息負債	0	0	0	0	0	0	0	0

資料來源／凱基期貨超級大三元軟體（AP）

財務比率表：股東權益報酬率要多少才好？月風認為，平均大約20％以上就已經很好了；資產報酬率有 10% OK，毛利率有 30%～40％也不錯，這幾個指標性的數值給大家參考一下。對照到宏達電財務比率表，這些數值好像都還不錯，但負債些許高了一點，此外，速動比很高，代表錢會流得很快。

遠遠的用年分財務比率表來看，這家公司怎樣看，可以說是一間績優的公司了，但我們拉近時間單位來觀察，從季報表——宏達電財務比率表（季表）來觀察，真的只能說是慘不忍睹。我們可以看到的資產都是存貨，從季報表上來看，會發現根本沒有成長的可能。

宏達電（2498）財務比率表（年表）

單位：%

				獲利能力				
期別	100	99	98	97	96	95	94	93
淨值報酬率—稅後	70.37	56.33	35.8	49.06	58.67	77.02	68.59	40.55
營業毛利率	26.31	28.92	31.66	33.19	33.88	32.47	24.75	21.72
營業利益率	14.25	15.38	16.69	19.83	25.75	25.33	17.65	11.84
稅前淨利率	15.35	16.18	17.4	20.71	27.11	25.72	16.70	10.88
稅後淨利率	13.62	14.37	15.61	18.77	24.40	24.09	16.19	10.59
每股淨值（元）	121.03	92.48	83.2	81.38	97.84	97.63	64.38	41.89
每股營業額（元）	543.03	340.46	183.64	204.67	206.90	240.38	203.82	134.10
每股營業利益（元）	77.4	52.35	30.64	40.59	53.28	60.89	35.97	15.88
每股稅前淨利（元）	82.63	54.57	32.02	41.89	56.08	61.77	34.32	14.59
股東權益報酬率	70.37	56.33	35.8	49.06	58.67	77.02	68.59	40.55
資產報酬率	28.69	26.04	19.25	27.85	37.00	47.67	37.77	20.19
每股稅後淨利（元）	73.32	48.49	28.71	37.97	50.48	57.85	33.26	14.21

經營績效							
期別	100	99	98	97	96	95	94	93
營收成長率	65.46	89.84	-5.03	28.65	13.13	44.04	99.93	66.79
營業利益成長率	53.35	74.95	-20.1	-0.91	15.00	106.78	197.89	136.91
稅前淨利成長率	57	76.47	-20.19	-1.74	19.26	121.77	206.93	102.08
稅後淨利成長率	56.77	74.86	-21.05	-1.05	14.62	114.29	205.60	108.31
總資產成長率	34.81	53.86	3.81	27.4	37.05	65.31	77.10	42.11
淨值成長率	35.75	13.82	8.21	8.18	31.72	85.21	102.17	48.70
固定資產成長率	51.61	46.07	-5.59	22.6	35.07	21.98	-11.95	10.74

償債能力							
期別	100	99	98	97	96	95	94	93
流動比率	122.85	143.48	188.04	185.62	242.01	263.91	216.21	205.83
速動比率	99.61	120.02	170.38	168.39	217.71	231.69	183.40	156.88
負債比率	59.12	59.41	45.13	47.35	38.00	35.49	42.42	49.56
利息保障倍數	6,805.64	967,203.37	192,462.56	136,166.86	133408.87	90463.68	614.29	135.86

經營能力							
期別	100	99	98	97	96	95	94	93
應收帳款週轉率（次）	7.09	6.05	5.05	6.19	6.05	6.09	6.25	5.21
存貨週轉率（次）	14.18	14.41	15.67	15.06	14.12	14.41	12.11	8.96
固定資產週轉率（次）	34.52	28.57	18.47	27.51	35.79	38.79	29.02	15.32
總資產週轉率（次）	2.11	1.81	1.23	1.48	1.52	1.98	2.33	1.90
員工平均營業額（千元）	31372	25366	19890	18414	21293.00	22836.00	17714.00	11148.00
淨值週轉率	5.17	3.92	2.29	2.61	2.40	3.20	4.24	3.83

資本結構							
期別	100	99	98	97	96	95	94	93
負債對淨值比率	144.62	146.34	82.24	89.95				
長期資金適合率	657.66	682.87	789.5	822.46				

資料來源／凱基期貨超級大三元軟體（AP）

宏達電 (2498) 財務比率表 (季表)

單位：%

獲利能力

期別	101.1Q	100.4Q	100.3Q	100.2Q	100.1Q	99.4Q	99.3Q	99.2Q
營業毛利率	21.35	24.4	26.46	27.02	27.14	28.68	28.07	29.50
營業利益率	6.64	11.79	14.75	14.97	15.13	15.56	15.69	15.16
稅前淨利率	7.54	12.53	15.86	16.12	16.50	16.18	16.82	16.00
稅後淨利率	6.88	11.07	14.09	14.29	14.68	14.38	15.01	14.27
每股淨值 (元)	122.24	121.03	108.35	97.82	111.19	92.48	79.30	68.91
每股營業額 (元)	78.15	117.92	158.2	146.36	120.54	127.33	91.54	74.93
每股營業利益 (元)	5.19	13.9	23.34	21.92	18.24	19.81	14.36	11.36
每股稅前淨利 (元)	5.87	14.65	24.81	23.29	20.63	20.42	15.23	11.84
股東權益報酬率	4.4	11.39	21.44	20.24	18.03	21.26	18.38	14.15
資產報酬率	1.88	4.41	7.41	7.43	7.39	8.83	7.44	6.32
每股稅後淨利 (元)	5.35	12.95	22.03	20.65	18.36	18.15	13.59	10.56

經營績效

期別	101.1Q	100.4Q	100.3Q	100.2Q	100.1Q	99.4Q	99.3Q	99.2Q
營收成長率	(35.70)	(3.93)	79.28	102.63	167.97	150.40	117.45	58.46
營業利益成長率	(71.78)	(27.23)	68.58	100.21	177.32	161.65	83.66	33.06
稅前淨利成長率	(70.61)	(25.61)	69.08	104.10	191.36	165.93	92.94	36.15
稅後淨利成長率	(69.88)	(26.04)	68.24	102.86	196.75	167.38	94.89	32.80
總資產成長率	5.04	34.15	65.53	72.57	72.19	53.86	40.85	19.46
淨值成長率	13.12	35.75	40.89	47.97	36.59	13.82	6.87	(1.03)
固定資產成長率	61.75	51.61	79.26	73.72	56.71	46.07	7.83	2.26

償債能力

期別	101.1Q	100.4Q	100.3Q	100.2Q	100.1Q	99.4Q	99.3Q	99.2Q
流動比率	123.87	124.26	129.16	125.68	143.51	143.48	147.96	140.14
速動比率	97.76	100.37	106.63	105.19	118.07	120.02	124.55	124.58
負債比率	55.48	58.92	63.65	67.22	58.66	59.41	57.29	61.77
利息保障倍數	15,306.68	54,796.16	2,095.98	N/A	N/A	2080872.88	N/A	745014.46

經營能力

期別	100	99	98	97	96	95	94	93
應收帳款週轉率 (次)	1.12	1.36	1.77	1.87	1.61	1.88	1.73	1.83
存貨週轉率 (次)	1.98	2.81	3.49	3.2	2.96	3.81	3.80	4.51
固定資產週轉率 (次)	4.08	6.57	9.33	9.81	9.11	10.11	8.03	6.75

資料來源／凱基期貨超級大三元軟體（AP）

▋ 亞洲水泥的財報故事

亞泥，在產業屬性上為傳產業，基本上，傳產業能存活這麼久，體質不會太差。

基本資料：從亞泥基本資料裡營收比重這一個項目中，我們可以看到水泥的比重為 91.55％，表示大部分的比重都在本業（大家有興趣也可以查一下臺泥的資料，光看財報就會發現亞泥比臺泥好很多）。

亞泥（1102） 基本資料							
					最近交易日：06/01	市值單位：百萬	
開盤價	35.3	最高價	35.65	最低價	34.8	收盤價	35.15
漲跌	-0.5	一年內最高價	48.3	一年內最低價	28.25		
本益比	11.68	一年內最大量	25,525	一年內最低量	1,482	成交量	3,366
同業平均本益比	90.65	一年來最高本益比	17.31	一年來最低本益比	8.9	盤後量	
殖利率	7.40%	總市值	110,259	85年來最高總市值	163,808	85年來最低總市值	18,040
投資報酬率（06/01）		財務比例（101.1Q）		投資風險（06/01）		稅額扣抵率	
今年以來	3.38%	每股淨值（元）	28.06	貝他值	1.12	2011年	6.19%
最近一週	3.38%	每人營收（仟元）	2,194.00	標準差	2.18%	2010年	11.69%
最近一個月	0.00%	每股營收（元）	4.24			2009年	13.33%
最近二個月	-2.23%	負債比例	46.03%			2008年	14.34%
最近三個月	-6.27%	股價淨值比	1.25			2007年	10.47%
基本資料		獲利能力（101.1Q）		前一年度配股		財務預測	公司估
股本（億，台幣）	313.68	營業毛利率	8.19%	現金股利（元）	2.3	預估營收（億）	N/A
成立時間		營業利益率	4.49%	股票股利	0.3	預估稅前盈餘	N/A
初次上市（櫃）日期		稅前淨利率	14.16%	盈餘配股	0.3	預估稅後盈餘	N/A
股務代理	亞東證 02-23618608	資產報酬率	1.12%	公積配股	0	預估稅前EPS	N/A

董事長	徐旭東	股東權益報酬率	1.70%	現金增資（億）	N/A	預估稅後EPS	N/A
總經理		李坤炎		認股率（每仟股）	N/A		
發言人		周維崑		現增溢價	N/A		
營收比重		水泥 91.55%、爐石粉 5.22%、其他營業收入 3.22%					
公司電話		02-27338000					
網址		www.acc.com.tw					
公司地址		台北市大安區敦化南路二段 207 號 30、31 樓					

年度	101	100	99	98	97	96	95	94
最高總市值	118,101	143,771	106,143	111,603	163,808	156,424	81,534	49,279
最低總市值	103,985	88,615	79,421	68,266	49,279	76,723	44,078	40,209
最高本益比	12	17	16	19	17	18	11	8
最低本益比	10	9	10	8	5	11	7	6
股票股利	N/A	0.3	0.2	0.3	0.3	0.6	0.8	0.8
現金股利	N/A	2.3	1.9	1.8	1.8	2.4	1.5	1.2

資料來源／凱基期貨超級大三元軟體（AP）

　　股本形成：從亞泥之股本形成表中，我們看到營餘轉增資這一個項目一直都在成長，數字非常漂亮。附帶一提，徐旭東一個人兼兩百多家股東會董事長，每天都在開會。重點是，他旗下的上市公司幾乎每家都賺錢。

亞泥（1102）之股本形成

單位：億元

年度	現金增資	比重	盈餘轉增資	比重	公積及其他	比重
101	31.73	9.82%	276.29	85.51%	15.07	4.66%
100	31.73	10.12%	266.88	85.08%	15.07	4.80%
99	31.73	10.32%	260.73	84.78%	15.07	4.90%
98	31.73	10.63%	251.77	84.32%	15.07	5.05%
97	31.73	10.95%	243.07	83.85%	15.07	5.20%
96	31.73	11.60%	226.67	82.89%	15.07	5.51%
95	31.73	12.53%	206.41	81.52%	15.07	5.95%

94	31.73	13.53%	187.65	80.04%	15.07	6.43%
93	31.73	14.62%	170.29	78.44%	15.07	6.94%
92	31.73	15.57%	157.04	77.04%	15.07	7.39%
91	31.73	15.57%	157.04	77.04%	15.07	7.39%
90	31.73	15.57%	157.04	77.04%	15.07	7.39%
89	32.52	15.96%	159.89	78.46%	11.37	5.58%
88	32.52	17.39%	143.07	76.53%	11.37	6.08%
87	32.52	19.48%	126.37	75.71%	8.03	4.81%
86	32.52	21.43%	111.20	73.28%	8.03	5.29%
85	32.52	23.14%	99.96	71.14%	8.03	5.71%
84	32.52	24.76%	90.77	69.12%	8.03	6.11%
83	32.52	27.24%	78.83	66.04%	8.03	6.73%
82	32.52	29.42%	69.99	63.32%	8.03	7.26%

資料來源／凱基期貨超級大三元軟體（AP）

經營績效：從亞泥經營績效中可以看出，亞泥營業收入不但穩定且有在賺錢。這就像我們在找另一半一樣，你不會希望他今年賺了兩三百萬，明年什麼都拿不出來；相對的，股票也是一樣的道理。

亞泥（1102）之經營績效

單位：億元

年度	100	99	98	97	96	95	94	93	92	91	90	89	88
加權平均股本	314	308	299	290	274	253	217	204	204	207	204	204	187
營業收入	108.7	97.6	103.3	105.2	107.5	108.1	107.5	104.0	95.7	111.3	99.6	109.1	124.1
稅前盈餘	101.4	78.5	81.2	75.4	104.8	77.3	70.6	67.3	34.7	13.2	3.5	1.8	36.8
稅後純益	100.2	76.8	78.9	73.1	101.0	72.1	66.2	64.4	33.2	11.6	3.0	1.8	34.1
每股營收（元）	3.5	3.2	3.5	3.6	3.9	4.3	4.6	4.8	4.7	5.5	4.9	5.4	6.6
稅前 EPS	3.2	2.6	2.7	2.6	3.8	3.1	3.0	3.1	1.7	0.7	0.2	0.1	2.0
稅後 EPS	3.2	2.5	2.6	2.5	3.7	2.9	2.8	3.0	1.6	0.6	0.2	0.1	1.8

資料來源／凱基期貨超級大三元軟體（AP）

獲利能力：亞泥獲利能力分析表中看到，它的報酬率幾乎都沒有賠，這就是好的經營者的本事。我們買股票的時候，買的不只是股票，也在買經營者。買進巴菲特的股票，就是讓巴菲特替我們賺錢；買進徐旭東的股票，就是靠徐旭東幫我們賺錢。

亞泥（1102）獲利能力分析

單位：百萬

季別	毛利率	營益率	稅前盈利率	稅後盈利率
101 年度				
一	7.87%	2.62%	60.11%	59.89%
100 年度				
四	4.29%	-1.70%	62.99%	61.33%
三	2.71%	-2.63%	79.89%	80.24%
二	4.15%	-4.29%	140.5%	139.37%
一	7.21%	1.28%	93.71%	91.61%
99 年度				
四	2.96%	-4.58%	90.83%	88.36%
三	5.24%	1.84%	66.42%	67.34%
二	8.14%	1.46%	93.5%	90.90%
一	8.30%	3.30%	69.22%	66.42%
98 年度				
四	12.83%	8.76%	49.03%	47.82%
三	12.16%	5.70%	86.79%	84.81%
二	17.25%	10.48%	111.1%	109.76%
一	23.48%	17.46%	67.37%	62.61%
97 年度				
四	16.46%	12.60%	17.39%	16.04%
三	12.02%	5.86%	71.93%	69.96%
二	15.19%	8.35%	92.1%	89.65%
一	18.59%	11.68%	111.53%	108.53%

96 年度				
季別	毛利率	營益率	稅前盈利率	稅後盈利率
四	15.97%	12.02%	83.92%	82.97%
三	17.50%	14.09%	111.75%	107.73%
二	20.93%	17.40%	105.8%	101.53%
一	23.99%	20.80%	89.95%	84.85%
95 年度				
季別	毛利率	營益率	稅前盈利率	稅後盈利率
四	25.89%	23.16%	58.73%	54.58%
三	24.88%	20.12%	78.03%	74.12%
二	26.93%	23.09%	82.8%	73.82%

資料來源／凱基期貨超級大三元軟體（AP）

轉投資：轉投資的部分，一樣錢嘩啦啦的賺很多，雖然轉投資不見得都是本業，只要有本事賺很多錢，也沒有什麼不好。

亞泥（1102）轉投資

單位：仟元；仟股

轉投資事業	投資幣別	投資成本	持股股數	持股比例	帳面價值（台幣）	會計原則
大強鋼鐵造	台幣	31,512	3,205	40.46%	73,946	權益法
中華貿易開發	台幣	N／A	250	0.38%	3,902	成本衡量
中聯資源	台幣	N／A	20,728	9.17%	912,047	備供出售
旭日工業投資	台幣	2,898	90	100.00%	42,813	權益法
亞利通運	台幣	13,670	4,939	49.39%	250,715	權益法
亞利預鑄工業	台幣	144,961	1,641	83.81%	79,012	權益法
亞東預拌混凝土	台幣	104,290	137,527	99.99%	1,369,590	權益法
亞東證券	台幣	154,207	135,092	18.93%	1,927,230	權益法
亞泥新加坡	台幣	186,958	10,495	99.99%	2,640,742	權益法
亞洲工程企業	台幣	4,776	6,631	98.06%	196,346	權益法
亞洲水泥（中國）控股	台幣	13,660,636	1,061,209	68.19%	27,117,687	權益法
亞洲投資	台幣	1,212,679	118,145	100.00%	201,140	權益法
東聯化學	台幣	N／A	57,970	7.20%	211,539	備供出售
泛亞工程建設	台幣	N／A	1,184	1.36%	2,250	成本衡量
金融負債-流動-交換公司債交換權_C	台幣	N／A	N／A	N／A	-211,830	FV 變動

金融負債動動 - 轉換公司債買（賣）回鮨 C	台幣	N／A	N／A	N／A	-338,959	FV 變動
金融資產 - 流動 - 換匯換利合約 _C	台幣	N／A	N／A	N／A	160,429	FV 變動
南華水泥	台幣	411,067	26,133	99.96%	438,798	權益法
高雄捷運	台幣	N／A	40,000	4.00%	0	成本衡量
富民運輸	台幣	68,297	29,519	99.83%	1,087,473	權益法
雲朗觀光	台幣	N／A	355	0.37%	8,133	成本衡量
裕元投資	台幣	1,108,985	183,179	36.42%	3,671,923	權益法
裕民航運	台幣	510,236	331,701	38.66%	10,155,605	權益法
鼎鼎大飯店	台幣	N／A	389	13.73%	21,079	成本衡量
嘉惠電子	台幣	3,119,492	280,094	59.59%	3,734,675	權益法
臺灣證券交易所	台幣	N／A	6,923	1.16%	23,752	成本衡量
遠百亞太開發	台幣	500,000	50,625	25.00%	586,726	權益法
遠東百貨	台幣	N／A	73,267	5.56%	2,765,818	備供出售
遠東國際商業銀行	台幣	N／A	58,915	2.78%	675,692	備供出售
遠東新世紀	台幣	3,459,787	1,163,976	23.77%	21,977,312	權益法
遠傳電信 _C	台幣	N／A	28,470	0.87%	1,722,457	備供出售
遠鼎	台幣	2,232,220	178,708	35.50%	3,083,595	權益法
遠鼎且賃	台幣	309,049	34,640	43.60%	386,924	權益法
遠龍不銹鋼	台幣	1,938,000	102,000	51.00%	1,216,950	權益法
德勤投資	台幣	2555073	551,274	99.99%	8,725,334	權益法
德銀遠東 DWS 台灣 _C	台幣	N／A	10,000	N／A	147,100	FV 變動

資料來源／凱基期貨超級大三元軟體（AP）

　　籌碼分布：董監持股在 25％左右，比外資還多，真的算很多了，代表他真的很喜歡自己的公司，所以才願意買進這麼多。

　　很多人不知道怎麼樣才叫多，怎麼樣才叫少，月風的想法是，小公司資本額 20 ～ 30 億左右的，董監持股最起碼都要 30％左右。大型公司資本額上千億，董監持股有 20 ～ 25％真的很不錯。

亞泥（1102）籌碼分布

	張數	占股本比例
董監持股	935,405	29.82%
外資持股	537,068	17.12%
投信持股	29,199	0.93%
自營商持股	19,049	0.61%
法人合計	585,317	18.66%
集保庫存	3,136,813	100.00%
融資餘額	6,128	0.20%
融券餘額	1,217	0.04%
六日均量	4,145	0.13%

附註：
1. 大戶與散戶之籌碼比：
   大戶 = 董監 + 法人持股總數
   散戶 = 融資餘額
2. 籌碼安定度：
   大戶 = 董監 + 法人持股總數占總股本比例
3. 由於董監可能是外資，
   故股本比例總和有可能超過 100%

資料來源／凱基期貨超級大三元軟體（AP）

　　資產負債表：從亞泥資產負債表（年表）看到現金這一個項目，雖然沒有很多，但有很多的土地，且持有成本很低。缺點則是固定資產多，很多錢不是靠本業而是投資來的。負債比從長期來看，雖然稍高，但跟總資產比起來還是很低。

　　要說明的是，月風無法確定這個資產負債表的真實性與否？但是相對跟負債比起來，總資產就多得很多。

亞泥（1102）資產負債表（年表）

單位：百萬

期別	100	99	98	97	96	95	94	93
現金及約當現金	5,742	1,976	8,025	4,032	849	475	2,111	1,908
短期投資	2,123	1,376	1,247	1,167	1,628	1,481	875	1,002
應收帳款及票據	1,187	1,229	882	1,316	1,052	1,106	1,277	1,244
其他應收款	67	62	75	80	95	109	158	1,638
短期借支	0	0	0	0	0	0	0	0
存貨	1,617	1,405	1,699	2,127	1,891	1,625	1,532	1,533
在建工程	N/A	N/A	N/A	N/A	N/A	N/A	N/A	N/A
預付費用及預付款	155	75	74	95	103	104	136	112
其他流動資產	333	103	105	97	17	27	16	24
流動資產	11,224	6,225	12,107	8,914	5,634	4,926	6,104	7,460
長期投資	95,883	93,156	87,860	76,352	81,406	65,795	52,449	44,571
土地成本	232	226	226	226	214	213	207	207
房屋及建築成本	3,033	3,023	2,977	2,951	2,953	2,947	2,936	2,925
機器及儀器設備成本	14,762	14,646	14,535	14,181	14,244	14,254	14,172	14,109
其他設備成本	4,625	4,508	4,504	1,033	794	758	764	757
固定資產重估增值	10,196	4,711	4,712	1,082	1,083	1,092	1,092	1,092
固定資產累計折舊	-20,229	-19,953	-19,626	-17,752	-17,680	-17,491	-17,287	-17,025
固定資產損失準備	0	0	0	0	0	0	0	0
未完工程及預付款	385	335	327	953	357	177	163	26
固定資產	13,004	7,496	7,655	2,675	1,965	1,950	2,046	2,092
遞延資產	993	1,130	1,228	1,028	968	844	1,071	953
無形資產	0	0	0	0	0	0	0	0
什項資產	2,140	2,082	2,029	7,452	7,347	7,396	7,372	7,598
其他資產	3,133	3,212	3,257	8,481	8,316	8,240	8,443	8,551
資產總額	123,244	110,089	110,879	96,422	97,320	80,912	69,092	6,274
短期借款	0	330	0	750	10	458	858	0
應付商業本票	0	310	0	199	0	420	570	0
應付帳款及票據	978	998	1,008	935	592	624	842	634
應付費用	687	479	398	388	249	319	203	338
預收款項	150	83	86	234	78	163	235	159
其他應付款	203	203	203	202	1426	104	71	32
應付所得稅	51	51	122	186	162	445	398	245
一年內到期長期負債	0	2,097	9,869	2,100	2,400	700	1,650	2,750

其他流動負債	543	429	312	127	26	0	0	0
流動負債	2,613	4,980	11,997	5,121	4,943	3,233	4,826	4,159
長期負債	29,218	23,417	20,745	23,369	16,895	14,727	10,850	9,500
遞延貸項	1,348	1,417	1,495	1,563	1,628	1,698	1,760	1,869
退休金準備	0	0	0	0	0	0	37	0
遞延所得稅	213	132	72	52	39	0	0	26
土地增值稅準備	3,427	1,444	1,444	1,444	1,444	1,444	1,444	1,990
各項損失準備	0	0	0	0	0	0	0	0
什項負債	55	57	41	32	51	126	55	36
其他負債及準備	5,043	3,051	3,052	3,091	3,162	3,267	3,296	3,921
負債總額	36,873	31,448	35,794	31,582	25,000	21,227	18,972	17,580
股東權益總額	86,370	78,641	75,085	64,840	72,320	59,685	20,120	45,094
普通股股本	31,368	30,753	29,857	28,988	27,347	25,321	23,446	21,709
特別股股本	0	0	0	0	0	0	0	0
資本公積	17,356	11,043	10,983	10,867	9,672	9,674	9,548	8,778
法定盈餘公積	10,950	10,178	9,392	8,679	7,673	6,957	6,306	5,664
特別盈餘公積	67	0	0	0	0	0	87	87
未分配盈餘	16,357	13,541	12,872	11,811	14,516	11,430	9,875	8,682
長期投資評價損失	7,219	13,853	8,895	242	10,696	4,959	-152	-80
負債及股東權益總額	123,244	110,089	110,879	96,422	97,320	80,912	69,092	62,674

資料來源／凱基期貨超級大三元軟體（AP）

損益表：從亞泥損益表（年表）顯示本業賺錢，但扣掉營業成本之後呢？營業利益竟然賠了！再看業外收入，幾乎都是賺錢的。這代表業外投資已經成熟了。投資這間公司，長期來說應該還是賺錢。

亞泥（1102）損益表（年表）

單位：百萬

年	100	99	98	97	96	95	94	93
營業收入淨額	10,868	9,757	10,329	10,515	10,746	10,811	10,747	10,405
營業成本	10,380	9,167	8,630	8,868	8,634	8,037	8,287	8,400
營業毛利	488	590	1,698	1,648	2,112	2,775	2,461	2,002
聯屬公司已（未）實現銷	3	10	0	-3	1	-6	-1	-3
營業費用	699	571	600	616	380	398	387	401
營業利益	-208	29	1,098	1,029	1,733	2,371	2,073	1,601

利息收入	204	30	51	118	7	51	0	11
投資收入／股利收入	9,737	8,918	7,917	6,659	9,096	5,430	5,183	5,621
處分投資利得	0	0	0	0	0	20	180	0
投資跌價損失回轉	332	10	69	0	4	25	0	0
處分資產利得	0	43	0	0	27	200	0	0
存貨跌價損失回轉	0	0	0	0	0	0	0	0
兌換盈益	0	73	50	0	0	0	0	0
其他收入	1,302	37	39	1,015	537	449	452	547
營業外收入合計	11,575	9,110	8,126	7,793	9,671	6,175	5,815	6,178
利息支出	610	487	479	587	380	290	262	351
投資損失	0	0	0	0	0	0	0	0
處分投資損失	0	50	0	0	0	0	0	0
投資跌價損失	154	50	178	90	0	0	0	85
處分資產損失	0	0	0	0	0	0	0	0
兌換損失	291	0	0	111	0	0	24	79
資產評價損失	0	0	0	0	0	0	0	0
其他損失	177	208	260	489	540	521	544	532
營業外支出合計	1,232	1,287	1,102	1,278	920	811	830	1,047
稅前淨利	10,135	7,852	8,121	7,544	10,484	7,735	7,059	6,732
所得稅費用	119	176	236	230	384	582	439	295
經常利益	10,016	7,676	7,885	7,315	10,100	7,153	6,620	6,438
停業部門損益	0	0	0	0	0	0	0	0
非常項目	0	0	0	0	0	0	0	0
累計影響數	0	0	0	0	0	54	0	0
本期稅後淨利	10,016	7,676	7,885	7,315	10,100	7,207	6,620	6,438
每股盈餘（元）	3.19	2.5	2.64	2.52	3.69	2.85	2.82	2.97
加權平均股本	31,368	30,753	29,857	28,988	27,347	25,321	23,446	21,709

資料來源／凱基期貨超級大三元軟體（AP）

　　讀者朋友們會發現，從我介紹第一家公司至今，終於出現一家評價不差的公司了，但，亞泥有達到我的標準嗎？

　　說實話，有些達到了，有些還是待加強，所以，雖然這已經算是一家好的公司了，我們還是可以觀察一下有沒有更好的選擇。

現金流量表，不足資訊這邊查

四大報表中，最後一個是現金流量表。

現金流量表包含了營業活動、投資活動及融資活動，目的，是要讓我們知道公司現金賺進來後，錢怎麼花？如此，我們才能知道一家公司到底是如何花現金的。

現金流量與企業活動

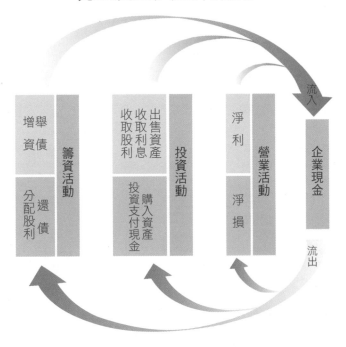

籌資活動		投資活動		營業活動		企業現金
增資 舉債		收取股利 收取利息 出售資產		淨利		流入
分配股利 還債		投資支付現金 購入資產		淨損		流出

現金流量表跟資產負債表、損益表一定是相輔相成，如果其中有一張表看不清楚，就無法完全了解一間公司的概況。

▊ 台塑的財報故事

接下來，讓我們立刻以一家知名公司為例，看看到底它是如何賺錢的？

台塑（1301）現金流量表（年表）							
單位：百萬							
期別	100	99	98	97	96	95	94	93
稅後淨利	35,724	45,546	27,533	19,709	47,811	30,889	33,186	36,350
不動用現金之非常損益	0	0	0	0	0	0	936	0
折舊	9,530	9,363	10,313	9,790	9,147	8,195	4,968	4,627
攤提	778	819	724	544	427	295	303	303
投資收益 - 權益法	-14,277	-22,901	-18,423	-3,374	-25,486	-17,293	-14,533	-16,823
投資損失 - 權益法	0	0	0	0	0	0	0	0
現金股利收入 - 權益法	12,786	12,747	3,992	20,523	14,181	12,970	9,613	5,251
短期投資處分損（益）	0	0	0	0	0	0	-33	-161
固定資產處分損（益）	-151	-260	75	-51	-197	-251	-581	-794
長期投資處分損（益）	2251	1	-146	-131	-1021	-85	-44	-262
準備提列（迴轉）	247	457	521	1557	-54	890	441	623
應收帳款（增）減	172	-21	-3918	5546	-3132	427	-2535	-2214
存貨（增）減	-5003	-1159	1381	4159	-1158	-2032	1562	-5709
應付帳款（增）減	-2,529	299	6970	-8,302	4537	1297	-139	3168
其他調整項 - 營業	1,345	4421	2093	-12,504	-947	375	-253	2236
來自營運之現金流量	40,873	49,312	31,117	37,466	44106	35677	32892	26594
短期投資出售（新購）	-6000	-448	-764	0	-279	-176	1633	-8002
出售長期投資價款	0	0	53	177	456	285	252	565
長期投資（新增）	-4847	-1956	-4,112	-2,896	-3400	-4212	-10456	-3354
處分固定資產價款	186	321	109	66	607	301	834	912
固定資產（購置）	-3,313	-2,491	-3,156	-7,084	-13091	-9,850	-12730	-8,654
其他調整項 - 投資	-7770	-6696	906	1939	1721	-7479	-3044	1706
投資活動之現金流量	-21,744	-11,270	-6,964	-7,797	-13986	-21,131	-23511	-16,827
現金增資	0	0	0	0	0	0	0	0

支付現金股利	-41,574	-24,764	-9,992	-38,305	-25129	-22,999	-18214	-8,592
支付董監酬勞員工紅利	0	0	0	-164	-176	-145	-170	-102
短期借款新增（償還）	1604	-1588	-5792	-4146	4347	4593	-31	2684
長期借款新增（償還）	11,946	-6,282	-5,248	7,343	-3130	-6,936	4337	-6164
發行公司債	9973	5984	5985	12000	0	10000	6000	13081
償還公司債	-5000	-8000	-8900	-6,200	-5800	-2046	-3150	-8150
庫藏股票減（增）	0	0	0	0	0	0	0	0
其他調整項 - 理財	19	142	52	-18	14	457	391	1009
理財活動之現金流量	-23,033	-4,508	-23,895	-29,490	-29874	-17077	-10837	-6235
匯率影響數	-1	-45	-17	4	0	-3	-60	-34
本期產生現金流量	-3,905	3490	241	183	246	-2534	-1515	3498
期初現金約當現金	4,928	1,438	1,197	1,014	768	3301	4817	1319
期末現金及約當現金	1,023	4,928	1,438	1,197	1014	768	3301	4817
本期支付利息	1004	1040	1192	1207	1490	1300	1021	1854
本期支付所得稅	2,939	896	612	1,077	2530	31	25	19
[說明] 上列會計科目中，投資收益 - 權益法、長期投資（新增）、固定資產（購置）、支付現金股利與支付董監								
酬勞員工紅利等科目視為現金流出。								

資料來源／凱基期貨超級大三元軟體（AP）

　　以台塑現金流量表（年表）為例，先看淨利這一欄，從報表中，我們可以看到，淨利非赤字，代表有賺。

　　再看股利這一欄，年年發股利，且來自盈餘的流量數字，感覺也很多～似乎很賺！

　　基本上，如果只從上述幾個項目來判斷，真的會誤以為這是一家好公司。但是……

　　看一下投資收益：七年皆賠！

　　再看一下投資活動現金流量，一樣流出去很多。

　　整體看來，表示這家公司雖然有賺錢，卻在長期投資與還負債中，

統統花光了，加上現金股利……加起來就賠掉了幾百億。

月風要強調一件事，發股利並不是壞事，但是，如果一家公司的錢已經不夠，還要發公司債借錢，為什麼經營者還要發那麼多股利？這樣不是很奇怪嗎？

一家好公司，在面臨類似情況時，應該要嘗試先把負債還完，然後讓公司底子變好，但很顯然，這一家的做法並非如此，讀者朋友也可以思考一下，如果你是投資人，會怎麼看這家公司呢？

月風提醒

轉投資是良性循環？

有些人覺得投資、賺錢，再轉投資是一個良性循環，但月風覺得這是一個惡性循環，就有些像是「還完債，再建新的債」一樣。這麼做，雖然不是不好，但既然我們是用自己的錢投資，總會想要找更好的公司不是嗎？

所以，即使背後有大集團，大股東，月風還是建議走「基本面」的投資人儘量以更好的公司為主。

▊ 宏全的財報故事

宏全，是一家做瓶蓋、瓶胚，飲料包材的公司，近年一直上新聞，這是我很不喜歡的一件事情——上新聞就意味著股票會被炒作。

宏全（9939）基本資料

最近交易日：06/07 市值單位：百萬

開盤價	63.4	最高價	63.4	最低價	61.8	收盤價	61.8
漲跌	-1.1	一年內最高價	89.7	一年內最低價	53.1		
本益比	13.21	一年內最大量	7,641	一年內最低量	172	成交量	284
同業平均本益比	21.56	一年來最高本益比	17.71	一年來最低本益比	11.46	盤後量	2
殖利率	4.85%	總市值	16,059	85年來最高總市值	22,867	85年來最低總市值	1,392
投資報酬率（06/08）		財務比例（101.1Q）		投資風險（06/08）		稅額扣抵率	
今年以來	10.75%	每股淨值（元）	37.21	貝他值	0.9	2011年	10.86%
最近一週	-3.74%	每人營收（仟元）	878.00	標準差	2.13%	2010年	12.29%
最近一個月	-8.58%	每股營收（元）	13.30			2009年	14.67%
最近二個月	-0.80%	負債比例	43.91%			2008年	14.96%
最近三個月	-11.97%	股價淨值比	1.66			2007年	16.17%
基本資料		獲利能力（101.1Q）		前一年度配股		財務預測100	公司估
股本（億，台幣）	25.98	營業毛利率	17.04%	現金股利（元）	3	預估營收（億）	N/A
成立時間	1969/7/15	營業利益率	8.87%	股票股利	0	預估稅前盈餘	N/A
初次上市（櫃）日期	2001/3/2	稅前淨利率	7.89%	盈餘配股	0	預估稅後盈餘	N/A
股務代理	大華證02-23892999	資產報酬率	1.25%	公積配股	0	預估稅前EPS	N/A
董事長	戴宏全	股東權益報酬率	2.00%	現金增資（億）	N/A	預估稅後EPS	N/A

總經理		曹世忠		認股率 （每仟股）	N/A	
發言人		顏清權		現增溢價	N/A	
營收比重		PET 耐熱結晶瓶 33.08%、飲料充填類 20.85%、塑蓋類 13.54%、香菸 包材類 11.83%、鋁蓋類 8.77%、標籤類 6.42%、爪蓋類 2.98%、其它類 1.18%、薄膜包材類 0.76%、電池罐體類 0.58%				
公司電話		04-23590088				
網址		www.honchuan.com.tw				
公司地址		台中市西屯工業區二路 6 號				

年度	101	100	99	98	97	96	95	94
最高 總市值	18,839	22,867	16,741	13,050	7,420	6,779	5,023	4,698
最低 總市值	14,422	13,902	11,710	5,897	4,236	3,857	3,338	2,738

資料來源／凱基期貨超級大三元軟體（AP）

宏全（9939）之股本形成

單位：億元

年度	現金增資	比重	盈餘轉增資	比重	公積及其他	比重
101	15.52	59.72%	9.37	36.05%	1.1	4.23%
100	15.52	59.72%	9.37	36.05%	1.1	4.23%
99	13.52	56.36%	9.37	39.06%	1.1	4.59%
98	13.52	57.48%	8.9	37.84%	1.1	4.68%
97	10.6	54.55%	7.73	39.78%	1.1	5.66%
96	10.6	55.79%	7.3	38.42%	1.1	5.79%
95	8.6	51.90%	6.87	41.46%	1.1	6.64%
94	8.6	53.05%	6.51	40.16%	1.1	6.79%
93	8.6	54.92%	5.96	38.06%	1.1	7.02%
92	8.53	57.75%	5.14	34.80%	1.1	7.45%
91	6.8	57.53%	3.92	33.16%	1.1	9.31%
90	5.6	56.68%	3.18	32.19%	1.1	11.13%
89	4.6	58.30%	2.19	27.76%	1.1	13.94%
88	4.6	65.34%	1.34	19.03%	1.1	15.63%
87	4.6	68.55%	1.01	15.05%	1.1	16.39%
86	4.6	71.99%	0.69	10.80%	1.1	17.21%
85	4.6	75.66%	0.69	11.35%	0.79	12.99%
84	4.6	86.96%	0.69	13.04%	0	0.00%

| 83 | 4.6 | 100.00% | 0 | 0.00% | 0 | 0.00% |
| 82 | 4 | 100.00% | 0 | 0.00% | 0 | 0.00% |

資料來源／凱基期貨超級大三元軟體（AP）

宏全（9939）之股利政策

單位：元

年度	現金股利	盈餘配股	公積配股	股票股利	合計	員工配股率 %
100	3	0	0	0	3	0
99	3	0	0	0	3	0
98	2.5	0.2	0	0.2	2.7	0
97	2	0.300	0	0.300	2.300	0
96	0.8	0.2	0	0.2	1	0.27
95	1	0.2	0	0.2	1.2	0.31
94	0.8	0.2	0	0.2	1	0.28
93	1.2	0.3	0	0.3	1.5	0.47
92	1.493	0.498	0	0.498	1.991	0.58
91	1.471	0.981	0	0.981	2.452	0.34
90	0.75	0.75	0	0.75	1.5	0
89	1.25	1.25	0	1.25	2.5	0
88	1.2	1.2	0	1.2	2.4	0
87	1.5	0.5	0	0.5	2	0
86	0.5	0	0	0	0.5	0
85	0.5	0	0.5	0.5	1	0

資料來源／凱基期貨超級大三元軟體（AP）

宏全（9939）之經營績效

單位：億元

年度	100	99	98	97	96	95	94	93	92	91	90	89	88	87	86	85	84
加權平均股本	25	24	21	19	19	17	16	16	13	11	9	8	7	7	6	6	5
營業收入	65.0	63.6	53.9	50.1	37.0	29.9	28.3	27.6	23.8	19.1	14.6	13.7	13.0	11.6	11.3	11.7	10.6
稅前盈餘	13.6	13.9	11.3	9.2	3.6	3.2	2.7	4.4	4.7	4.2	2.3	2.4	2.2	1.6	0.6	0.6	3.1
稅後純益	12.4	12.6	9.6	7.5	2.8	3.2	2.5	4.1	4.0	3.5	1.9	2.4	1.9	1.5	0.6	0.5	3.0
每股營收（元）	25.0	26.5	22.9	25.8	19.5	18.1	17.5	17.6	17.9	16.2	14.8	17.3	18.4	17.2	17.7	19.3	20.1
稅前 EPS	5.5	5.8	5.3	4.8	1.9	1.9	1.7	2.8	3.6	3.8	2.5	3.0	3.1	2.4	0.9	0.9	5.8
稅後 EPS	5.0	5.2	4.5	3.9	1.5	1.9	1.5	2.6	3.1	3.2	2.0	3.0	2.6	2.2	0.9	0.8	5.7

資料來源／凱基期貨超級大三元軟體（AP）

宏全（9939）獲利能力分析

單位：百萬

101 年度

季別	毛利率	營益率	稅前盈利率	稅後盈利率
一	19.55%	10.74%	15.61%	14.25%

100 年度

季別	毛利率	營益率	稅前盈利率	稅後盈利率
四	22.95%	12.30%	9.54%	11.28%
三	26.81%	15.03%	22.32%	20.40%
二	29.68%	21.98%	27.6%	25.24%
一	25.35%	16.02%	22.37%	17.09%

99 年度

季別	毛利率	營益率	稅前盈利率	稅後盈利率
四	24.02%	14.41%	10.95%	9.27%
三	29.39%	21.13%	28.20%	26.31%
二	28.00%	19.00%	26.3%	25.03%
一	24.72%	15.80%	19.61%	15.54%

資料來源／凱基期貨超級大三元軟體（AP）

宏全（9939）轉投資

單位：仟元；仟股

轉投資事業	投資幣別	投資成本	持股股數	持股比例	帳面價值（台幣）	會計原則
Lightel Technologies Tnc.	台幣	N/A	551	4.00%	8,645	成本衡量
台新 1699 貨幣市場 _C	台幣	N/A	18,421	N/A	240,328	備供出售
宏全控股	台幣	3,015,767	93,301	100.00%	4,016,279	權益法
德宏創業投資	台幣	N/A	907	2.00%	4,072	成本衡量

資料來源／凱基期貨超級大三元軟體（AP）

宏全（9939）資產負債表（年表）

單位：百萬

期別	100	99	98	97	96	95	94	93
現金及約當現金	840	866	1,150	337	99	217	212	242
短期投資	421	0	0	0	92	97	0	20
應收帳款及票據	1,000	928	844	803	874	714	617	554
其他應收款	24	20	0	23	74	28	131	153
短期借支	0	0	0	10	0	0	0	0

存貨	759	728	533	568	601	348	416	411
在建工程	N/A	N/A	N/A	N/A	N/A	N/A	N/A	N/A
預付費用及預付款	123	73	53	49	28	43	53	21
其他流動資產	2	5	8	10	23	54	28	51
流動資產	3,168	2,619	2,589	1,800	1,791	1,501	1,458	1,452
長期投資	3,909	2,937	2,601	2,067	1,499	1,367	1,413	917
土地成本	357	357	357	247	247	247	247	247
房屋及建築成本	999	681	642	636	628	352	352	351
機器及儀器設備成本	4,050	3,464	3,156	2,955	2,790	2,246	2,246	2,282
其他設備成本	1,014	835	766	724	703	479	465	409
固定資產重估增值	110	110	110	110	110	0	0	0
固定資產累計折舊	-2,938	-2,568	-2,230	-1,932	-1,617	-1,349	-1,138	-980
固定資產損失準備	0	0	0	0	0	0	0	0
未完工程及預付款	660	375	71	62	74	801	341	291
固定資產	4,251	3,254	2,873	2,802	2,935	2,779	2,515	2,599
遞延資產	32	25	22	40	89	88	67	38
無形資產	0	0	0	0	0	0	0	0
什項資產	24	30	8	21	13	15	10	12
其他資產	56	55	30	62	102	104	77	50
資產總額	11,384	8,865	8,092	6,730	6,328	5,751	5,463	5,018
短期借款	147	462	65	225	293	256	239	60
應付商業本票	0	0	60	0	0	0	0	220
應付帳款及票據	281	257	229	220	262	191	184	195
應付費用	292	249	233	193	125	89	78	72
預收款項	0	36	0	0	0	0	0	0
其他應付款	85	33	9	7	17	17	71	105
應付所得稅	50	93	82	84	44	14	32	53
一年內到期長期負債	0	91	241	305	281	892	812	139
其他流動負債	16	8	16	24	9	5	5	6
流動負債	871	1,230	937	1,059	1,032	1,464	1,421	850
長期負債	916	137	229	617	922	673	660	861
遞延貨項	9	13	16	19	21	11	8	0
退休金準備	40	43	46	47	48	47	46	40
遞延所得稅	0	0	0	0	0	0	0	0
土地增值稅準備	24	24	24	24	24	0	0	0
各項損失準備	0	0	0	0	0	0	0	0
什項負債	0	0	0	0	0	0	0	0

其他負債及準備	74	80	86	91	93	58	54	40
負債總額	1,861	1,447	1,251	1,766	2,046	2,194	2,136	1,751
股東權益總額	9,523	7,418	6,841	4,964	4,281	3,556	3,327	3,267
普通股股本	2,598	2,398	2,351	1,943	1,900	1,657	1,620	1,566
特別股股本	0	0	0	0	0	0	0	0
資本公積	3,402	2,214	2,214	1,237	1,232	886	886	933
法定盈餘公積	640	514	418	343	315	283	258	217
特別盈餘公積	69	69	69	69	69	69	69	16
未分配盈餘	2,544	2,151	1,625	1,186	660	641	514	604
長期投資評價損失	0	0	0	0	-6	-14	0	0
負債及股東權益總額	11,384	8,865	8,092	6,730	6,328	5,751	5,463	5,018

資料來源／凱基期貨超級大三元軟體（AP）

宏全（9939）損益表（年表）

單位：百萬

年	100	99	98	97	96	95	94	93
營業收入淨額	6,500	6,362	5,385	5,006	3,700	2,993	2,831	2,757
營業成本	4,780	4,655	3,892	3,767	2,961	2,294	2,157	1,985
營業毛利	1720	1706	1,493	1,239	739	700	674	772
聯屬公司間為實現銷貨	0	0	0	0	-1	-1	0	0
營業費用	640	567	570	462	367	268	252	235
營業利益	1081	1140	924	778	371	431	422	537
利息收入	6	3	2	1	3	3	4	4
投資收入／股利收入	240	247	209	184	24	0	3	6
處分投資利得	2	0	0	0	0	0	0	0
投資跌價損失回轉	1	0	0	0	1	4	0	0
處分資產利得	1	1	0	0	0	0	2	2
存貨跌價損失回轉	0	0	0	0	0	0	0	0
兌換盈益	10	0	0	0	0	2	0	2
其他收入	35	33	21	33	30	21	15	36
營業外收入合計	295	284	232	218	58	30	25	50
利息支出	15	9	19	48	44	47	42	32
投資損失	0	0	0	0	0	81	102	88
處分投資損失	0	0	0	16	0	0	0	0
投資跌價損失	0	2	0	5	0	1	6	5
處分資產損失	0	0	1	0	1	0	0	0
兌換損失	0	21	9	3	18	0	11	0

資產評價損失	0	0	0	0	7	9	16	19
其他損失	0	0	0	0	0	2	3	1
營業外支出合計	15	32	29	72	70	140	180	145
稅前淨利	1,362	1,392	1,126	924	359	321	267	442
所得稅費用	123	135	165	172	76	0	17	33
經常利益	1,238	1,258	961	752	283	321	250	410
停業部門損益	0	0	0	0	0	0	0	0
非常項目	0	0	0	0	0	0	0	0
累計影響數	0	0	0	0	0	0	0	0
本期稅後淨利	1,238	1,258	961	752	283	321	250	410
每股盈餘（元）	5	5.24	4.53	3.87	1.5	1.94	1.54	2.63
加權平均股本	2,478	2,398	2,119	1,943	1,886	1,657	1,620	1,557
當季特別股息負債	0	0	0	0	0	0	0	0

資料來源／凱基期貨超級大三元軟體（AP）

宏全（9939）現金流量表（年表）

單位：百萬

期別	100	99	98	97	96	95	94	93
稅後淨利	1,238	1,258	961	752	283	321	250	410
不動用現金之非常損益	0	0	0	0	0	0	0	0
折舊	381	361	342	338	335	278	274	226
攤提	11	4	3	3	0	0	0	0
投資收益 - 權益法	-240	-247	-209	-184	-24	0	0	0
投資損失 - 權益法	0	0	0	0	0	81	102	88
現金股利收入 - 權益法	0	0	0	0	0	0	0	0
短期投資處分損（益）	0	0	0	0	0	0	0	0
固定資產處分損（益）	-1	-1	1	1	-8	-3	-10	-2
長期投資處分損（益）	-3	2	-4	21	-3	-3	6	5
準備提列（迴轉）	-3	-2	-2	0	1	2	7	7
應收帳款（增）減	-72	-84	-41	71	-160	-98	-62	-45
存貨（增）減	-31	-195	35	33	-252	68	-5	-63
應付帳款（增）減	24	28	9	-42	71	8	-11	-20

其他調整項 - 營業	-16	19	133	112	109	34	-45	-124
來自營運之現金流量	1,287	1,143	1,228	1,106	351	687	505	481
短期投資出售（新購）	-420	0	4	81	15	0	20	40
出售長期投資價款	1	1	0	5	0	7	0	3
長期投資（新增）	-534	-184	-335	-314	-33	-69	-597	-198
處分固定資產價款	0	3	16	21	57	27	85	38
固定資產（購置）	-1,329	-723	-424	-219	-407	-550	-260	-927
其他調整項 - 投資	-16	-31	11	79	-36	-12	21	-23
投資活動之現金流量	-2,297	-934	-728	-347	-404	-597	-730	-1,066
現金增資	1250	0	1260	0	460	0	0	540
支付現金股利	-720	-588	-389	-152	-186	-130	-188	-221
支付董監酬勞員工紅利	0	0	0	-3	-3	-2	-4	-4
短期借款新增（償還）	-315	337	-99	-69	38	17	-42	226
長期借款新增（償還）	-229	-241	-452	-281	341	182	531	72
發行公司債	998	0	0	0	0	0	0	0
償還公司債	0	0	0	0	-703	-108	-100	-100
庫藏股票減（增）	0	0	0	0	0	0	0	0
其他調整項 - 理財	0	0	-7	-17	-11	-12	-18	-24
理財活動之現金流量	984	-492	313	-521	-64	-52	181	487
匯率影響數	0	0	0	0	0	-1	15	-34
本期產生現金流量	-26	-284	813	238	-117	37	-29	-132
期初現金約當現金	866	1,150	337	99	217	180	242	373
期末現金及約當現金	840	866	1,150	337	99	217	212	242
本期支付利息	14	8	20	48	52	59	80	29
本期支付所得稅	159	121	146	75	17	65	70	63
[説明] 上列會計科目中，投資收益 - 權益法、長期投資（新增）、固定資產（購置）、支付現金股利與支付董監								
酬勞員工紅利等科目視為現金流出。								

資料來源／凱基期貨超級大三元軟體（AP）

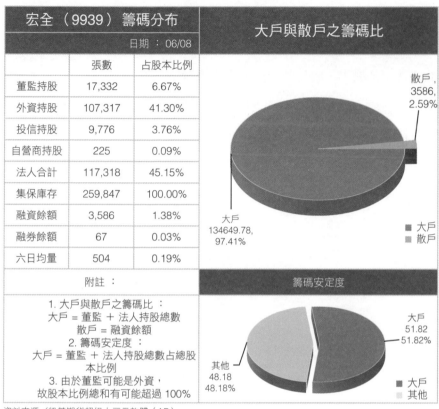

宏全（9939）籌碼分布 日期：06/08		
	張數	占股本比例
董監持股	17,332	6.67%
外資持股	107,317	41.30%
投信持股	9,776	3.76%
自營商持股	225	0.09%
法人合計	117,318	45.15%
集保庫存	259,847	100.00%
融資餘額	3,586	1.38%
融券餘額	67	0.03%
六日均量	504	0.19%

大戶與散戶之籌碼比

散戶，3586，2.59%

大戶 134649.78，97.41%

■ 大戶
■ 散戶

籌碼安定度

大戶 51.82 51.82%

其他 48.18 48.18%

■ 大戶
■ 其他

附註：
1. 大戶與散戶之籌碼比：
大戶 = 董監 + 法人持股總數
散戶 = 融資餘額
2. 籌碼安定度：
大戶 = 董監 + 法人持股總數占總股
本比例
3. 由於董監可能是外資，
故股本比例總和有可能超過 100%

資料來源／凱基期貨超級大三元軟體（AP）

　　我們仔細觀看宏全各項資料表：基本資料、股本形成、股利政策、經營績效、獲利能力分析、轉投資、資產負債年表、損益年表、現金流量年表、籌碼分布，可以看出宏全所從事的，並非很高技術的產業，但因為毛利夠低、以量制價，所以宏全經營的還不錯。轉投資只有四項而且都賺錢，毛利率跟營益率都維持得不錯，報酬率也不差。

　　注意看到負債的部分，雖然它的生意不錯，但負債也很高，這是

因為機器廠房設備造成，所以總負債還是比現金高。

　　從現金流量表中，我們發現此公司很專注於買新的資產，所以賺的錢就會跑過去，於是靠現金增資來賺現金。

　　為什麼公司這麼敢買呢？答案就在董監持股——由於董監持股比例較低，不是用自己的錢，所以當然敢買。

　　這家公司還在成長期，未來好不好，還需要持續觀察。

祕～看真實報酬率，不易作假

財務可作假，那麼，到底有沒有什麼數字很難作假呢？

有的，答案是真實報酬率。

真實報酬率是什麼？

很多人喜歡討論股東權益報酬率，或投資報酬率，但其實這些都蠻容易操縱的。

什麼是最不容易操縱呢？我要說「真實報酬率」。

真實報酬率和安全數字一樣，都是集財務分析之大成。

它的計算方式為**稅後淨利 ÷ 總市值**。

以前面提到的宏達電和亞泥為例。

▌以宏達電為例

從宏達電基本資料看出的總市值，在九十四年時最低是三百多億，100 年成長為一兆左右，但這是否為真實報酬率？

這家公司理應很賺錢，但結果為何這麼不好？它的總市值曾經高到一千億的公司，這數字可靠嗎？怎麼來的？

宏達電（2498）基本資料

開盤價	438.5	最高價	446	最低價	424	收盤價	424
漲跌	-8	一年內最高價	1285	一年內最低價	398		
本益比	7	一年內最大量	41,556	一年內最低量	2,638	成交量	14,319
同業平均本益比	19.11	一年來最高本益比	21.28	一年來最低本益比	5.31	盤後量	125
殖利率	9.43%	總市值	361,270	85年來最高總市值	1,062,949	85年來最低總市值	16,028

投資報酬率（05/30）		財務比例（101.1Q）		投資風險（05/30）		稅額扣抵率	
今年以來	-14.69%	每股淨值（元）	122.24	貝他值	1.48	2011年	15.49%
最近一週	0.36%	每人營收（仟元）	4,048.00	標準差	3.54%	2010年	17.73%
最近一個月	-4.29%	每股營收（元）	81.55			2009年	13.85%
最近二個月	-28.98%	負債比例	56.19%			2008年	10.55%
最近三個月	-35.85%	股價淨值比	3.47			2007年	7.26%

基本資料		獲利能力（101.1Q）		前一年度配股		財務預測100	公司估
股本（億，台幣）	85.21	營業毛利率	25.03%	現金股利（元）	40	預估營收（億）	N/A
成立時間		營業利益率	7.53%	股票股利	0	預估稅前盈餘	N/A
初次上市（櫃）日期		稅前淨利率	8.20%	盈餘配股	0	預估稅後盈餘	N/A
股務代理	中信託 02-2311838	資產報酬率	1.97%	公積配股	0	預估稅前EPS	N/A
董事長	王雪紅	股東權益報酬率	4.69%	現金增資（億）	N/A	預估稅後EPS	N/A
總經理	周永明			認股率（每仟股）	N/A		
發言人	張嘉臨			現增溢價	N/A		
營收比重	掌上型電腦及相關配件 100.00%						
公司電話	03-3753252						
網址	www.htc.com/						

公司地址	桃園市桃園區興華路 23 號							
年度	101	100	99	98	97	96	95	94
最高總市值	563,206	1,062,949	747,335	400,276	508,369	394,889	421,278	224,919
最低總市值	341,247	349,562	219,324	236,438	207,355	188,097	224,919	38,814

資料來源／凱基期貨超級大三元軟體（AP）

▲皆以同年度最高總市值計算

▌以亞泥為例

以亞泥為例，它的真實報酬率為：

10,016（100 年稅後淨利）÷14,3771（100 年最高總市值）＝ 6.9%

亞泥（1102）基本資料

最近交易日：06/01　市值單位：百萬

開盤價	35.3	最高價	35.65	最低價	34.8	收盤價	35.15
漲跌	-0.5	一年內最高價	48.3	一年內最低價	28.25		
本益比	11.68	一年內最大量	25,525	一年內最低量	1,482	成交量	3,366
同業平均本益比	90.65	一年來最高本益比	17.31	一年來最低本益比	8.9	盤後量	
殖利率	7.40%	總市值	110,259	85 年來最高總市值	163,808	85 年來最低總市值	18,040
投資報酬率（06/01）		財務比例（101.1Q）		投資風險（06/01）		稅額扣抵率	
今年以來	3.38%	每股淨值（元）	28.06	貝他值	1.12	2011 年	6.19%
最近一週	3.38%	每人營收（仟元）	2,194.00	標準差	2.18%	2010 年	11.69%
最近一個月	0.00%	每股營收（元）	4.24			2009 年	13.33%
最近二個月	-2.23%	負債比例	46.03%			2008 年	14.34%
最近三個月	-6.27%	股價淨值比	1.25			2007 年	10.47%
基本資料		獲利能力（101.1Q）		前一年度配股		財務預測	公司估

股本（億,台幣）	313.68	營業毛利率	8.19%	現金股利（元）	2.3	預估營收（億）	N/A
成立時間		營業利益率	4.49%	股票股利	0.3	預估稅前盈餘	N/A
初次上市（櫃）日期		稅前淨利率	14.16%	盈餘配股	0.3	預估稅後盈餘	N/A
股務代理	亞東證 02-23618608	資產報酬率	1.12%	公積配股	0	預估稅前EPS	N/A
董事長	徐旭東	股東權益報酬率	1.70%	現金增資（億）	N/A	預估稅後EPS	N/A
總經理	李坤炎			認股率（每仟股）	N/A		
發言人	周維崑			現增溢價	N/A		
營收比重	水泥 91.55%、爐石粉 5.22%、其他營業收入 3.22%						
公司電話	02-27338000						
網址	www.acc.com.tw/						
公司地址	台北市大安區敦化南路二段 207 號 30、31 樓						

年度	101	100	99	98	97	96	95	94
最高總市值	118,101	143,771	106,143	111,603	163,808	156,424	81,534	49,279
最低總市值	103,985	88,615	79,421	68,266	49,279	76,723	44,078	40,209
最高本益比	12	17	16	19	17	18	11	8
最低本益比	10	9	10	8	5	11	7	6
股票股利	N/A	0.3	0.2	0.3	0.3	0.6	0.8	0.8
現金股利	N/A	2.3	1.9	1.8	1.8	2.4	1.5	1.2

資料來源／凱基期貨超級大三元軟體（AP）

亞泥（1102）損益表（年表）

單位：百萬

年	100	99	98	97	96	95	94	93
營業收入淨額	10,868	9,757	10,329	10,515	10,746	10,811	10,747	10,405
營業成本	10,380	9,167	8,630	8,868	8,634	8,037	8,287	8,400
營業毛利	488	590	1,698	1,648	2,112	2,775	2,461	2,002
聯屬公司已（未）實現銷	3	10	0	-3	1	-6	-1	-3

營業費用	699	571	600	616	380	398	387	401
營業利益	-208	29	1,098	1,029	1,733	2,371	2,073	1,601
利息收入	204	30	51	118	7	51	0	11
投資收入／股利收入	9,737	8,918	7,917	6,659	9,096	5,430	5,183	5,621
處分投資利得	0	0	0	0	0	20	180	0
投資跌價損失回轉	332	10	69	0	4	25	0	0
處分資產利得	0	43	0	0	27	200	0	0
存貨跌價損失回轉	0	0	0	0	0	0	0	0
兌換盈益	0	73	50	0	0	0	0	0
其他收入	1,302	37	39	1,015	537	449	452	547
營業外收入合計	11,575	9,110	8,126	7,793	9,671	6,175	5,815	6,178
利息支出	610	487	479	587	380	290	262	351
投資損失	0	0	0	0	0	0	0	0
處分投資損失	0	50	0	0	0	0	0	0
投資跌價損失	154	50	178	90	0	0	0	85
處分資產損失	0	0	0	0	0	0	0	0
兌換損失	291	0	0	111	0	0	24	79
資產評價損失	0	0	0	0	0	0	0	0
其他損失	177	208	260	489	540	521	544	532
營業外支出合計	1,232	1,287	1,102	1,278	920	811	830	1,047
稅前淨利	10,135	7,852	8,121	7,544	10,484	7,735	7,059	6,732
所得稅費用	119	176	236	230	384	582	439	295
經常利益	10,016	7,676	7,885	7,315	10,100	7,153	6,620	6,438
停業部門損益	0	0	0	0	0	0	0	0
非常項目	0	0	0	0	0	0	0	0
累計影響數	0	0	0	0	0	54	0	0
本期稅後淨利	10,016	7,676	7,885	7,315	10,100	7,207	6,620	6,438
每股盈餘（元）	3.19	2.5	2.64	2.52	3.69	2.85	2.82	2.97
加權平均股本	31,368	30,753	29,857	28,988	27,347	25,321	23,446	21,709

資料來源／凱基期貨超級大三元軟體（AP）

也就是說你真實投資進去的錢，平均一年會有 6.9％的收益

如果你投資十萬元：

24 年後＝ 495,980 元

30 年後＝ 740,169 元

一家是投資十萬，24 年有 38 萬六千元的收益；一家是投資十萬，24 年後有四十九萬五千元的收益，回到最初我問大家的：如果你有一筆錢，到底要放在 HTC？還是亞泥呢？

 月風提醒

炒股公司要避開

一家公司的目的如果是為了炒股票，只要開始炒作，就是不正派經營的公司。

月風曾經在臺灣某大集團的關係企業當過操盤手，這家公司在領導者在世時，是一間很正派經營的公司，股票都會在 40 到 80 之間循環；當領導人過世之後，股價立刻被炒到破百，不久後就掉的又快又慘，導致許多死忠派的投資人傻眼，無法理解為什麼會這樣？其實只有一句話：炒股票！**不專注於本業的公司沒有長期投資的價值。**

第 4 章

賺錢公司
這樣找

賺錢之前,你需要盡可能將風險降至最低。

前三章,我告訴讀者朋友們如何觀察地雷股,本章中,我

將會告訴大家,如何從這些報表,看到賺錢的希望。

難嗎?

如果你已經看到這裡,那麼恭喜你,接下來的部分也不會

太難!

護城河公司，臺灣有嗎？

到底，臺灣有沒有幾乎只會漲，不會跌的股票？

有的！臺灣有公司是長期都一直在漲，而且還不只一家。

首先，讓我來介紹巴菲特非常喜歡投資的，俗稱有護城河的公司。

有護城河的公司，雖然產業進入不易，長遠來看，則可以不斷的經營下去。

相信大家洗澡時，都會使用熱水吧！只要需要熱水，就會使用到天然氣（瓦斯）。

瓦斯、天然氣在臺灣是壟斷行業，並非想做就可以進入。

目前，臺灣的天然氣公司不只一家，接下來，月風就以天然氣公司為例，教大家一一進入這些公司的財報世界。

▌天然氣1：欣雄

欣雄基本資料：先看本業比重有 96.62％之高。

欣雄（8908）基本資料							
最近交易日：05/30　市值單位：百萬							
開盤價	22.8	最高價	22.8	最低價	22.8	收盤價	22.8
漲跌	-0.05	一年內最高價	25.15	一年內最低價	19.6		

本益比	18.88	一年內最大量	71	一年內最低量	0	成交量	0
同業平均本益比	18.35	一年來最高本益比	24.67	一年來最低本益比	12.98	盤後量	0
殖利率	3.51%	總市值	2,036	85年來最高總市值	2,049	85年來最低總市值	168

投資報酬率（05/30）		財務比例（101.1Q）		投資風險（05/30）		稅額扣抵率	
今年以來	12.32%	每股淨值（元）	12.04	貝他值	0.2	2011年	21.14%
最近一週	1.11%	每人營收（仟元）	9,960.00	標準差	1.79%	2010年	20.48%
最近一個月	2.01%	每股營收（元）	10.6			2009年	33.36%
最近二個月	3.64%	負債比例	56.68%			2008年	33.36%
最近三個月	6.54%	股價淨值比	1.89			2007年	33.33%

基本資料		獲利能力（101.1Q）		前一年度配股		財務預測100	公司估
股本（億,台幣）	8.93	營業毛利率	6.54%	現金股利（元）	0	預估營收（億）	N/A
成立時間	1986/4/16	營業利益率	4.55%	股票股利	0.8	預估稅前盈餘	N/A
初次上市（櫃）日期	1997/2/14	稅前淨利率	4.50%	盈餘配股	0.8	預估稅後盈餘	N/A
股務代理	元大寶來證 02-25865859	資產報酬率	1.55%	公積配股	0	預估稅前EPS	N/A
董事長		股東權益報酬率	3.34%	現金增資（億）	N/A	預估稅後EPS	N/A
總經理		朱文爐		認股率（每仟股）	N/A		
發言人		朱文爐		現增溢價	N/A		
營收比重	售氣收入96.62%、裝置收入2.79%、服務收入、傭金收入0.59%						
公司電話	07-7416101						
網址	www.shng.com.tw/						
公司地址	高雄市鳳山區國泰路一段99號						

年度	101	100	99	98	97	96	95	94
最高總市值	2,049	2,040	1,570	1,293	1,328	1,493	1,056	1,240
最低總市值	1,808	1,418	1,072	790	742	843	810	841

資料來源／凱基期貨超級大三元軟體（AP）

股本形成：欣雄的股本形成中，盈餘轉增資雖然不多，但主要都是本業賺的，且一直在上升。

年度	現金增資	比重	盈餘轉增資	比重	公積及其他	比重
欣雄（8908）之股本形成 單位：億元						
101	3.86	43.23%	4.64	51.96%	0.43	4.82%
100	3.86	43.23%	4.64	51.96%	0.43	4.82%
99	3.86	49.30%	3.54	45.21%	0.43	5.49%
98	3.86	50.79%	3.31	43.55%	0.43	5.66%
97	3.86	52.80%	3.02	41.31%	0.43	5.88%
96	3.86	55.94%	2.61	37.83%	0.43	6.23%
95	3.86	59.38%	2.21	34.00%	0.43	6.62%
94	3.86	62.87%	1.85	30.13%	0.43	7.00%
93	3.86	65.42%	1.61	27.29%	0.43	7.29%
92	3.86	68.68%	1.33	23.67%	0.43	7.65%
91	3.86	68.68%	1.33	23.67%	0.43	7.65%
90	3.86	68.68%	1.33	23.67%	0.43	7.37%
89	3.86	68.68%	1.33	23.67%	0.43	7.65%
88	3.86	68.68%	1.33	23.67%	0.43	7.65%
87	3.86	73.80%	1.33	25.43%	0.04	0.76%
86	3.86	73.80%	1.33	25.43%	0.04	0.76%
85	3.26	78.93%	0.87	21.07%	0.00	0.00%
84	3.26	83.59%	0.64	16.41%	0.00	0.00%
83	2.76	90.79%	0.28	9.21%	0.00	0.00%

資料來源／凱基期貨超級大三元軟體（AP）

股利：從欣雄的股利政策表裡看得出來，每年都固定發股利。只要每年有固定發，複利的效果就會滾存，金額就會成長。

欣雄（8908）之股利政策

單位：元

年度	現金股利	盈餘配股	公積配股	股票股利	合計	員工配股率（%）
100	0	0.8	0	0.8	0.8	0
99	0	1.4	0	1.4	1.4	0
98	0	0.3	0	0.3	0.3	0
97	0	0.4	0	0.4	0.4	0
96	0	0.6	0	0.6	0.6	0
95	0	0.6	0	0.6	0.6	0
94	0	0.6	0	0.6	0.6	0
93	0	0.4	0	0.4	0.4	0
92	0	0.5	0	0.5	0.5	0
91	0.15	0	0	0	0.15	0
90	0.09	0	0	0	0.09	0
89	0	0	0	0	0	0
88	0	0	0	0	0	0
87	0.15	0	0.75	0.75	0.9	0
86	0	0	0	0	0	0
85	0	1.1	0.1	1.2	1.2	0
84	0.6	0.6	0	0.6	1.2	0
83	0	1.2	0	1.2	1.2	0
82	0	1	0	1	1	0
81	0	0	0	0	0	0

資料來源／凱基期貨超級大三元軟體（AP）

經營績效：經營績效很穩定——這是一個大重點。

欣雄（8908）之經營績效

單位：億元

年度	100	99	98	97	96	95	94	93	92	91	90	89	88
加權平均股本	9	8	8	7	7	7	6	6	6	6	6	6	6
營業收入	23.5	18.6	12.6	13.3	10.8	9.3	7.9	5.7	4.8	4.4	3.8	3.9	3.9
稅前盈餘	1.0	1.5	0.4	0.5	0.6	0.6	0.6	0.3	0.2	0.2	0.1	0.1	0.1
稅後純益	0.8	1.3	0.3	0.3	0.4	0.4	0.4	0.2	0.1	0.1	0.1	0.1	0.1
每股營收（元）	26.3	23.8	16.6	18.2	15.6	14.2	12.9	9.7	8.6	7.8	6.8	6.9	6.9
稅前 EPS	1.1	2.0	0.5	0.7	0.9	0.9	1.0	0.5	0.4	0.3	0.2	0.2	0.3
稅後 EPS	0.9	1.6	0.3	0.4	0.7	0.7	0.6	0.3	0.3	0.2	0.1	0.1	0.2

資料來源／凱基期貨超級大三元軟體（AP）

轉投資：轉投資只有兩個，非常簡單。

欣雄（8908）轉投資

單位：仟元；仟股

轉投資事業	投資幣別	投資成本	持股股數	持股比例	帳面價值（台幣）	會計原則
力山工業 _C	台幣	N/A	45	N/A	457	FV 變動
中鼎工程 _C	台幣	N/A	40	N/A	1,316	FV 變動

以上資料來自各公司財務報表及年報，僅供參考，實際數字以公司發佈為準

資料來源／凱基期貨超級大三元軟體（AP）

籌碼分布：董監持股高達 70％以上。想想，每個月都有賺錢，老闆沒事幹嘛賣掉對吧！另外**很大一部分的持股來自於政府，政府持有的股票通常不會大賺，但是也不太會賠**。記得：發財一定是靠穩定持續得來的，而不是靠高低起伏賺來的。

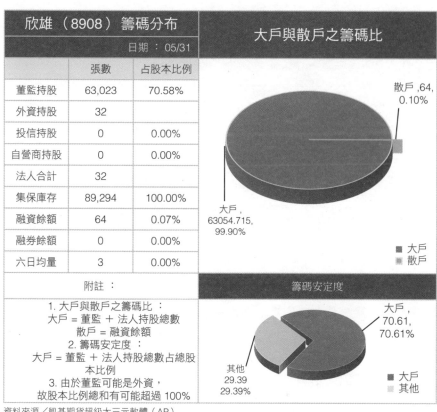

欣雄（8908） 籌碼分布		
日期： 05/31		
	張數	占股本比例
董監持股	63,023	70.58%
外資持股	32	
投信持股	0	0.00%
自營商持股	0	0.00%
法人合計	32	
集保庫存	89,294	100.00%
融資餘額	64	0.07%
融券餘額	0	0.00%
六日均量	3	0.00%

附註：
1. 大戶與散戶之籌碼比：
大戶 = 董監 + 法人持股總數
散戶 = 融資餘額
2. 籌碼安定度：
大戶 = 董監 + 法人持股總數占總股本比例
3. 由於董監可能是外資，故股本比例總和有可能超過 100%

資料來源／凱基期貨超級大三元軟體（AP）

獲利能力：首先看到財務比率，雖然不高但穩定，且毛利率、營益率、資產報酬率跟股東權益報酬率都很穩。尤其是後兩者，看的不是誰比較高，而是哪家公司比較穩定。忽高忽低的公司不會賺錢，套牢倒是比較容易。

欣雄（8908）獲利能力分析

單位：百萬

101 年度

季別	毛利率	營益率	稅前盈利率	稅後盈利率
一	6.54%	4.55%	4.50%	3.73%

100 年度

季別	毛利率	營益率	稅前盈利率	稅後盈利率
四	6.99%	4.79%	4.54%	3.77%
三	6.75%	3.20%	2.84%	2.36%
二	11.09%	7.78%	7.02%	5.75%
一	6.10%	1.84%	2.44%	1.93%

99 年度

季別	毛利率	營益率	稅前盈利率	稅後盈利率
四	16.17%	12.35%	12.11%	10.05%
三	11.34%	6.56%	6.09%	2.05%
二	14.44%	10.04%	9.56%	7.96%
一	9.17%	4.30%	3.68%	2.95%

98 年度

季別	毛利率	營益率	稅前盈利率	稅後盈利率
四	8.55%	5.52%	5.08%	3.81%
三	9.48%	3.85%	3.26%	2.41%
二	9.07%	2.17%	1.6%	0.71%
一	8.72%	1.19%	0.39%	0.32%

97 年度

季別	毛利率	營益率	稅前盈利率	稅後盈利率
四	10.34%	5.66%	4.37%	3.28%
三	10.38%	4.55%	3.53%	2.52%
二	12.17%	5.12%	3.72%	2.17%
一	10.37%	3.76%	2.45%	1.67%

96 年度

季別	毛利率	營益率	稅前盈利率	稅後盈利率
四	15.35%	8.88%	7.48%	5.60%
三	13.83%	7.93%	8.98%	6.64%
二	12.02%	5.87%	5.15%	2.74%
一	9.52%	3.22%	1.86%	1.32%

95 年度

季別	毛利率	營益率	稅前盈利率	稅後盈利率
四	15.24%	9.35%	8.80%	6.88%

三	11.59%	5.83%	6.99%	5.27%
二	13.47%	5.95%	4.9%	3.74%
一	8.49%	2.89%	2.10%	2.55%

資料來源／凱基期貨超級大三元軟體（AP）

▌天然氣2：大台北瓦斯

　　大台北瓦斯的背後是新光集團。

　　很多投資人看到新光二字，會有一種「牌子老，較放心」的感覺。在月風眼中，新光集團到底好不好？看下去，你就知道了！

　　以下圖表是大台北瓦斯的各項資料（基本資料、股本形成、股利政策、經營績效、獲利能力分析），你會發現，每個項目都算是穩定，跟所有瓦斯業一樣持續穩定的賺錢。

大台北（9908） 基本資料							
					最近交易日：05/30	市值單位：百萬	
	18.85	最高價	18.9	最低價	18.8	收盤價	18.8
漲跌	-0.05	一年內最高價	19.3	一年內最低價	16.65		
本益比	14.03	一年內最大量	6,152	一年內最低量	28	成交量	97
同業平均本益比	24.95	一年來最高本益比	16.54	一年來最低本益比	12.41	盤後量	
殖利率	5.32%	總市值	9,708	85年來最高總市值	14,177	85年來最低總市值	4,426
投資報酬率（05/30）		財務比例（101.1Q）		投資風險（05/30）		稅額扣抵率	
今年以來	4.16%	每股淨值（元）	17.1	貝他值	0.26	2011年	18.89%
最近一週	0.53%	每人營收（仟元）	4,271.00	標準差	0.65%	2010年	18.52%
最近一個月	0.80%	每股營收（元）	2.92			2009年	26.21%
最近二個月	0.27%	負債比例	25.38%			2008年	29.45%
最近三個月	1.08%	股價淨值比	1.1			2007年	29.21%

基本資料		獲利能力（101.1Q）		前一年度配股		財務預測 100	公司估
股本（億，台幣）	51.64	營業毛利率	9.40%	現金股利（元）	1	預估營收（億）	N/A
成立時間		營業利益率	4.24%	股票股利	0	預估稅前盈餘	N/A
初次上市（櫃）日期		稅前淨利率	11.97%	盈餘配股	0	預估稅後盈餘	N/A
股務代理	元富證 02-23250000	資產報酬率	1.19%	公積配股	0	預估稅前 EPS	N/A
董事長	王文一	股東權益報酬率	1.60%	現金增資（億）	N/A	預估稅後 EPS	N/A
總經理	謝榮富			認股率（每仟股）	N/A		
發言人	黃朝枝			現增溢價	N/A		
營收比重	瓦斯收入 87.54%、裝置收入 10.60%、通信收入 0.84%、器具收入 0.65%、其他通信收入 0.37%						
公司電話	02-27684999						
網址	www.taipeigas.com.tw						
公司地址	台北市光復北路 11 巷 35 號 1,4,5,13 樓						

年度	101	100	99	98	97	96	95	94
最高總市值	9,914	9,759	9,656	9,036	12,367	10,327	9,010	6,971
最低總市值	9,217	8,778	8,572	5,783	5,551	7,694	6,119	6,093

資料來源／凱基期貨超級大三元軟體（AP）

大台北（9908）之股本形成

單位：億元

年度	現金增資	比重	盈餘轉增資	比重	公積及其他	比重
101	14.43	27.95%	26.69	51.69%	10.51	20.36%
100	14.43	27.95%	26.69	51.69%	10.51	20.36%
99	14.43	27.95%	26.69	51.69%	10.51	20.36%
98	14.43	27.95%	26.69	51.69%	10.51	20.36%
97	14.43	27.95%	26.69	51.69%	10.51	20.36%
96	14.43	27.95%	26.69	51.69%	10.51	20.36%
95	14.43	27.95%	26.69	51.69%	10.51	20.36%
94	14.43	27.95%	26.69	51.69%	10.51	20.36%
93	14.43	27.95%	26.69	51.69%	10.51	20.36%
92	14.43	27.95%	26.69	51.69%	10.51	20.36%

91	15.08	27.95%	27.90	51.70%	10.99	20.36%
90	15.08	27.95%	27.90	51.70%	10.99	20.36%
89	15.09	28.45%	27.38	51.63%	10.56	19.91%
88	15.09	30.22%	24.64	49.35%	10.20	20.43%
87	15.09	34.28%	20.44	46.45%	8.47	19.25%
86	15.09	37.79%	17.99	45.07%	6.84	17.13%
85	15.09	39.12%	17.99	46.64%	5.49	14.23%
84	15.09	40.49%	17.99	48.28%	4.18	11.22%
83	11.26	35.00%	17.99	55.92%	2.92	9.08%
82	11.26	35.00%	17.99	55.92%	2.92	9.08%

資料來源／凱基期貨超級大三元軟體（AP）

大台北（9908）之股利政策

單位：元

年度	現金股利	盈餘配股	公積配股	股票股利	合計	員工配股率（％）
100	1	0	0	0	1	0
99	1	0	0	0	1	0
98	0.8	0	0	0	0.8	0
97	0.8	0	0	0	0.8	0
96	0.8	0	0	0	0.8	0
95	1	0	0	0	1	0
94	0.775	0	0	0	0.775	0
93	0.75	0	0	0	0.75	0
92	0.7	0	0	0	0.7	0
91	0.446	0	0	0	0.446	0
90	0.4	0	0	0	0.4	0
89	0.1	0.1	0.082	0.182	0.282	0
88	0.2	0.53	0.073	0.603	0.803	0.18
87	0	0.93	0.392	1.322	1.322	0.23
86	0	0.6	0.409	1.009	1.009	0.15
85	0.45	0	0.35	0.35	0.8	0
84	0.35	0	0.35	0.35	0.7	0
83	0.35	0	0.35	0.35	0.7	0
82	0	0	0	0	0	0
81	0	0	1	1	1	0
80	0	1.221	0	1.221	1.221	0

資料來源／凱基期貨超級大三元軟體（AP）

大台北（9908）之經營績效

單位：億元

年度	100	99	98	97	96	95	94	93	92	91	90	89	88
加權平均股本	50	51	51	51	51	51	51	51	51	52	53	53	50
營業收入	48.3	46.1	41.5	45.0	39.6	35.5	34.1	29.9	26.8	25.6	26.7	27.1	25.5
稅前盈餘	6.9	8.3	6.6	5.9	5.7	7.9	5.7	4.7	5.0	3.0	3.0	1.9	4.8
稅後純益	5.9	7.2	5.1	4.6	4.4	7.3	4.9	4.6	4.8	2.7	2.5	1.3	4.2
每股營收（元）	9.6	9.2	8.1	8.8	7.8	7.0	6.8	5.8	5.3	4.9	5.1	5.1	5.1
稅前 EPS	1.4	1.6	1.3	1.2	1.1	1.5	1.1	0.9	1.0	0.6	0.6	0.4	1.0
稅後 EPS	1.2	1.4	1.0	0.9	0.9	1.4	1.0	0.9	0.9	0.5	0.5	0.3	0.9

資料來源／凱基期貨超級大三元軟體（AP）

大台北（9908）獲利能力分析

單位：百萬

季別	毛利率	營益率	稅前盈利率	稅後盈利率
101 年度				
一	9.76%	4.94%	11.66%	10.25%
100 年度				
四	11.38%	5.80%	11.69%	10.19%
三	16.83%	10.80%	19.53%	17.01%
二	16.72%	11.24%	21.72%	19.50%
一	10.90%	5.64%	6.30%	3.67%
99 年度				
四	13.41%	7.04%	16.85%	15.13%
三	15.76%	9.06%	28.21%	25.96%
二	16.26%	10.85%	19.8%	17.11%
一	12.27%	7.17%	9.47%	7.02%
98 年度				
四	11.75%	5.79%	13.22%	10.78%
三	16.26%	9.10%	16.50%	13.75%
二	17.23%	11.64%	30.5%	25.09%
一	14.36%	8.92%	4.37%	1.12%

97 年度				
季別	毛利率	營益率	稅前盈利率	稅後盈利率
四	10.81%	5.41%	7.75%	5.40%
三	15.04%	9.31%	23.80%	20.39%
二	14.62%	8.74%	10.6%	7.35%
一	14.39%	8.54%	11.31%	8.47%
96 年度				
季別	毛利率	營益率	稅前盈利率	稅後盈利率
四	15.25%	9.24%	7.30%	4.05%
三	16.98%	7.25%	15.00%	12.06%
二	13.83%	7.87%	26.13%	23.09%
一	13.94%	8.39%	10.38%	6.71%
95 年度				
季別	毛利率	營益率	稅前盈利率	稅後盈利率
四	14.56%	7.89%	12.84%	13.05%
三	14.15%	5.84%	25.19%	22.45%
二	13.67%	7.29%	30.74%	31.23%
一	13.39%	6.91%	21.80%	17.38%

資料來源／凱基期貨超級大三元軟體（AP）

注意！轉投資一表。

大台北（9908）轉投資						
					單位：仟元；仟股	
轉投資事業	投資幣別	投資成本	持股股數	持股比例	帳面價值（台幣）	會計原則
九鼎創業投資	台幣	N／A	3,000	5.17%	30,000	成本衡量
千島投資	台幣	2,676	79,153	99.72%	1,402,537	權益法
大台北寬頻網路	台幣	295,000	29,500	19.67%	115,445	權益法
元富證券 _C	台幣	N／A	15,092	0.99%	155,448	備供出售
台北太陽能	台幣	5,000	500	50.00%	7,874	權益法
巨騰國際控股 _C	台幣	N／A	2,000	0.18%	21,900	備供出售
百勳投資	台幣	181,493	47,051	99.97%	1,259,452	權益法
宏碁 _C	台幣	N／A	500	0.02%	19,575	備供出售
亞太電信	台幣	N／A	6,211	0.19%	0	成本衡量
東鼎液化瓦斯興業	台幣	N／A	12,674	5.76%	82,721	成本衡量
林口育樂事業	台幣	N／A	0	0.30%	60	成本衡量
欣欣天然氣	台幣	N／A	10,524	5.83%	313,091	備供出售

欣泰石油氣 _C	台幣	N／A	68	0.06%	2,945	備供出售
欣高石油米 _C	台幣	N／A	360	0.38%	8,558	備供出售
欣隆天然氣	台幣	N／A	5,368	9.94%	34,938	成本衡量
昱晶能源科技 _C	台幣	N／A	1,050	0.31%	34,597	備供出售
啟業化工	台幣	47,120	5,309	26.55%	108,325	權益法
智原科技 _C	台幣	N／A	831	0.21%	38,884	備供出售
華南永昌中小型基 _C	台幣	N／A	2,000	N／A	15,520	備供出售
新光紡織 _C	台幣	N／A	1,199	0.40%	48,919	備供出售
新光傳產優勢 _C	台幣	N／A	2,000	N／A	17,360	備供出售
新光增長收益 _C	台幣	N／A	1,000	N／A	9,760	備供出售
新昕國際	台幣	31,155	1,550	31.00%	33,105	權益法
新海瓦斯	台幣	7,970	13,579	9.43%	219,220	權益法
群和弅業投資	台幣	N／A	1,750	2.50%	17,500	成本衡量
臺灣工業銀行	台幣	N／A	51,924	2.17%	500,000	成本衡量
遠鼎創業投資	台幣	N／A	5,000	2.08%	50,000	成本衡量
緯創資通 _C	台幣	N／A	1,066	0.05%	47,423	備供出售
寶來台灣加權股價 _C	台幣	N／A	324	N／A	4,706	備供出售

資料來源／凱基期貨超級大三元軟體（AP）

　　轉投資：轉投資項目這麼多！這就是為什麼大臺北瓦斯的營益率跟營收都比欣雄稍高，卻被我排在第二名的緣故。

　　在月風的心中，新光很喜歡做各式投資，也常被套死在基金。雖然董監也會賣股，但因有護城河，也算是一家可以了解看看的公司。

　　再來看看資產負債表、損益年表和財務比率表。我們可以看到它的負債比相對的較高，這是轉投資之故。

大台北（9908）資產負債表（年表）

單位：百萬

期別	100	99	98	97	96	95	94	93
現金及約當現金	373	536	548	281	189	109	70	100
短期投資	373	362	113	133	81	77	60	226
應收帳款及票據	727	694	583	565	559	510	492	423
其他應收款	3	1	11	30	15	0	38	67
短期借支	0	0	0	0	0	0	0	0
存貨	154	165	158	184	197	156	162	170
在建工程	N/A	N/A	N/A	N/A	N/A	N/A	N/A	N/A
預付費用及預付款	8	9	13	18	13	13	14	17
其他流動資產	5	10	0	1	2	18	3	3
流動資產	1,643	1,776	1,427	1,211	1,056	883	839	1,006
長期投資	4,089	4,002	3,757	3,467	3,623	4,057	3,902	3,746
土地成本	633	633	633	633	633	633	633	633
房屋及建築成本	200	207	207	292	292	293	293	294
機器及儀器設備成本	3,780	3,777	3,804	3,778	3,793	3,937	3,932	3,913
其他設備成本	518	539	549	559	563	580	602	624
固定資產重估增值	1,532	1,532	1,532	1,533	1,533	1,533	1,534	1,540
固定資產累計折舊	-3,119	-3,140	-3,105	-3,115	-3,063	-3,112	-2,989	-2,870
固定資產損失準備	0	0	0	0	0	0	0	0
未完工程及預付款	32	29	32	34	45	47	52	39
固定資產	3,575	3,577	3,651	3,714	3,797	3,912	4,057	4,173
遞延資產	43	48	54	76	93	86	69	100
無形資產	0	0	0	0	0	15	0	0
什項資產	2,350	2,407	2,467	2,525	2,573	2,633	2,687	2,732
其他資產	2,393	2,454	2,520	2,601	2,666	2,734	2,756	2,832
資產總額	11,700	11,811	11,355	10,992	11,142	11,586	11,554	11,757
短期借款	0	0	0	0	0	400	130	335
應付商業本票	0	0	0	0	0	0	110	225
應付帳款及票據	404	350	354	330	313	292	283	225
應付費用	458	89	88	88	86	87	171	113
預收款項	525	555	534	524	478	372	383	400
其他應付款	175	545	536	575	594	696	1,250	101
應付所得稅	56	58	61	57	94	37	62	34
一年內到期長期負債	0	0	0	0	0	0	0	0

其他流動負債	10	10	12	14	17	0	1	12
流動負債	1,628	1,607	1,585	1,588	1,581	1,883	2,390	1,444
長期負債	0	0	0	0	0	0	0	0
遞延貸項	232	270	309	348	388	427	466	505
退休金準備	177	194	185	175	170	182	160	182
遞延所得稅	0	0	0	0	0	0	0	0
土地增值稅準備	970	970	970	970	970	970	970	1,724
各項損失準備	0	0	0	0	0	0	0	0
什項負債	343	330	325	315	255	244	157	1,302
其他負債及準備	1,722	1,764	1,789	1,808	1,783	1,823	1,752	3,713
負債總額	3,350	3,371	3,374	3,396	3,364	3,706	4,143	5,157
股東權益總額	8,350	8,439	7,981	7,597	7,777	7,879	7,412	6,600
普通股股本	5,164	5,164	5,164	5,164	5,164	5,164	5,164	5,164
特別股股本	0	0	0	0	0	0	0	0
資本公積	1,150	1,144	1,138	1,133	1,128	1,122	1,122	367
法定盈餘公積	907	835	784	738	694	621	572	5,277
特別盈餘公積	86	79	96	69	65	57	52	488
未分配盈餘	830	837	561	533	565	763	520	494
長期投資評價損失	232	399	256	-22	180	170	0	0
負債及股東權益總額	11,700	11,811	11,355	10,992	11,142	11,586	11,554	11,757

資料來源／凱基期貨超級大三元軟體（AP）

大台北（9908） 損益表（年表）

單位：百萬

年	100	99	98	97	96	95	94	93
營業收入淨額	4,827	4,614	4,146	4,501	3,964	3,553	3,406	2,987
營業成本	4,163	3,954	3,534	3,886	3,371	3,057	2,942	2,650
營業毛利	664	661	612	615	593	495	464	337
聯屬公司已（未）實現銷	0	0	0	0	0	0	0	0
營業費用	269	269	248	257	266	245	293	264
營業利益	395	391	364	358	327	250	171	73
利息收入	1	1	0	2	1	0	0	1
投資收入／股利收入	142	262	63	74	101	499	256	442
處分投資利得	15	38	80	0	0	58	10	5
投資跌價損失回轉	0	0	0	0	0	0	0	0
處分資產利得	0	0	0	0	0	0	0	0
存貨跌價損失回轉	0	0	0	0	0	0	0	0

兌換盈益	0	0	0	0	0	0	0	0
其他收入	250	244	275	268	262	265	256	156
營業外收入合計	409	545	419	344	365	822	523	607
利息支出	1	1	1	2	5	8	8	4
投資損失	0	0	0	0	0	0	0	0
處分投資損失	0	0	0	6	14	0	0	0
投資跌價損失	0	0	21	0	0	171	4	110
處分資產損失	13	9	8	7	9	8	13	7
兌換損失	0	0	0	0	0	0	0	0
資產評價損失	0	0	0	0	0	0	0	0
其他損失	95	97	96	94	98	98	94	78
營業外支出合計	109	107	126	109	127	286	120	209
稅前淨利	695	829	657	593	565	786	574	471
所得稅費用	106	105	143	133	129	58	82	16
經常利益	589	723	514	460	437	728	492	455
停業部門損益	0	0	0	0	0	0	0	0
非常項目	0	0	0	0	0	0	0	0
累計影響數	0	0	0	0	0	0	0	0
本期稅後淨利	589	723	514	460	437	728	492	455
每股盈餘（元）	1.18	1.42	1.01	0.9	0.86	1.43	0.96	0.88
加權平均股本	5,009	5,100	5,100	5,100	5,100	5,100	5,100	5,144
當季特別股息負債	0	0	0	0	0	0	0	0

資料來源／凱基期貨超級大三元軟體（AP）

大台北（9908）財務比率表（年表）

單位：%

				獲利能力				
期別	100	99	98	97	96	95	94	93
淨值報酬率—稅後	7.01	8.81	6.6	5.99	5.58	9.52	7.02	7.00
營業毛利率	13.75	14.32	14.76	13.66	14.95	13.94	13.61	11.29
營業利益率	8.18	8.48	8.78	7.95	8.25	7.04	5.01	2.45
稅前淨利率	14.4	17.96	15.85	13.17	14.26	22.12	16.85	15.78
稅後淨利率	12.19	15.67	12.4	10.22	11.02	20.49	14.44	15.24
每股淨值（元）	16.67	16.85	15.65	14.9	15.25	15.45	14.80	12.78
每股營業額（元）	9.64	9.21	8.13	8.83	7.77	6.97	6.80	5.78
每股營業利益（元）	0.79	0.78	0.71	0.7	0.64	0.49	0.34	0.14
每股稅前淨利（元）	1.39	1.62	1.29	1.16	1.11	1.54	1.12	0.92

股東權益報酬率	7.01	8.81	6.6	5.99	5.58	9.52	7.02	7.00
資產報酬率	5.01	6.25	4.61	4.17	3.88	6.35	4.27	3.95
每股稅後淨利（元）	1.18	1.42	1.01	0.9	0.86	1.43	0.96	0.88

經營績效								
期別	100	99	98	97	96	95	94	93
營收成長率	4.61	11.28	-7.89	13.56	11.57	4.31	14.03	11.42
營業利益成長率	0.94	7.49	1.64	9.52	30.73	46.64	133.03	187.00
稅前淨利成長率	-16.15	26.12	10.81	4.88	-28.26	36.97	21.77	-5.09
稅後淨利成長率	-18.62	40.68	11.71	5.39	-40.02	48.07	8.03	-4.46
總資產成長率	-0.93	4.01	3.3	-1.34	-3.83	0.27	-1.72	2.65
淨值成長率	-1.05	5.74	5.06	-2.32	-1.29	6.31	12.30	3.00
固定資產成長率	-0.16	-4.95	-4.04	-5.09	-6.58	-7.70	-5.75	-23.66

償債能力								
期別	100	99	98	97	96	95	94	93
流動比率	100.89	110.54	90.03	76.27	66.78	46.90	35.09	69.68
速動比率	90.66	99.11	79.22	63.5	53.39	36.97	27.60	56.49
負債比率	28.63	28.55	29.71	30.89	30.20	31.99	35.85	43.86
利息保障倍數	1,324.52	1,419.93	805.2	328.4	114.96	94.42	74.65	122.40

經營能力								
期別	100	99	98	97	96	95	94	93
應收帳款週轉率（次）	6.79	7.22	7.22	8.01	7.42	7.09	7.45	7.15
存貨週轉率（次）	26.09	24.48	20.68	20.39	19.09	19.22	17.70	15.25
固定資產週轉率（次）	1.35	1.28	1.13	1.2	1.03	0.89	0.83	0.64
總資產週轉率（次）	0.41	0.4	0.37	0.41	0.35	0.31	0.29	0.26
員工平均營業額（千元）	14495	13651	12304	13162	11456	10542	9621	8437
淨值週轉率	0.57	0.56	0.53	0.59	0.51	0.46	0.49	0.46

資本結構								
期別	100	99	98	97	96	95	94	93
負債對淨值比率	40.12	39.95	42.27	44.7				
長期資金適合率	233.56	235.9	218.59	204.56				

資料來源／凱基期貨超級大三元軟體（AP）

同樣屬於臺灣最穩定的瓦斯類股，大台北瓦斯雖然位置好（臺北）但是由於經營者在財報上常常流露出不屬於本業的操作，我們就該特

別留意。

許多的業外財務操作，常常讓投資人一頭霧水，到底該如何看待呢？

請再次回想巴菲特所說的：「如果我看不懂，代表他們不希望我看懂。」

懂了嗎？

業外收入比營業高很多，雖然未必不好，但一家瓦斯公司如果變成跟控股公司一樣，多少就失去一點穩定度。（理論上，這是一家穩定的公司，但經營者的方向，就值得我們三思）。

月風提醒

新光集團

月風長期觀察新光集團，發現經常出現的情況有：

① 股東賺得比別人少

② 董監持股比別人少

③ 老闆股票賣得比別人多

▌天然氣3：欣泰

　　欣泰基本資料：欣泰，是政府控股公司，服務的地點是臺北市外圍的城市如樹林、土城、鶯歌、三峽、泰山、林口……等。

欣泰（8917）基本資料

最近交易日：05/30　市值單位：百萬

開盤價	43.15	最高價	43.15	最低價	43.15	收盤價	43.15
漲跌	-0.05	一年內最高價	47	一年內最低價	40.95		
本益比	20.95	一年內最大量	368	一年內最低量	0	成交量	2
同業平均本益比	18.35	一年來最高本益比	21.36	一年來最低本益比	16.45	盤後量	
殖利率	4.17%	總市值	4,876	85年來最高總市值	5,294	85年來最低總市值	1,210

投資報酬率（05/30）		財務比例（101.1Q）		投資風險（05/30）		稅額扣抵率	
今年以來	0.35%	每股淨值（元）	16.08	貝他值	0.03	2011年	21.51%
最近一週	0.00%	每人營收（仟元）	4,680.00	標準差	1.09%	2010年	21.23%
最近一個月	0.35%	每股營收（元）	5.05			2009年	33.36%
最近二個月	0.35%	負債比例	31.58%			2008年	33.33%
最近三個月	0.35%	股價淨值比	2.68			2007年	33.39%

基本資料		獲利能力（101.1Q）		前一年度配股		財務預測100	公司估
股本（億，台幣）	11.3	營業毛利率	14.42%	現金股利（元）	1.3	預估營收（億）	N/A
成立時間		營業利益率	11.31%	股票股利	0.5	預估稅前盈餘	N/A
初次上市（櫃）日期		稅前淨利率	11.73%	盈餘配股	0.5	預估稅後盈餘	N/A
股務代理	元大寶來證 02-25865859	資產報酬率	2.11%	公積配股	0	預估稅前EPS	N/A
董事長	莊鴻文	股東權益報酬率	3.08%	現金增資（億）	N/A	預估稅後EPS	N/A

總經理		張致中		認股率（每仟股）	N/A	
發言人		沈鳳賓		現增溢價	N/A	
營收比重		售氣收入 86.89%、裝置收入 9.47%、其他收入 3.64%				
公司電話		02-22988999				
網址		www.htgas.com.tw/				
公司地址		新北市五股區五工二路 134 號				

年度	101	100	99	98	97	96	95	94
最高總市值	4,915	5,294	5,029	4,712	4,000	3,328	2,995	2,771
最低總市值	4,746	4,150	3,983	3,253	2,806	2,646	1,890	1,843

資料來源／凱基期貨超級大三元軟體（AP）

股本形成：獲利很穩定成長。（只要盈餘轉增資持續增加，或是維持原狀，但能持續發放現金股利者，都算是公司經營穩定的象徵）。

欣泰（8917）之股本形成

單位：億元

年度	現金增資	比重	盈餘轉增資	比重	公積及其他	比重
101	3.50	30.97%	7.72	68.32%	0.08	0.71%
100	3.50	30.97%	7.72	68.32%	0.08	0.71%
99	3.50	33.11%	6.99	66.13%	0.08	0.76%
98	3.50	34.79%	6.48	60.53%	0.08	0.80%
97	3.50	38.59%	5.49	55.36%	0.08	0.88%
96	3.50	43.64%	4.44	55.36%	0.08	1.00%
95	3.50	43.64%	4.44	50.00%	0.08	1.00%
94	3.50	48.88%	3.58	50.00%	0.08	1.12%
93	3.50	48.88%	3.58	50.00%	0.08	1.12%
92	3.50	48.88%	3.58	50.00%	0.08	1.12%
91	3.50	48.88%	3.58	50.00%	0.08	1.12%
90	3.50	48.88%	3.58	50.00%	0.08	1.12%
89	3.50	48.88%	3.58	50.00%	0.08	1.12%
88	3.50	48.88%	3.58	50.00%	0.08	1.12%
87	3.50	58.24%	2.43	40.43%	0.08	1.33%
86	3.50	61.08%	2.15	37.52%	0.08	1.40%
85	3.50	67.18%	1.63	31.29%	0.08	1.54%

84	3.50	74.00%	1.15	24.31%	0.08	1.69%
83	3.5	84.95%	0.54	13.11%	0.08	1.94%

資料來源／凱基期貨超級大三元軟體（AP）

經營績效、獲利能力分析：同樣很穩定。臺灣有名的公司，很多 EPS 都是忽紅忽黑，這算正常現象，而欣泰的 EPS 全都是黑色的，可見這家公司真的是非常穩定。

欣泰（8917）之經營績效

單位：億元

年度	100	99	98	97	96	95	94	93	92	91	90	89	88	87	86	85	84
加權平均股本	11	11	10	9	8	8	7	7	7	7	7	7	7	6	6	5	5
營業收入	17.8	17.4	16.8	17.1	12.8	11.0	9.6	8.3	7.2	6.6	6.6	6.4	6.3	7	6.4	6	5.5
稅前盈餘	2.7	3.2	3.1	3.0	2.4	1.7	1.4	1.4	1.4	1.4	1.4	1.3	1.5	1.7	1.6	1.5	1.3
稅後純益	2.3	2.6	2.3	2.1	1.9	1.8	1.3	1.1	1.0	1.1	1.1	1.0	1.1	1.3	1.2	1.2	1
每股營收（元）	15.7	16.4	16.8	18.8	16.0	13.7	13.4	11.6	10.1	9.2	9.2	9.0	8.8	11.7	11.2	11.6	11.5
稅前 EPS	2.4	3.0	3.1	3.3	3.0	3.0	2.4	2.0	1.9	2.0	2.0	1.8	2.0	2.9	2.8	3	2.8
稅後 EPS	2.0	2.5	2.3	2.3	2.4	2.3	1.9	1.5	1.4	1.5	1.5	1.3	1.5	2.2	2.1	2.2	2

資料來源／凱基期貨超級大三元軟體（AP）

欣泰（8917）獲利能力分析

單位：百萬

101 年度			
季別	毛利率	營益率	稅前盈利率	稅後盈利率
一	13.62%	10.72%	11.59%	9.66%
100 年度			
季別	毛利率	營益率	稅前盈利率	稅後盈利率
四	18.11%	15.04%	16.57%	13.84%
三	18.71%	13.93%	15.43%	12.97%
二	21.15%	17.29%	18.05%	15.06%
一	15.79%	12.34%	12.09%	9.85%
99 年度			
季別	毛利率	營益率	稅前盈利率	稅後盈利率
四	26.53%	21.74%	21.49%	17.64%

三	27.42%	21.68%	22.19%	18.12%
二	24.57%	20.77%	19.82%	16.20%
一	12.12%	8.47%	11.05%	9.05%
98 年度				
季別	毛利率	營益率	稅前盈利率	稅後盈利率
四	17.53%	13.15%	13.19%	9.71%
三	30.12%	24.88%	25.70%	19.23%
二	27.21%	23.07%	23.8%	17.16%
一	15.81%	12.31%	13.19%	10.06%
97 年度				
季別	毛利率	營益率	稅前盈利率	稅後盈利率
四	19.35%	15.49%	13.76%	9.47%
三	23.56%	19.51%	19.65%	14.59%
二	24.41%	19.74%	20.39%	15.23%
一	18.10%	14.97%	16.53%	11.26%
96 年度				
季別	毛利率	營益率	稅前盈利率	稅後盈利率
四	19.78%	15.96%	16.47%	11.59%
三	15.10%	8.96%	9.20%	6.86%
二	15.20%	9.29%	23.59%	20.64%
一	21.77%	18.07%	24.81%	19.50%
95 年度				
季別	毛利率	營益率	稅前盈利率	稅後盈利率
四	16.04%	11.58%	17.99%	14.61%
三	25.63%	21.23%	23.21%	17.03%
二	28.53%	24.22%	23.9%	17.28%
一	20.50%	16.64%	21.70%	18.29%

資料來源／凱基期貨超級大三元軟體（AP）

轉投資、籌碼分布：轉投資很少，董事長持股比例也不低，同時，由於它是政府控股公司，前文中，月風有提到公司若是政府控股，就不會大賺大賠，頂多收是小賺小賠。但會比較安全，因為不會被掏空。

欣泰（8917）轉投資

單位：仟元；仟股

轉投資事業	投資幣別	投資成本	持股股數	持股比例	帳面價值（台幣）	會計原則
元大萬泰貨幣市場 _C	台幣	N／A	4,223	N／A	61,795	備供出售
欣欣天然氣 _C	台幣	N／A	309	N／A	9,201	備供出售
展泰成實業	台幣	100,000	10,000	100.00%	71,914	權益法
復華貨幣市場基金 _C	台幣	N／A	7,459	N／A	104,256	備供出售
華南永昌鳳翔貨幣 _C	台幣	N／A	1,274	N／A	20,071	備供出售
新海瓦斯 _C	台幣	N／A	231	N／A	8,806	備供出售
群益安穩貨幣市場 _C	台幣	N／A	6,676	N／A	104,012	備供出售

資料來源／凱基期貨超級大三元軟體（AP）

欣泰 （8917） 籌碼分布

日期：05/31

	張數	占股本比例
董監持股	40,135	35.52%
外資持股	0	
投信持股	0	0.00%
自營商持股	0	0.00%
法人合計	0	
集保庫存	112,994	100.00%
融資餘額	2	0.00%
融券餘額	0	0.00%
六日均量	4	0.00%

大戶與散戶之籌碼比

散戶
2
0%

大戶
40135
100%

■ 大戶
■ 散戶

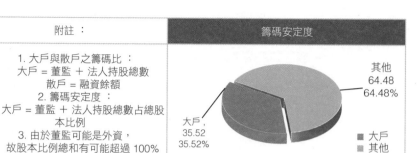

附註：	籌碼安定度
1. 大戶與散戶之籌碼比： 大戶 = 董監 + 法人持股總數 散戶 = 融資餘額 2. 籌碼安定度： 大戶 = 董監 + 法人持股總數占總股本比例 3. 由於董監可能是外資， 故股本比例總和有可能超過 100%	其他 64.48 64.48% 大戶， 35.52 35.52% ■ 大戶 ■ 其他

資料來源／凱基期貨超級大三元軟體（AP）

　　資產負債、損益表、財務比率表：現金流動一直成長，而且沒有負債！為什麼可以沒負債？因為它已經回本了，所以底子就會比別人好。

欣泰（8917）資產負債表（年表）

單位：百萬

期別	100	99	98	97	96	95	94	93
現金及約當現金	445	217	219	161	198	144	106	73
短期投資	308	473	739	678	565	459	313	305
應收帳款及票據	230	171	167	181	197	190	130	92
其他應收款	1	0	1	0	0	0	2	3
短期借支	0	0	0	0	0	0	0	0
存貨	38	51	58	76	46	29	16	10
在建工程	N/A	N/A	N/A	N/A	N/A	N/A	N/A	N/A
預付費用及預付款	4	4	5	6	5	1	15	3
其他流動資產	13	10	3	2	1	0	2	2
流動資產	1,039	927	1,192	1,104	1,011	824	583	488
長期投資	80	85	97	104	114	123	141	125
土地成本	184	187	70	70	70	70	68	68
房屋及建築成本	101	104	56	56	54	54	54	54
機器及儀器設備成本	1,967	1,921	1,857	1,722	1,698	1,408	1,334	1,432
其他設備成本	25	73	88	132	149	322	205	37
固定資產重估增值	143	143	143	143	143	143	143	200
固定資產累計折舊	-1,068	-1,002	-930	-868	-859	-795	-720	-646

固定資產損失準備	0	0	0	0	0	0	0	0
未完工程及預付款	71	63	41	81	84	41	75	26
固定資產	1,423	1,488	1,324	1,334	1,338	1,242	1,159	1,171
遞延資產	15	12	12	13	22	27	23	14
無形資產	4	7	7	9	0	0	0	0
什項資產	1	2	1	3	4	4	3	3
其他資產	19	21	21	25	26	30	26	17
資產總額	2,562	2,520	2,633	2,568	2,489	2,219	1,910	1,801
短期借款	0	0	0	0	0	0	0	0
應付商業本票	0	0	0	0	0	0	0	0
應付帳款及票據	154	134	136	118	103	91	110	65
應付費用	39	52	42	40	52	35	31	38
預收款項	366	377	479	613	663	364	171	111
其他應付款	67	91	74	4	10	4	0	0
應付所得稅	20	30	44	46	25	40	21	18
一年內到期長期負債	0	0	0	0	0	0	0	0
其他流動負債	1	1	137	106	111	194	71	17
流動負債	647	685	911	927	964	729	405	249
長期負債	0	0	0	0	0	0	0	0
遞延貸項	0	0	0	0	0	0	0	0
退休金準備	84	83	76	70	92	98	87	78
遞延所得稅	0	0	0	0	0	0	0	0
土地增值稅準備	39	39	39	39	39	39	39	112
各項損失準備	0	0	0	0	0	0	0	0
什項負債	30	29	28	94	92	92	263	294
其他負債及準備	154	151	143	203	223	229	389	483
負債總額	801	836	1,054	1,130	1,187	958	795	733
股東權益總額	1,761	1,684	1,579	1,437	1,302	1,261	1,115	1,068
普通股股本	1,130	1,056	1,006	906	802	802	716	716
特別股股本	0	0	0	0	0	0	0	0
資本公積	96	96	96	96	96	96	96	96
法定盈餘公積	247	220	197	176	157	138	125	114
特別盈餘公積	0	0	0	0	0	0	0	0
未分配盈餘	271	301	264	244	233	225	179	158
長期投資評價損失	18	14	16	15	14	0	0	0
負債及股東權益總額	2,562	2,520	2,633	2,568	2,489	2,219	1,910	1,801

資料來源／凱基期貨超級大三元軟體（AP）

欣泰（8917）損益表（年表）

單位：百萬

年	100	99	98	97	96	95	94	93
營業收入淨額	1,776	1,737	1,684	1,705	1,279	1,101	961	832
營業成本	1,451	1,348	1,311	1,343	1,044	856	772	653
營業毛利	325	389	373	362	235	245	189	178
聯屬公司已（未）實現銷	0	0	0	0	0	0	0	0
營業費用	66	77	72	67	60	47	60	63
營業利益	259	312	301	295	175	198	130	115
利息收入	2	0	1	1	0	0	0	0
投資收入／股利收入	6	0	1	1	5	2	16	16
處分投資利得	1	6	3	2	43	3	3	1
投資跌價損失回轉	0	0	0	0	1	11	0	0
處分資產利得	3	4	0	0	0	0	0	0
存貨跌價損失回轉	0	0	0	0	0	0	0	0
兌換盈益	0	0	0	0	0	0	0	0
其他收入	5	16	11	26	22	25	32	16
營業外收入合計	19	27	16	30	71	41	52	34
利息支出	0	0	0	0	0	0	0	0
投資損失	0	4	2	8	0	0	0	0
處分投資損失	0	0	0	19	0	0	0	0
投資跌價損失	0	0	0	0	0	0	0	0
處分資產損失	3	14	0	0	0	1	0	3
兌換損失	0	0	0	0	0	0	0	0
資產評價損失	0	0	0	0	0	0	0	0
其他損失	1	2	2	2	2	2	9	4
營業外支出合計	4	19	5	29	2	3	9	7
稅前淨利	274	320	312	296	244	237	172	142
所得稅費用	46	58	81	84	52	55	38	32
經常利益	228	262	231	212	192	182	134	110
停業部門損益	0	0	0	0	0	0	0	0
非常項目	0	0	0	0	0	0	0	0
累計影響數	0	0	0	0	0	3	0	0
本期稅後淨利	228	262	231	212	192	185	134	110
每股盈餘 （元）	2.02	2.48	2.3	2.34	2.4	2.3	1.87	1.54
加權平均股本	1,130	1,056	1,006	906	802	802	716	716
當季特別股息負債	0	0	0	0	0	0	0	0

資料來源／凱基期貨超級大三元軟體（AP）

欣泰（8917）財務比率表（年表）

獲利能力

期別	100	99	98	97	96	95	94	93
淨值報酬率—稅後	13.22	16.05	15.32	15.47	14.99	15.31	12.24	10.38
營業毛利率	18.28	22.37	22.14	21.22	18.37	22.25	19.67	21.43
營業利益率	14.59	17.96	17.88	17.3	13.66	18.00	13.48	13.89
稅前淨利率	15.42	18.42	18.52	17.33	19.08	21.53	17.89	17.10
稅後淨利率	12.82	15.08	13.72	12.43	15.02	16.78	13.91	13.26
每股淨值（元）	15.59	15.95	15.7	15.86	16.24	15.73	15.58	14.92
每股營業額（元）	15.72	16.44	16.75	18.82	15.96	13.73	13.43	11.62
每股營業利益（元）	2.29	2.95	2.99	3.26	2.18	2.47	1.81	1.61
每股稅前淨利（元）	2.42	3.03	3.1	3.26	3.04	2.96	2.40	1.99
股東權益報酬率	13.22	16.05	15.32	15.47	14.99	15.31	12.24	10.38
資產報酬率	8.96	10.16	8.89	8.38	8.16	8.81	7.20	6.37
每股稅後淨利（元）	2.02	2.48	2.3	2.34	2.40	2.30	1.87	1.54

經營績效

期別	100	99	98	97	96	95	94	93
營收成長率	2.26	3.1	-1.23	33.29	16.19	14.56	15.57	15.38
營業利益成長率	-16.94	3.59	2.07	68.88	-11.87	52.96	12.21	7.22
稅前淨利成長率	-14.4	2.57	5.53	21.07	2.95	37.88	20.89	5.16
稅後淨利成長率	-13.05	13.33	9.03	10.33	3.98	38.21	21.24	6.97
總資產成長率	1.65	-4.28	2.55	3.16	12.14	16.19	6.05	8.60
淨值成長率	4.56	6.67	9.87	10.37	3.23	13.09	4.42	1.10
固定資產成長率	-5.32	4.21	-0.97	-0.27	9.32	8.50	5.02	-1.18

償債能力

期別	100	99	98	97	96	95	94	93
流動比率	160.69	135.39	130.85	119.13	104.88	113.10	143.85	195.64
速動比率	152.06	125.77	123.64	110.08	99.58	108.85	135.98	189.78
負債比率	31.26	33.17	40.03	44.02	47.68	43.17	41.61	40.70
利息保障倍數	N/A	N/A	N/A	N/A	N/A	N/A	N/A	N/A

經營能力

期別	100	99	98	97	96	95	94	93
應收帳款週轉率（次）	8.85	10.28	9.68	9.04	6.63	6.90	8.67	9.01
存貨週轉率（次）	32.4	24.76	19.6	22.04	27.81	38.08	60.25	70.92
固定資產週轉率（次）	1.22	1.24	1.27	1.28	0.99	0.92	0.93	0.71
總資產週轉率（次）	0.7	0.67	0.65	0.67	0.54	0.53	0.52	0.48

員工平均營業額（千元）	15309	15368	14396	14700	10235	10291	9909	8154
淨值週轉率	1.03	1.06	1.12	1.24	1.00	0.93	0.88	0.78
資本結構								
期別	100	99	98	97	96	95	94	93
負債對淨值比率	45.48	49.64	66.75	78.65				
長期資金適合率	123.74	113.23	119.29	107.7				

資料來源／凱基期貨超級大三元軟體（AP）

　　天然氣最大的支出，就在於前置管線作業，這些錢，它都已經還完了。再加上本業的收入高，業外低。**以臺灣的情況來看，從事天然氣行業，相當於跟著景氣在調整價格，幾乎都很賺錢。**

　　有些行業的進出貨是無法控制的，要削價競爭很難。但瓦斯是分地區看的，是某種程度上的獨占，所以價格的彈性相對也比較大。

　　財務比率：對照前兩家天然氣公司，你會發現，天啊！還真是一家比一家還要好！眼尖的讀者朋友們會發現，欣泰的週轉率很高？這是因為，負債都還完了。

■ 天然氣4：欣高

　　欣高的服務區域以高雄為主，開設的時間比較短，盈轉比較低。但是也有穩定的賺錢。讓我們檢視欣高相關資料圖。

欣高 （9931） 基本資料

開盤價	22.2	最高價	22.2	最低價	21.9	收盤價	21.9
漲跌	-0.2	一年內最高價	28.2	一年內最低價	21		
本益比	15.21	一年內最大量	179	一年內最低量	0	成交量	31
同業平均本益比	24.95	一年來最高本益比	17.36	一年來最低本益比	13.29	盤後量	
殖利率	2.28%	總市值	2,073	85年來最高總市值	2,580	85年來最低總市值	549

投資報酬率（05/30）		財務比例（101.1Q）		投資風險（05/30）		稅額扣抵率	
今年以來	-11.34%	每股淨值（元）	14.04	貝他值	0.26	2011年	20.47%
最近一週	-0.45%	每人營收（仟元）	3,958.00	標準差	1.32%	2010年	21.28%
最近一個月	0.23%	每股營收（元）	4.05			2009年	27.88%
最近二個月	-7.98%	負債比例	59.51%			2008年	25.87%
最近三個月	-14.12%	股價淨值比	1.56			2007年	26.15%

基本資料		獲利能力（101.1Q）		前一年度配股		財務預測100	公司估
股本（億，台幣）	9.47	營業毛利率	15.20%	現金股利（元）	0.5	預估營收（億）	N/A
成立時間		營業利益率	10.63%	股票股利	0	預估稅前盈餘	N/A
初次上市（櫃）日期		稅前淨利率	9.70%	盈餘配股	0	預估稅後盈餘	N/A
股務代理	群益金融證 02-27023999	資產報酬率	0.95%	公積配股	0	預估稅前EPS	N/A
董事長	陳田錨	股東權益報酬率	2.35%	現金增資（億）	N/A	預估稅後EPS	N/A

總經理	陳建東	認股率 （每仟股）	N/A	
發言人	萬家驊	現增溢價	N/A	
營收比重	售氣收入 86.21%、裝置收入 13.56%、其他營業收入 0.23%			
公司電話	07-5315701			
網址	www.hkgas.com.tw/			
公司地址	高雄市鹽埕區大義街 56 號			

年度	101	100	99	98	97	96	95	94
最高 總市值	2,580	2,466	2,130	1,766	2,045	1,714	1,325	1,155
最低 總市值	2,040	1,856	1,638	1,411	1,335	1,250	1,136	1,013

資料來源／凱基期貨超級大三元軟體（AP）

欣高（9931）之股本形成

單位：億元

年度	現金增資	比重	盈餘轉增資	比重	公積及其他	比重
101	8.5	89.76%	0.97	10.24%	0	0.00%
100	8.5	89.76%	0.97	10.24%	0	0.00%
99	8.5	89.76%	0.97	10.24%	0	0.00%
98	8.5	89.76%	0.97	10.24%	0	0.00%
97	8.5	89.76%	0.97	10.24%	0	0.00%
96	8.5	89.76%	0.97	10.24%	0	0.00%
95	8.5	89.76%	0.97	10.24%	0	0.00%
94	8.5	89.76%	0.97	10.24%	0	0.00%
93	8.5	89.76%	0.97	10.24%	0	0.00%
92	8.5	89.76%	0.97	10.24%	0	0.00%
91	8.5	89.76%	0.97	10.24%	0	0.00%
90	8.5	89.76%	0.97	10.24%	0	0.00%
89	8.5	91.59%	0.78	8.41%	0	0.00%
88	8.5	95.18%	0.43	4.82%	0	0.00%
87	8.5	95.18%	0.43	4.82%	0	0.00%
86	8.5	100.00%	0.00	0.00%	0	0.00%
84	7	100.00%	0.00	0.00%	0	0.00%
83	6	100.00%	0.00	0.00%	0	0.00%

資料來源／凱基期貨超級大三元軟體（AP）

欣高（9931） 籌碼分布		
日期：05/31		
	張數	占股本比例
董監持股	29,165	30.81%
外資持股	32	
投信持股	0	0.00%
自營商持股	0	0.00%
法人合計	32	
集保庫存	94,676	100.00%
融資餘額	16	0.02%
融券餘額	0	0.00%
六日均量	23	0.02%

附註：

1. 大戶與散戶之籌碼比：
   大戶＝董監＋法人持股總數
   散戶＝融資餘額
2. 籌碼安定度：
   大戶＝董監＋法人持股總數占總
   股本比例
3. 由於董監可能是外資，
   故股本比例總和有可能超過100%

大戶與散戶之籌碼比

散戶 ,16, 0.05%

大戶 , 29197.002, 99.95%

■ 大戶
■ 散戶

籌碼安定度

大戶 , 30.84, 30.84%

其他 69.16 69.16%

■ 大戶
■ 其他

資料來源／凱基期貨超級大三元軟體（AP）

欣高（9931） 損益表（年表）							
							單位：百萬
年	100	99	98	97	96	95	94	93
營業收入淨額	1,262	1,137	1,041	1,160	953	812	813	657
營業成本	1,031	916	840	909	756	637	609	506
營業毛利	231	221	201	251	197	175	204	150
聯屬公司已（未）實現銷	0	0	0	0	0	0	0	0
營業費用	65	83	99	107	105	100	90	91
營業利益	165	138	101	144	92	74	114	60
利息收入	0	0	0	1	1	0	0	0
投資收入／股利收入	4	29	4	2	17	8	3	7

處分投資利得	3	9	0	0	1	5	0	23
投資跌價損失回轉	0	0	0	0	0	0	0	0
處分資產利得	0	0	0	0	0	0	0	0
存貨跌價損失回轉	0	0	0	0	0	0	0	0
兌換盈益	0	0	0	0	0	0	0	0
其他收入	25	28	28	19	27	42	26	27
營業外收入合計	32	67	32	22	45	55	29	57
利息支出	3	1	2	6	4	2	2	2
投資損失	5	0	3	5	0	4	1	0
處分投資損失	0	0	0	0	1	0	0	0
投資跌價損失	0	0	0	0	0	0	21	0
處分資產損失	1	2	1	1	1	1	1	2
兌換損失	0	0	0	0	0	0	0	0
資產評價損失	0	0	0	0	0	0	0	0
其他損失	15	13	9	8	10	26	16	14
營業外支出合計	24	16	15	21	15	33	41	18
稅前淨利	174	189	118	145	122	96	102	99
所得稅費用	34	22	34	41	28	23	24	19
經常利益	140	166	84	105	94	73	78	80
停業部門損益	0	0	0	0	0	0	0	0
非常項目	0	0	0	0	0	0	0	0
累計影響數	0	0	0	0	0	0	0	0
本期稅後淨利	140	166	84	105	94	73	78	80
每股盈餘（元）	1.48	1.76	0.89	1.11	0.99	0.77	0.82	0.84
加權平均股本	947	947	947	947	947	947	947	947
當季特別股息負債	0	0	0	0	0	0	0	0

資料來源／凱基期貨超級大三元軟體（AP）

這邊有兩處特別值得重視的地方，我說明如下：

稅後淨利：在損益表的倒數第四個欄位中，可看到稅後淨利，我們要留意它**每年有沒有持續成長**。公司有大有小，數字有高有低，重點是有沒有持續成長。

營業都來自本業是重點。

負債比率：零。

在看負債比率時，記得不要比數字的高低，要比行業的相對高低
──我們稱之為水平比較。如果同一個行業，大家的負債比都很低，
只有一家獨高，那麼就要特別留意了！

這一節，月風將四家天然氣拿出來比一比，再次強調：**數字是死
的，人是活的，投資一個行業，就要投資業界最好的。**你，選出心目
中最好的那家了嗎？

檢視～高科技股！

觀察年代較久的高科技公司時，月風常感嘆，正派經營、不炒股票的高科技公司並不多，但也不是完全沒有。

接下來介紹的這家公司，純粹從報表上解讀。月風說過，公司負責人的心態非常重要，所以，重視基本面的讀者朋友們，要時時檢視你認為好的公司的報表及負責人心態，一旦發現有可疑現象，即使是過去你認為超級好的公司，也不能大意。

讓我們以超豐為例，檢視一下相關資料圖表。

超豐（2441） 基本資料							
					最近交易日：5/30　市值單位：百萬		
開盤價	22.2	最高價	22.2	最低價	21.8	收盤價	21.9
漲跌	-0.3	一年內最高價	27.15	一年內最低價	18.1		
本益比	15.21	一年內最大量	23,818	一年內最低量	114	成交量	186
同業平均本益比	26.47	一年來最高本益比	16.88	一年來最低本益比	8.53	盤後量	
殖利率	5.48%	總市值	12,133	85年來最高總市值	26,526	85年來最低總市值	2,237
投資報酬率（05/30）		財務比例（101.1Q）		投資風險（05/30）		稅額扣抵率	
今年以來	-8.75%	每股淨值（元）	19.74	貝他值	0.58	2011年	5.14%
最近一週	-2.67%	每人營收（仟元）	844.00	標準差	1.68%	2010年	8.03%

最近一個月	-4.58%	每股營收（元）	3.67			2009 年	7.99%
最近二個月	-12.22%	負債比例	10.89%			2008 年	9.04%
最近三個月	-8.56%	股價淨值比	1.11			2007 年	7.60%
基本資料		獲利能力（101.1Q）		前一年度配股		財務預測100	公司估
股本（億,台幣）	55.4	營業毛利率	12.68%	現金股利（元）	1.2	預估營收（億）	N/A
成立時間		營業利益率	9.07%	股票利利	0	預估稅前盈餘	N/A
初次上市（櫃）日期		稅前淨利率	8.59%	盈餘配股	0	預估稅後盈餘	N/A
股務代理	元大寶來證 02-25865859	資產報酬率	1.29%	公積配股	0	預估稅前EPS	N/A
董事長	蔡篤恭	股東權益報酬率	1.45%	現金增資（億）	N/A	預估稅後EPS	N/A
總經理	甯鑑超			認股率（每仟股）	N/A		
發言人	陳笙			現增溢價	N/A		
營收比重	封裝 89.74%、測試 10.26%						
公司電話	037-638568						
網址	www.greatek.com.tw						
公司地址	苗栗縣竹南鎮公義路 136 號						

年度	101	100	99	98	97	96	95	94
最高總市值	14,364	16,891	19,560	18,209	20,534	26,526	18,843	16,419
最低總市值	12,023	10,047	15,458	8,729	8,417	17,072	12,468	8,757

資料來源／凱基期貨超級大三元軟體（AP）

超豐（2441）之股本形成

單位：億元

年度	現金增資	比重	盈餘轉增資	比重	公積及其他	比重
101	13.94	25.16%	40.80	73.65%	0.66	1.19%
100	13.94	25.19%	40.80	73.71%	0.61	1.10%
99	13.94	25.21%	40.80	73.79%	0.55	0.99%

98	13.94	25.80%	39.72	73.51%	0.37	0.68%
97	13.94	26.83%	37.64	72.45%	0.37	0.71%
96	13.94	29.40%	33.11	69.82%	0.37	0.78%
95	13.94	32.79%	28.20	66.34%	0.37	0.87%
94	13.52	36.33%	23.32	62.67%	0.37	0.99%
93	12.73	39.17%	19.40	59.69%	0.37	1.14%
92	10.08	37.53%	16.41	61.09%	0.37	1.38%
91	10.00	42.14%	13.36	56.30%	0.37	1.56%
90	10.00	44.72%	11.99	53.62%	0.37	1.65%
89	10.00	54.29%	8.05	43.70%	0.37	2.01%
88	10.00	66.89%	4.95	33.11%	0.00	0.00%
87	10.00	82.37%	2.14	17.63%	0.00	0.00%
86	6.00	100.00%	0.00	0.00%	0.00	0.00%
85	3.00	100.00%	0.00	0.00%	0.00	0.00%

資料來源／凱基期貨超級大三元軟體（AP）

超豐（2441）之股利政策

單位：元

年度	現金股利	盈餘配股	公積配股	股票股利	合計	員工配股率（％）
100	1.2	0	0	0	1.2	0
99	2	0	0	0	2	0
98	1.800	0.200	0	0.200	2.000	0
97	1.6	0.4	0	0.4	2	0
96	3	0.6	0	0.6	3.6	3.56
95	2.8	0.8	0	0.8	3.6	3.56
94	2.197	0.999	0	0.999	3.195	3.1
93	2.086	0.894	0	0.894	2.980	2.95
92	1.729	0.691	0	0.691	2.420	3.42
91	1	1	0	1	2	2.82
90	0.3	0.5	0	0.5	0.8	1.13
89	0	1.8	0	1.8	1.8	3.38
88	0	1.75	0.25	2	2	3.28
87	0	1.95	0	1.95	1.95	3.66
86	0	3	0	3	3	5.63
85	0	0	0	0	0	0

資料來源／凱基期貨超級大三元軟體（AP）

超豐（2441）轉投資

單位：仟元；仟股

轉投資事業	投資幣別	投資成本	持股股數	持股比例	帳面價值（台幣）	會計原則
HIPAC Inter'l Inc.	台幣	N/A	600	9%	0	成本衡量
JF 第一貨幣市場 _C	台幣	N/A	3,409	N/A	50,057	FV 變動
三合微科	台幣	N/A	600	3%	650	成本衡量
日盛貨幣市場 _C	台幣	N/A	3,502	N/A	50,031	FV 變動
台電 98 年第 3 期有擔保公司債甲類券 _C	台幣	N/A	N/A	N/A	300,001	持至到期
兆豐國際寶鑽貨幣 _C	台幣	N/A	4,147	N/A	50,127	FV 變動
宏芯科技	台幣	N/A	643	2%	2,181	成本衡量
凌越科技 _C	台幣	N/A	24	N/A	385	FV 變動
國泰台灣貨幣市場 _C	台幣	N/A	3,322	N/A	40,102	FV 變動
統一強棒貨幣市場 _C	台幣	N/A	2,483	N/A	40,084	FV 變動
富邦吉祥貨幣市場 _C	台幣	N/A	1,983	N/A	30,083	FV 變動
復華全球短期收益 _C	台幣	N/A	1,856	N/A	19,608	FV 變動
華南永昌鳳翔貨幣 _C	台幣	N/A	1,072	N/A	16,875	FV 變動
新光吉星貨幣 _C	台幣	N/A	2,005	N/A	30,035	FV 變動
群益安穩貨幣市場 _C	台幣	N/A	2,569	N/A	40,018	FV 變動

資料來源／凱基期貨超級大三元軟體（AP）

超豐 （2441） 籌碼分布

日期 ： 05/31

	張數	占股本比例
董監持股	269,819	48.70%
外資持股	66,076	
投信持股	1,524	0.28%
自營商持股	1,446	0.26%
法人合計	69,046	
集保庫存	554,037	100.00%
融資餘額	4,248	0.77%
融券餘額	0	0.00%
六日均量	223	0.04%

大戶與散戶之籌碼比

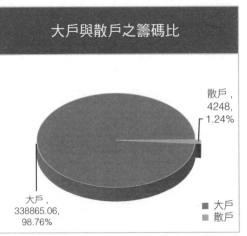

散戶, 4248, 1.24%

大戶, 338865.06, 98.76%

■ 大戶
■ 散戶

附註：	籌碼安定度
1. 大戶與散戶之籌碼比： 大戶 = 董監 + 法人持股總數 散戶 = 融資餘額 2. 籌碼安定度： 大戶 = 董監 + 法人持股總數占總 股本比例 3. 由於董監可能是外資， 故股本比例總和有可能超過 100%	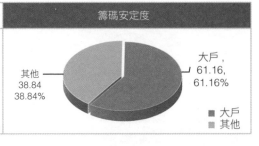

資料來源／凱基期貨超級大三元軟體（AP）

超豐（2441）董監事經理人及大股東持股明細

資料日期：101/04

選任日期：101/04/01

職稱	姓名 / 法人名稱	持股張數	持股比例	質押張數	質押比率
董事	力成（股）- 呂瑩瓏	244,064	44.05%	0	0.00%
董事兼副理	力成（股）- 陳鴻安	244,064	44.05%	0	0.00%
董事兼總經理	力成（股）- 甯鑑超	244,064	44.05%	0	0.00%
董事	力成（股）- 廖忠檢	244,064	44.05%	0	0.00%
董事長兼其他職務	力成（股）- 蔡篤恭	244,064	44.05%	0	0.00%
董事	力成（股）- 謝永達	244,064	44.05%	0	0.00%
大股東	中信闕壯賢	8,412	1.52%	0	0.00%
大股東	公務退撫基金	17,809	3.21%	0	0.00%
法人代表	王仁泰	316	0.06%	0	0.00%
副總	李振文	257	0.05%	0	0.00%
大股東	幸福人壽（股）	8,790	1.59%	0	0.00%
大股東	南山人壽（股）	18,180	3.28%	0	0.00%
監察人	偉詮電（股）	9,180	1.66%	0	0.00%
監察人	啟盛投資（股）	1,119	0.20%	0	0.00%
財務主管	陳笙	174	0.03%	0	0.00%
副總	陳鴻安	414	0.07%	0	0.00%
大股東	渣打京順亞洲	7,332	1.32%	0	0.00%
總經理	甯鑑超	1,440	0.26%	0	0.00%
大股東	新壽	15,798	2.85%	0	0.00%
會計主管	葉秀梅	14	0.00%	0	0.00%
大股東	臺銀 BT 退休	17,980	3.25%	0	0.00%
其他職務	葉秀梅	0	0.00%	0	0.00%
董事	鴻威創業投資（股）	5,824	1.05%	0	0.00%
監察人	闕壯賢	9,632	1.74%	0	0.00%

超豐（2441）申報轉讓

日期	申報人	身份	申報張數	轉讓方式
101/02/06	王仁宗	董事	412	洽特定人
101/02/06	王仁宗之配偶	關係人配偶	53	洽特定人
101/02/06	李至誠	董事	3,200	洽特定人
101/02/06	李至誠之配偶	關係人配偶	827	洽特定人
101/02/06	李振文	經理人	200	洽特定人
101/02/06	張演堂	監察人	912	洽特定人
101/02/06	啟盛投資（股）	董事	998	洽特定人
101/02/06	陳文漢	監察人	657	洽特定人
101/02/06	陳文漢之配偶	關係人配偶	467	洽特定人
101/02/06	陳笙	經理人	165	洽特定人
101/02/06	陳笙之未成年子女	關係人	22	洽特定人
101/02/06	陳鴻安	董事	1,157	洽特定人
101/02/06	甯鑑超	董事	1,000	洽特定人
101/02/06	楊迪平	董事	1,132	洽特定人
101/02/06	葉秀梅	經理人	50	洽特定人
101/02/06	鴻威創業投資（股）	董事	3,000	洽特定人
101/02/06	闕壯賢	董事	14,585	洽特定人
101/02/06	闕壯賢之配偶	關係人配偶	132	洽特定人
100/08/18	甯鑑超	董事	100	
40469	陳文漢	監察人	39	
40469	陳文漢之配偶	關係人配偶	31	
40462	陳鴻安	董事	11	
40462	甯鑑超	董事	29	
40462	闕壯賢之配偶	關係人配偶	68	
＊以上資料來自公開資訊觀測站				

資料來源／凱基期貨超級大三元軟體（AP）

超豐（2441）資產負債表（年表）

單位：百萬

期別	100	99	98	97	96	95	94	93
現金及約當現金	2,320	2,573	2,690	3,508	3,511	2,973	2,407	1,629
短期投資	768	405	536	450	383	632	352	896
應收帳款及票據	1,849	1,806	2,124	1,097	2,033	1,995	2,124	1,428
其他應收款	1	2	0	0	0	19	6	25
短期借支	0	0	0	0	0	0	0	0

存貨	1,030	1,001	873	518	610	483	434	365
在建工程	N/A	N/A	N/A	N/A	N/A	N/A	N/A	N/A
預付費用及預付款	4	6	9	6	1	5	6	6
其他流動資產	27	53	95	74	57	12	11	25
流動資產	6,000	5,847	6,327	5,653	6,593	6,119	5,338	4,375
長期投資	9	309	411	9	9	9	7	14
土地成本	525	525	558	551	246	216	164	164
房屋及建築成本	1,747	1,647	697	697	685	465	464	463
機器及儀器設備成本	9,310	8,424	7,209	7,266	6724	6487	6447	6322
其他設備成本	160	165	140	139	135	133	138	147
固定資產重估增值	0	0	0	0	0	0	0	0
固定資產累計折舊	-5,776	-4,630	-4,409	-4,232	-3774	-3791	-3915	-3748
固定資產損失準備	0	0	0	0	0	0	0	0
未完工程及預付款	126	262	1,413	470	307	155	311	52
固定資產	6,093	6,393	5,607	4,891	4323	3666	3609	3401
遞延資產	7	10	5	6	5	3	4	1
無形資產	0	0	0	0	0	0	0	0
什項資產	75	75	75	75	80	57	61	44
其他資產	81	84	79	81	84	60	65	46
資產總額	12,183	12,633	12,424	10,633	11,010	9,853	9,019	7,835
短期借款	0	0	0	0	0	0	0	0
應付商業本票	0	0	0	0	0	0	0	0
應付帳款及票據	683	721	1,143	274	868	705	897	529
應付費用	381	498	433	545	182	182	130	128
預收款項	0	0	0	0	0	0	0	0
其他應付款	66	111	295	82	144	42	149	104
應付所得稅	73	124	4	15	0	179	93	68
一年內到期長期負債	0	0	0	0	0	74	298	217
其他流動負債	174	188	187	0	146	88	94	60
流動負債	1,377	1,642	2,062	916	1340	1271	1661	1105
長期負債	0	0	0	0	0	0	74	560
遞延貸項	0	0	0	0	0	0	0	0
退休金準備	39	36	34	36	42	49	54	50
遞延所得稅	0	0	0	0	0	0	0	0
土地增值稅準備	0	0	0	0	0	0	0	0
各項損失準備	0	0	0	0	0	0	0	0
什項負債	0	0	0	0	0	0	0	0

項目								
其他負債及準備	39	36	34	36	42	49	54	50
負債總額	1,416	1,678	2,097	952	1382	1319	1789	1715
股東權益總額	10,766	10,954	10,327	9,681	9,627	8,534	7,230	6,120
普通股股本	5,535	5,529	5,403	5,196	4,742	4,251	3,721	3,250
特別股股本	0	0	0	0	0	0	0	0
資本公積	1,219	1,209	1,179	1,179	1,179	1,179	1,139	1,030
法定盈餘公積	1,560	1,405	1,257	1,096	856	643	474	336
特別盈餘公積	0	0	0	0	0	0	0	0
未分配盈餘	2,451	2,812	2,487	2,209	2,849	2,461	1,896	1,504
長期投資評價損失	0	0	0	0	0	0	0	0
負債及股東權益總額	12,183	12,633	12,424	10,633	11010	9853	9010	7835

資料來源／凱基期貨超級大三元軟體（AP）

超豐（2441）損益表（年表）

單位：百萬

年	100	99	98	97	96	95	94	93
營業收入淨額	8,722	10,207	8,639	8,334	8,872	8,188	6,943	6,001
營業成本	7,461	8,157	6,788	6,215	6,058	5,607	4,875	4,277
營業毛利	1,262	2,050	1,851	2,119	2,814	2,581	2,068	1,724
聯屬公司已（未）實現銷	0	0	0	0	0	0	0	0
營業費用	347	415	318	345	231	203	189	167
營業利益	915	1,635	1,533	1,774	2,583	2,378	1,879	1,558
利息收入	17	10	11	73	60	41	28	9
投資收入／股利收入	0	0	0	0	0	0	0	0
處分投資利得	2	1	5	10	12	10	17	16
投資跌價損失回轉	0	1	0	0	0	0	0	0
處分資產利得	0	35	0	0	0	0	0	0
存貨跌價損失回轉	0	0	0	0	0	0	0	0
兌換盈益	28	2	18	0	6	4	0	0
其他收入	21	23	13	13	87	67	43	34
營業外收入合計	69	72	46	95	165	124	88	59
利息支出	0	0	0	0	0	1	10	17
投資損失	0	0	0	0	0	0	0	0
處分投資損失	0	0	0	0	0	0	0	0
投資跌價損失	0	0	0	1	1	0	10	6
處分資產損失	0	30	0	107	165	165	94	86
兌換損失	0	0	0	1	0	0	6	3

資產評價損失	0	0	0	0	0	0	0	0
其他損失	0	0	0	0	1	1	18	0
營業外支出合計	0	30	0	109	167	167	138	112
稅前淨利	984	1,677	1,580	1,760	2,581	2,335	1,829	1,504
所得稅費用	81	123	102	151	179	200	144	125
經常利益	902	1,554	1,478	1,609	2,403	2,135	1,685	1,379
停業部門損益	0	0	0	0	0	0	0	0
非常項目	0	0	0	0	0	0	0	0
累計影響數	0	0	0	0	0	0	0	0
本期稅後淨利	902	1,554	1,478	1,609	2,403	2,135	1,685	1,379
每股盈餘（元）	1.63	2.82	2.74	3.1	5.07	5.07	4.59	4.4
加權平均股本	5,534	5,520	5,403	5,196	4,742	4,213	3,673	3,133
當季特別股息負債	0	0	0	0	0	0	0	0

資料來源／凱基期貨超級大三元軟體（AP）

超豐（2441）財務比率表（年表）

單位：%

獲利能力

期別	100	99	98	97	96	95	94	93
淨值報酬率—稅後	8.31	14.61	14.77	16.66	26.46	27.08	25.24	25.85
營業毛利率	14.47	20.09	21.43	25.42	31.72	31.52	29.79	28.73
營業利益率	10.49	16.02	17.75	21.28	29.11	29.04	27.06	25.95
稅前淨利率	11.28	16.43	18.29	21.11	29.09	28.52	26.35	25.07
稅後淨利率	10.34	15.23	17.11	19.3	27.08	26.07	24.27	22.98
每股淨值（元）	19.45	19.81	19.11	18.63	20.30	20.07	19.43	18.83
每股營業額（元）	15.76	18.46	15.99	16.04	18.71	19.26	18.66	18.46
每股營業利益（元）	1.65	2.96	2.84	3.41	5.45	5.59	5.05	4.79
每股稅前淨利（元）	1.78	3.04	2.92	3.39	5.44	5.54	4.98	4.80
股東權益報酬率	8.31	14.61	14.77	16.66	26.46	27.08	25.24	25.85
資產報酬率	7.27	12.41	12.82	14.87	23.03	22.63	20.08	18.68
每股稅後淨利（元）	1.63	2.82	2.74	3.1	5.07	5.07	4.59	4.40

經營績效

期別	100	99	98	97	96	95	94	93
營收成長率	-14.54	18.15	3.66	-6.06	8.36	17.92	15.70	15.71
營業利益成長率	-44.07	6.64	-13.54	-31.33	8.61	26.56	20.63	42.88
稅前淨利成長率	-41.36	6.17	-10.22	-31.83	10.53	27.65	21.60	42.77
稅後淨利成長率	-41.95	5.17	-8.13	-33.04	12.51	26.70	22.17	48.73

總資產成長率	-3.56	1.68	16.84	-3.42	11.74	9.24	15.12	10.87
淨值成長率	-1.72	6.07	6.68	0.56	12.81	18.03	18.14	34.54
固定資產成長率	-5.12	16.21	16.34	6.43	18.21	0.13	6.46	-6.56
償債能力								
期別	100	99	98	97	96	95	94	93
流動比率	435.74	356.01	306.79	617.26	491.95	481.62	321.37	395.81
速動比率	358.7	291.46	259.46	551.91	442.16	442.20	294.26	359.93
負債比率	11.63	13.29	16.87	8.96	12.56	13.93	19.84	21.89
利息保障倍數	N/A	N/A	N/A	N/A	N/A	3,160.94	188.89	89.98
經營能力								
期別	100	99	98	97	96	95	94	93
應收帳款週轉率（次）	4.77	5.19	5.36	5.32	4.40	3.98	3.91	4.17
存貨週轉率（次）	7.35	8.71	9.76	11.02	11.08	12.23	12.20	13.27
固定資產週轉率（次）	1.4	1.7	1.65	1.81	2.22	2.25	1.98	1.71
總資產週轉率（次）	0.7	0.81	0.75	0.77	0.85	0.87	0.82	0.81
員工平均營業額（千元）	3537	4129	3853	4011	4235.00	4162.00	3826.00	3673.00
淨值週轉率	0.8	0.96	0.86	0.86	0.98	1.04	1.04	1.12
資本結構								
期別	100	99	98	97	96	95	94	93
負債對淨值比率	13.15	15.32	20.3	9.84				
長期資金適合率	176.72	171.36	184.18	197.94				

資料來源／凱基期貨超級大三元軟體（AP）

這家公司主營業項目是封裝測試。以科技業來講，營餘轉增資比重能有 70% 左右，算是非常高。

公司獲利：**很穩定**，而且它比較少發股票給員工認購，要知道，勞資雙方是對立的，身為投資人，我們的角度必須從資方來看。當給員工認購的股票少時，這表示公司不依靠員工價值為生，相對安全很多，不會因為少了高級人才而面臨倒閉！

經營績效：雖然不是最好，但有**持續在賺錢**。

獲利能力：雖然這季有在衰退，但**總體而言是成長且穩定的**。

提到衰退，相信投資人一定都非常想了解衰退的原因，以作為要買還是要賣的判斷。

如果想知道衰退的原因，有個很簡單的做法，即：**將所有的同行找出來，看看只有一家衰退，還是一起衰退**？這樣，就可以很快辨別出，到底是公司的問題還是行業的問題。

如果是行業的問題，也有可能是大家一起陣亡，所以，我們要進一步辨別產業到底有沒有未來！

辨別的方式，不需要苦讀經濟學，只要從人性下手──看**董監持股比例，就能一目了然**。

轉投資：轉投資不少基金？大家不要覺得奇怪，要知道，科技業必須用貨幣作避險，所以這是必然會出現的。

董監持股：高達 48％，這在科技業是非常高的道德標準，很少有這麼高的比例。由於它是被力成買下的，如果不看好，怎麼可能會投資 48％？

資產負債：現金有一百多億，負債都是零。由此可看出，這家公司的體質非常好，給人一種很安全的感覺。

類似這樣現金多，負債少的公司，一旦開始虧錢時，會先去借，還不夠再押，之後才會倒，所以只要持續觀察，不必太擔心。

營收：最近下滑，卻從轉投資中可以看出，公司並沒有把錢花在奇奇怪怪的地方，業外支出也很少。所以，我們可以知道，這類的營收下滑，是本業景氣下滑造成的。

有些公司在遇到景氣不好時，就會開始混淆視聽，但有些公司就不會這樣做。

　　要知道，再好的選手也有凸槌的時候，只要不是刻意打假球，我們都可以諒解。

　　報酬率：一直都很穩定以前，只有最近狀況比較不好，但如果老闆還沒有賣，代表對公司還有信心，投資人也可以不用那麼擔心。

　　流動速動比：一直都很高，所以水準都還有維持住。雖然營收下滑，但是負債也同時在下滑，所以一樣不用擔心。

檢視～生技股！

精華，專做隱形眼鏡，在全球的市占率將近2％。以下是精華相關資料。

精華 （1565） 基本資料						
				最近交易日： 06/07	市價單位 ： 百萬	
開盤價	312	最高值	316.0	最低價值	308.5	收盤價 308.5
漲跌	0	一年內最高值	456.5	一年內最低值	267	
本益比	14.82	一年內最大量	1.088	一年內最低量	18	成交量 201
同業平均本益比	48.75	一年來最高本益比	24.11	一年來最低本益比	13.43	盤後量
複利率	5.02%	總市價	15.554	85年來最高總市價	22,889	85年來最低總市價 879

投資報酬率（06/07）		財務比例（101.1Q）		投資風險（06/07）		稅額扣抵率	
今年以來	-3.59%	每股淨值（元）	60.90	其他值	0.72	2013年	15.06%
最近一週	-5.08%	每人營收（仟元）	453.00	標準差	2.27%	2012年	24.03%
最近一個月	-10.06%	每股營收（元）	18.24			2011年	31.61%
最近兩個月	-18.82%	負債比例	25.01%			2010年	27.74%
最近三個月	-16.73%	股價淨值比	5.07			2009年	23.58%
		營收市值比	N/A				

基本資料		獲利能力（101.1Q）		前一年度配股		財務預測101	公司估
股本（億）	5.04	營業毛利率	45.62%	現金股利（元）	15.5	預估營收（億）	N/A
成立時間		營業利益率	34.40%	股票股利	0	預估稅前盈餘	N/A

初上市（櫃）日期			稅前淨利率	33.08%	盈餘配股	0	預估稅後盈餘	N/A
股務代理		元大寶來證 02-25065050	資產報酬率	6.35%	公積配股	0	預估稅前EPS	N/A
董事長		陳明賢	股東權益報酬率	8.60%	現金增資（億）	N/A	預估稅後EPS	N/A
總經理		周玉然			認股率（每仟股）	N/A		
發言人		周華玲			現增溢價	N/A		
營收比重		隱形眼鏡99.95%、原料0.04%						
公司電話		02-26910000						
網址		www.sunshine.com.tw/						
公司地址		新北市汐止富大同路一段276之2號4、5樓						

年度	101	100	99	98	97	96	95	94
最高總市價	20,520	22,889	22,083	9,630	7,774	8,336	6,673	3,157
最低總市價	14,444	13,764	9,252	5,208	4,785	6,002	2,951	1,544

資料來源／凱基期貨超級大三元軟體（AP）

精華（1565）之股本形成

單位：億元

年度	現金增資	比重	盈餘轉增資	比重	公積及其他	比重
101	2.71	53.77%	2.21	43.85%	0.12	2.38%
100	2.71	53.77%	2.21	43.85%	0.12	2.38%
99	2.71	53.77%	2.21	43.85%	0.12	2.38%
98	2.71	53.77%	2.21	43.85%	0.12	2.38%
97	2.71	53.88%	2.2	43.74%	0.12	2.39%
96	2.71	53.88%	2.2	43.74%	0.12	2.39%
95	2.41	54.04%	1.93	43.27%	0.12	2.69%
94	2.41	57.79%	1.69	40.53%	0.07	1.68%

93	2.16	59.34%	1.48	40.66%	0	0.00%
92	2.16	66.87%	1.07	33.13%	0	0.00%
91	2.04	80.31%	0.5	19.69%	0	0.00%
90	2.04	100.00%	0	0.00%	0	0.00%
89	1.9	100.00%	0	0.00%	0	0.00%
87	1.9	100.00%	0	0.00%	0	0.00%
85	1	100.00%	0	0.00%	0	0.00%
83	0.5	100.00%	0	0.00%	0	0.00%

資料來源／凱基期貨超級大三元軟體（AP）

精華（1565）之股利政策

單位：元

年度	現金股利	盈餘配股	公積配股	股票股利	合計	員工配股率 %
100	15.5	0	0	0	15.5	0
99	14.5	0	0	0	14.5	0
98	10.5	0	0	0	10.5	0
97	8	0.02	0	0.02	8.02	0
96	7.5	0	0	0	7.5	0
95	4.8	0.5	0	0.5	5.3	0.63
94	3.3	0.5	0	0.5	3.8	0.79
93	2.2	0.5	0	0.5	2.7	0.57
92	1.5	1	0	1	2.5	2.78
91	0	2	0	2	2	2.29
90	0	2	0	2	2	4.56

資料來源／凱基期貨超級大三元軟體（AP）

精華（1565）之經營績效

單位：億元

年度	100	99	98	97	96	95	94	93	92	91	90	89	88	87	86	85
加權平均股本	5	5	5	5	5	4	4	4	3	3	2	2	2	2	1	1
營業收入	34.0	30.4	23.3	21.0	17.4	15.1	9.5	7.2	5.5	3.6	2.5	2.7	2.2	2.8	1.5	1.0
稅前盈餘	12.2	10.6	8.4	7.3	6.5	4.4	2.6	2.0	1.3	0.7	0.4	0.3	0.1	0.0	0.0	0.0
稅後純益	10.7	8.7	6.2	5.6	5.3	3.6	2.3	1.7	1.1	0.6	0.3	0.2	0.1	0.1	0.0	0.0
每股營收（元）	67.4	60.3	46.3	41.8	34.5	33.9	23.3	20.0	17.0	14.1	12.5	14.3	11.6	15.0	14.7	10.4
稅前 EPS	24.1	21.0	16.6	14.4	12.9	10.0	6.5	5.4	4.2	2.7	2.1	1.4	0.8	0.1	0.2	0.3
稅後 EPS	21.2	17.3	12.4	11.2	10.6	8.2	5.8	4.6	3.5	2.3	1.5	1.0	0.6	0.3	0.1	0.2

資料來源／凱基期貨超級大三元軟體（AP）

精華 （1565） 獲利能力分析

単位：百萬

101 年度

季別	毛利率	營益率	稅前盈利率	稅後盈利率
一	44.99%	35.82%	34.26%	28.50%

100 年度

季別	毛利率	營益率	稅前盈利率	稅後盈利率
四	31.28%	35.72%	33.93%	29.38%
三	52.62%	34.97%	38.53%	34.23%
二	57.54%	36.15%	33.99%	30.23%
一	48.48%	33.17%	36.80%	31.79%

99 年度

季別	毛利率	營益率	稅前盈利率	稅後盈利率
四	39.63%	41.15%	30.15%	25.06%
三	56.88%	37.73%	37.90%	31.52%
二	55.29%	35.93%	35.86%	30.30%
一	60.03%	38.64%	35.89%	28.24%

資料來源／凱基期貨超級大三元軟體（AP）

精華 （1565） 轉投資

単位：仟元；仟股

轉投資事業	投資幣別	投資成本	持股股數	持股比例	帳面價值（台幣）	會計原則
SHINE OPTICAL （SAMOA） HOLDING GROUPS	台幣	61,498	1,900	100.00%	19,189	權益法
維京精華光學控股集團	台幣	296,627	8,800	100.00%	125,404	權益法

資料來源／凱基期貨超級大三元軟體（AP）

精華 （1565） 資產負債表（年表）

単位：百萬

期別	100	99	98	97	96	95	94	93
現金及約當現金	1,048	1,015	1,224	964	698	420	305	208
短期投資	0	0	0	0	0	0	0	1
應收帳款及票據	552	493	351	286	302	426	263	185
其他應收款	0	0	0	0	0	5	2	10
短期借支	0	0	0	0	0	0	0	0

存貨	514	377	277	297	296	211	185	135
在建工程	N/A	N/A	N/A	N/A	N/A	N/A	N/A	N/A
預付費用及預付款	0	0	0	0	0	0	0	0
其他流動資產	112	97	70	53	44	32	27	21
流動資產	2,226	1,982	1,922	1,600	1,340	1,093	782	561
長期投資	146	144	136	139	145	0	60	94
土地成本	281	281	135	135	135	135	66	66
房屋及建築成本	424	424	308	308	308	304	47	47
機器及儀器設備成本	986	987	649	636	632	466	406	255
其他設備成本	317	337	237	237	232	114	94	63
固定資產重估增值	16	0	0	0	0	0	0	0
固定資產累計折舊	-617	-587	-466	-387	-295	-224	-168	-143
固定資產損失準備	0	0	0	0	0	0	0	0
未完工程及預付款	100	5	67	4	5	23	5	20
固定資產	1,507	1,447	929	933	1,017	820	451	310
遞延資產	37	39	48	61	63	57	33	24
無形資產	1	1	1	1	2	2	2	2
什項資產	8	9	7	7	8	9	9	10
其他資產	46	49	56	70	73	68	44	36
資產總額	3,925	3,621	3,044	2,742	2,574	1,982	1,338	1,000
短期借款	0	0	0	0	0	0	50	35
應付商業本票	0	0	0	0	0	0	0	0
應付帳款及票據	170	148	100	73	80	97	59	36
應付費用	477	383	332	285	209	163	106	52
預收款項	0	0	0	0	0	0	0	0
其他應付款	0	0	0	0	0	0	0	0
應付所得稅	34	120	133	97	75	84	27	24
一年內到期長期負債	64	71	50	52	51	59	44	38
其他流動負債	41	42	40	24	28	21	12	9
流動負債	785	764	655	530	443	424	297	194
長期負債	307	371	245	295	347	320	59	71
遞延貨項	13	19	19	13	0	0	0	0
退休金準備	0	0	0	0	0	0	0	0
遞延所得稅	0	0	0	0	0	0	0	0
土地增值稅準備		0	0	0	0	0	0	0
各項損失準備	0	0	0	0	0	0	0	0

什項負債	0	0	0	0	13	60	15	16
其他負債及準備	16	19	19	13	13	60	15	16
負債總額	1,108	1,154	919	839	803	804	371	282
股東權益總額	2,817	2,467	2,124	1,903	1,771	1,178	967	718
普通股股本	504	504	504	503	503	446	410	363
特別股股本	0	0	0	0	0	0	0	0
資本公積	540	526	526	526	526	235	235	155
法定盈餘公積	359	272	209	153	100	64	41	24
特別盈餘公積	0	0	0	5	4	4	5	0
未分配盈餘	1,413	1,164	884	714	643	433	273	181
長期投資評價損失	0	0	0	0	0	0	0	0
負債及股東權益總額	3,925	3,621	3,044	2,742	2,574	1,982	1,338	1,000

資料來源／凱基期貨超級大三元軟體（AP）

精華（1565）損益表（年表）

單位：百萬

年	100	99	98	97	96	95	94	93
營業收入淨額	3,397	3,038	2,333	2,103	1,736	1,510	954	725
營業成本	1,785	1,444	984	931	726	655	385	274
營業毛利	1611	1594	1,349	1,172	1,009	854	569	451
聯屬公司間未實現銷貨	6	0	-6	-1	5	-2	1	-1
營業費用	429	426	501	461	375	303	246	199
營業利益	1189	1168	842	710	639	549	324	250
利息收入	3	3	3	14	13	5	1	2
投資收入／股利收入	2	7	0	0	0	0	0	0
處分投資利得	0	0	0	0	0	0	1	1
投資跌價損失回轉	0	0	0	0	0	0	0	0
處分資產利得	0	0	0	0	0	0	0	0
存貨跌價損失回轉	0	0	0	0	0	0	0	0
兌換盈益	23	0	0	22	18	15	0	0
其他收入	9	4	9	3	15	5	2	1
營業外收入合計	38	14	12	39	46	25	4	3
利息支出	6	5	6	10	11	7	4	4
投資損失	0	0	2	13	4	103	35	37
處分投資損失	0	0	0	0	0	0	0	0
投資跌價損失	0	0	0	0	0	0	0	0
處分資產損失	0	0	5	0	2	0	0	4

兌換損失	0	118	4	0	0	0	1	13
資產評價損失	0	0	0	0	13	22	24	0
其他損失	4	1	0	0	4	2	4	0
營業外支出合計	10	124	17	23	34	134	67	58
稅前淨利	1,216	1,058	837	726	651	440	260	195
所得稅費用	150	186	213	164	118	78	27	30
經常利益	1,067	872	624	562	532	362	233	166
停業部門損益	0	0	0	0	0	0	0	0
非常項目	0	0	0	0	0	0	0	0
累計影響數	0	0	0	0	0	0	0	0
本期稅後淨利	1,067	872	624	562	532	362	233	166
每股盈餘（元）	21.16	17.3	12.38	11.16	10.58	8.18	5.81	4.56
加權平均股本	504	504	504	503	503	442	401	363
當季特別股息負債	0	0	0	0	0	0	0	0

資料來源／凱基期貨超級大三元軟體（AP）

精華（1565）現金流量表（年表）

單位：百萬

期別	100	99	98	97	96	95	94	93
稅後淨利	1,067	872	624	562	532	362	233	166
不動用現金之非常損益	0	0	0	0	0	0	0	0
折舊	181	126	95	97	84	61	44	29
攤提	9	6	5	7	7	6	5	4
投資收益 - 權益法	-2	-7	0	0	0	0	0	0
投資損失 - 權益法	0	0	2	13	4	103	35	37
現金股利收入 - 權益法	0	0	0	0	0	0	0	0
短期投資處分損（益）	0	0	0	0	0	0	0	0
固定資產處分損（益）	4	1	5	0	6	2	4	4
長期投資處分損（益）	0	0	0	0	0	0	-1	-1
準備提列（迴轉）	0	0	0	0	0	0	0	0
應收帳款（增）減	-58	-142	-66	16	125	-163	-78	-58
存貨（增）減	-137	-100	20	-1	-85	-26	-50	-6
應付帳款（增）減	22	48	28	-7	-17	39	23	17
其他調整項 - 營業	-1	32	91	84	32	90	53	-10
來自營運之現金流量	1,083	835	804	770	689	473	268	182

短期投資出售（新購）	0	0	0	0	0	0	1	28
出售長期投資價款	0	0	0	0	0	0	0	0
長期投資（新增）	0	0	0	0	-193	0	0	-80
處分固定資產價款	0	0	4	0	0	0	0	1
固定資產（購置）	-239	-648	-93	-15	-288	-430	-191	-102
其他調整項 - 投資	-9	-13	-1	-2	-11	-4	-5	-8
投資活動之現金流量	-248	-662	-90	-16	-492	-434	-194	-161
現金增資	0	0	0	0	321	0	112	0
支付現金股利	-731	-529	-403	-377	-229	-152	-95	-48
支付董監酬勞員工紅利	0	0	0	-59	-31	-4	-3	-2
短期借款新增（償還）	0	0	0	0	0	-50	15	35
長期借款新增（償還）	-70	146	-52	-51	20	276	-7	13
發行公司債	0	0	0	0	0	0	0	0
償還公司債	0	0	0	0	0	0	0	0
庫藏股票減（增）	0	0	0	0	0	0	0	0
其他調整項 - 理財	0	0	0	0	0	6	0	0
理財活動之現金流量	-801	-383	-455	-488	82	76	22	-2
匯率影響數	0	0	0	0	0	0	0	0
本期產生現金流量	33	-209	260	266	278	115	97	19
期初現金約當現金	1,015	1,224	964	698	420	305	208	189
期末現金及約當現金	1,048	1,015	1,224	964	698	420	305	208
本期支付利息	6	5	6	10	11	6	4	4
本期支付所得稅	221	189	173	142	128	52	31	39

[說明] 上列會計科目中，投資收益 - 權益法、長期投資（新增）、固定資產（購置）、支付現金股利與支付董監酬勞員工紅利等科目視為現金流出。

資料來源／凱基期貨超級大三元軟體（AP）

精華（1565）籌碼分布			大戶與散戶之籌碼比
		日期：06/07	
	張數	占股本比例	
董監持股	5,587	11.08%	
外資持股	23,410	46.43%	
投信持股	1,394	2.76%	
自營商持股	45	0.09%	
法人合計	24,849	49.28%	
集保庫存	50,416	100.00%	
融資餘額	611	1.21%	
融券餘額	7	0.01%	
六日均量	242	0.48%	

大戶與散戶之籌碼比

散戶，611，1.97%

大戶，30435.574，98.03%

■ 大戶
■ 散戶

附註：
1. 大戶與散戶之籌碼比：
   大戶 = 董監 + 法人持股總數
   散戶 = 融資餘額
2. 籌碼安定度：
   大戶 = 董監 + 法人持股總數占總股本比例
3. 由於董監可能是外資，故股本比例總和有可能超過100%

籌碼安定度

其他，39.63，39.63%

大戶，60.37，60.37%

■ 大戶
■ 其他

資料來源／凱基期貨超級大三元軟體（AP）

　　月風曾經聽朋友提到，眼鏡行的進貨成本大概是售價的 1/10，而供應商的成本大概又是眼鏡行的 1/10。

　　從精華的報表來看，的確可以看出毛利真的很高。

　　股本形成持續成長，整個基本面都不錯，所以代表這家公司持續賺錢。

　　EPS 有成長，雖然現在大家都削價競爭，但公司狀況還是很好。

轉投資只有兩樣，其他報酬率都非常高。負債比也很低，且逐年下降。

　　好的公司通常負債比都會愈來愈低，一開始的機具都應該要逐年還清。

　　現金愈來愈多，應收不高，負債比也不高，表示金流是正常的。

　　速動比非常高，存貨再多也不怕。

　　稅前及稅後淨利都很好。少數的業外收入，用來買存貨跟還債。

　　從種種分析可看出，這是一家非常不錯的公司，唯一最大的問題就是，董監事持股很低，持續賣股票：可能是因為這家公司長遠的利益沒有那麼足夠，也可能是因為這家公司漲過頭，被炒得太兇……種種原因都有可能。

第 5 章

選出
億元人生

有人統計,巴菲特一年的投資報酬率大約是 23%,巴菲特
也曾說過,以現在的市場來衡量,要達到 20% 就非常困難
了。

所以,巴菲特建議我們投資股東權益報酬率(ROE)15%
以上的公司。

在此,月風不但要告訴大家,有一個方法,可以讓年複利
達 20%!

讀者朋友們只要會使用月風在前面幾章提到的「真實報酬
率」,你將會發現,真實報酬率的效益,遠遠在投資報酬
率之上很多很多。

複利 20%，威力大

複利的威力是很大的，那麼複利 20%，又強大到什麼地步呢？

立刻算給你看。

例：投資十萬元，年複利 20%

• 10 年：619,173 元

• 24 年：7,949,684 元

• 30 年：23,737,631 元

• 38 年：102,067,470 元——你將擁有自己的「億元人生」

問題來了，複利 20%的投資商品怎麼找？

其實不難，只要你願意好好分析篩選後的股票，「讓」真實投報率達到 20%以上，回推投資報酬率一定會達到年 20%以上。

前文中，月風已經教過大家，從「總市值」跟「稅後淨利」算出真實報酬率，但是算出真實報酬率後，要如何讓它提高呢？

關鍵就在於買點。

由於真實報酬率的計算方式，是以平均值做計算，所以，只要**買進價位低於平均值**，報酬率就會提高。

那麼，要如何找到投資買點呢？

首先，要了解股價。請以總市值除以發行張數，就可以算出股價。

接著，我們就可以倒推買點。

計算公式如下：

總市值＝總發行張數 × 股價

稅後淨利 ÷ 總市值＝真實報酬率

眼尖的讀者會發現，在前面的章節，月風在比較宏達電及亞泥時，是以當時最高總市值計算，那是因為將年份放在同一年（民國100年）。

以下，則一律以四年平均的稅後淨利，與**四年平均的總市值來計算**。

接下來，我就以前面提到的超豐和亞泥為例，算給大家看。

▌超豐

稅後淨利 ÷ 總市值＝真實報酬率

獲利八年平均1643÷ 平均總市值14381 ＝ 11.4％（真實報酬率）

由於真實報酬率是稅後淨利除以總市值，而稅後淨利是我們不能控制的，但是總市值的價格，也就是買進的價格，是我們可以改變的。

超豐 （2441） 基本資料							
				最近交易日：6/08　市值單位：百萬			
開盤價	21.8	最高價	21.8	最低價	21.5	收盤價	21.55
漲跌	＋0.05	一年內最高價	27.1	一年內最低價	18.1		
本益比	14.97	一年內最大量	23,818	一年內最低量	74	成交量	75
同業平均本益比	25.22	一年來最高本益比	16.88	一年來最低本益比	8.53	盤後量	
殖利率	5.57%	總市值	11,939	85年來最高總市值	26,526	85年來最低總市值	2,237

投資報酬率（05/30）		財務比例（101.1Q）		投資風險（05/30）		稅額扣抵率	
今年以來	-10.21%	每股淨值（元）	19.74	貝他值	0.6	2011 年	5.14%
最近一週	-2.71%	每人營收（仟元）	844.00	標準差	1.72%	2010 年	8.03%
最近一個月	-10.21%	每股營收（元）	3.67			2009 年	7.99%
最近二個月	-10.95%	負債比例	10.89%			2008 年	9.04%
最近三個月	-9.83%	股價淨值比	1.09			2007 年	7.60%

基本資料		獲利能力（101.1Q）		前一年度配股		財務預測101	公司估
股本（億,台幣）	55.4	營業毛利率	12.68%	現金股利（元）	1.2	預估營收（億）	N/A
成立時間		營業利益率	9.07%	股票股利	0	預估稅前盈餘	N/A
初次上市（櫃）日期		稅前淨利率	8.59%	盈餘配股	0	預估稅後盈餘	N/A
股務代理	元大寶來證 02-25865859	資產報酬率	1.29%	公積配股	0	預估稅前 EPS	N/A
董事長	蔡篤恭	股東權益報酬率	1.45%	現金增資（億）	N/A	預估稅後 EPS	N/A
總經理	甯鑑超			認股率（每仟股）	N/A		
發言人	陳笙			現增溢價	N/A		
營收比重	封裝 89.74%、測試 10.26%						
公司電話	037-638568						
網址	www.greatek.com.tw						
公司地址	苗栗縣竹南鎮公義路 136 號						

年度	101	100	99	98	97	96	95	94
最高總市值	14,364	16,891	19,560	18,209	20,534	26,526	18,843	16,419
最低總市值	11,856	10,047	15,458	8,729	8,417	17,072	12,468	8,757
最高本益比	17	14	17	16	9	13	12	12
最低本益比	14	7	8	4	4	7	6	6
股票股利	N/A	0	0	0	0	1	1	1
現金股利	N/A	1	2	2	2	3	3	2

資料來源／凱基期貨超級大三元軟體（AP）

從超豐的基本資料表中，我們可以看到，超豐最低總市值為八千六百萬，如果我們用同樣的獲利，除以最低的總市值八千六百，真實報酬率就會變成 19%（1643÷8600）。

看！一樣獲利不變的情況下，總市值降低，真實報酬率就會增加。

▍亞泥

再以亞泥為例，從它的基本資料原本計算出來的真實報酬率是6.9%，如果改成除以最低總市值，真實報酬率會到達 20.23%，看，是不是嚇死人的高！

亞泥（1102） 基本資料					
			最近交易日：06/08	市值單位：百萬	
開盤價	35.9	最高價	36.05	最低價 35.6	收盤價 35.95
漲跌	0	一年內最高價	48.3	一年內最低價 28.25	
本益比	11.94	一年內最大量	25,525	一年內最低量 1,482	成交量 3,408
同業平均本益比	89.43	一年來最高本益比	17.31	一年來最低本益比 8.9	盤後量 1
殖利率	7.23%	總市值	112,768	85年來最高總市值 163,808	85年來最低總市值 18,040
投資報酬率（06/08）		財務比例（101.1Q）		投資風險（06/08）	稅額扣抵率
今年以來	5.74%	每股淨值（元）	28.06	貝他值 1.11	2011年 6.19%
最近一週	2.28%	每人營收（仟元）	2,194.00	標準差 2.18%	2010年 11.69%
最近一個月	2.57%	每股營收（元）	4.24		2009年 13.33%
最近二個月	-0.14%	負債比例	46.03%		2008年 14.34%
最近三個月	0.70%	股價淨值比	1.28		2007年 10.47%

基本資料		獲利能力（101.1Q）		前一年度配股		財務預測	公司估
股本（億，台幣）	313.68	營業毛利率	8.19%	現金股利（元）	2.3	預估營收（億）	N/A
成立時間		營業利益率	4.49%	股票股利	0.3	預估稅前盈餘	N/A
初次上市（櫃）日期		稅前淨利率	14.16%	盈餘配股	0.3	預估稅後盈餘	N/A
股務代理	亞東證 02-23618608	資產報酬率	1.12%	公積配股	0	預估稅前EPS	N/A
董事長	徐旭東	股東權益報酬率	1.70%	現金增資（億）	N/A	預估稅後EPS	N/A
總經理	李坤炎			認股率（每仟股）	N/A		
發言人	周維崑			現增溢價	N/A		
營收比重	水泥 91.55%、爐石粉 5.22%、其他營業收入 3.22%						
公司電話	02-27338000						
網址	www.acc.com.tw/						
公司地址	台北市大安區敦化南路二段 207 號 30、31 樓						

年度	101	100	99	98	97	96	95	94
最高總市值	118,101	143,771	106,143	111,603	163,808	156,424	81,534	49,279
最低總市值	103,985	88,615	79,421	68,266	49,279	76,723	44,078	40,209

資料來源／凱基期貨超級大三元軟體（AP）

看到這裡，你一定會說：這根本不現實啊，怎麼可能每次買在最低點？

月風要說的是，我們真的很難買在最低的那個位置，卻可以想辦法買在相對低點，而這點是可以被計算出來的。不要忘了，買進點是我們可以控制的啊！會買進多少也是可以控制的。所以我們一定要懂得靠自己找到最好的報酬率。

利用四年平均，找到好買點

假如，你覺得 20％太難，同時也不貪心，覺得只需要 15％～ 20％即可。那麼接下來，月風要告訴大家取得真實報酬率 15％～ 20％ 的方法。

① 先選出喜歡的標的。

② 計算出目標公司的四年平均稅後淨利（四年不長不短，剛剛好）。

③ 用稅後淨利 ÷15％～ 20％ 即可得出目標買進的總市值。

④ 再用總市值 ÷ 總發行股數即可得出**目標買進股價**（**總發行股數＝總發行張數 ×1000**）。

假設 A 公司四年平均賺一百塊，一百塊除 20％就是 500，代表我可以買進的總市值是 500。假設公司股票只有 10 張，表示，當股價 50（500÷110）的時候，就是我要買進的價格。

也就是，50 元是我要買的目標價，它可以讓我有很高的機會達到年複利 20％的報酬。

接下來，讓我再舉兩個實際的例子。

▌ 大統益

- 稅後淨利 721（百萬）÷20％＝ 3605（百萬）

- 也就是總市值只要低於 3605（百萬）

- 年化報酬率就非常有機會高於 20％

- 3,605,000,000（總市值）÷159,974,000 大統益發行股數

- ＝ 22.5 元這就是大統益的買進目標價

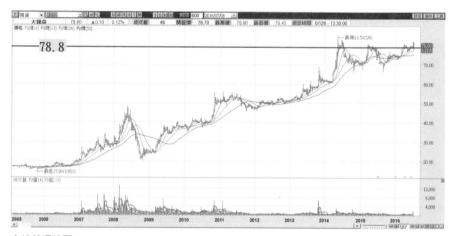

大統益週線圖

▌ 宏亞

- 稅後淨利 157.5（百萬）÷20％＝ 787.5（百萬）

- 也就是總市值只要低於 787.5（百萬）

- 年化報酬率就非常有機會高於 20％

- 787,500,000（總市值）÷98,493,000 宏亞發行股數

- ＝ 7.99 元這就是宏亞的買進目標價

宏亞（1236）） 基本資料

開盤價	22.6	最高價	22.75	最低價	22.5	收盤價	22.5
漲跌	＋0.1	一年內最高價	31.9	一年內最低價	20		
本益比	16.54	一年內最大量	4,262	一年內最低量	5	成交量	10
同業平均本益比	32.83	一年來最高本益比	30.10	一年來最低本益比	12.95	盤後量	
殖利率	6.67%	總市值	2,216	85年來最高總市值	3,053	85年來最低總市值	299

投資報酬率（06/08）		財務比例（101.1Q）		投資風險（04/21）		稅額扣抵率	
今年以來	0.45%	每股淨值（元）	14.49	貝他值	0.69	2011年	17.67%
最近一週	-0.44%	每人營收（仟元）	572.00	標準差	1.98%	2010年	22.78%
最近一個月	-6.44%	每股營收（元）	5.47			2009年	24.82%
最近二個月	-8.35%	負債比例	48.72%			2008年	35.51%
最近三個月	-8.54%	股價淨值比	1.55			2007年	34.26%

基本資料		獲利能力（101.1Q）		前一年度配股		財務預測100	公司估
股本（億,台幣）	9.85	營業毛利率	21.64%	現金股利（元）	0.5	預估營收（億）	N/A
成立時間		營業利益率	-1.01%	股票股利	1	預估稅前盈餘	N/A
初次上市（櫃）日期		稅前淨利率	-0.85%	盈餘配股	1	預估稅後盈餘	N/A
股務代理	群益金鼎證 02-27023999	資產報酬率	-0.10%	公積配股	0	預估稅前EPS	N/A
董事長	張豪城	股東權益報酬率	-0.30%	現金增資（億）	N/A	預估稅後EPS	N/A
總經理	張云綺			認股率（每仟股）	N/A		
發言人	郭正二			現增溢價	N/A		
營收比重	巧克力系列產品 71.94%、訂婚喜餅系列產品 27.07%、服務收入 0.99%						
公司電話	02-29180786						

網址	www.taipeigas.com.tw							
公司地址	新北市新店區寶興路 45 巷 8 弄 3 號 5 樓							
年度	101	100	99	98	97	96	95	94
最高總市值	2,546	3,053	2,923	1,492	1,632	1,770	1,436	1,312
最低總市值	2,172	2,020	1,432	1,010	780	1,242	1,226	1,145
最高本益比	20	30	15	12	14	28	14	10
最低本益比	13	12	10	7	6	13	8	7
股票股利	N/A	1.00	0.70	0.80	0.00	0.50	0.00	0.80

資料來源／凱基期貨超級大三元軟體（AP）

買進的位置是不是都很神奇呢？

史上最偉大的經濟人彼得林區（Peter Lynch），把股票分為六大類：緩慢成長股、穩定成長股、快速成長股、循環股、起死回生股、資產股。

如果以長期投資的角度來看，我選擇的股票通常都是緩慢成長股、穩定成長股、快速成長股這三種（因為另外三種，比較無法帶給我們長期的獲益），尤其偏重穩定跟緩慢成長股（快速成長股在成長過程中，通常也會有極大風險）。

很多人都覺得緩慢成長股太慢了，其實，麥當勞也是緩慢成長股，也依然賺錢。

每一種股票的穩定度不同，操作方式也不一樣，不是其他股票不會賺錢，而是要用其他方式，可能較偏技術面、或是短線，相對的風險也會比較高。

本書的目的，並不是告訴大家哪一種股票可以短中長通吃，而是教大家選出最穩定獲利、可以持續賺錢、增值報酬率長期維持 15％以上的公司，這類型的公司必須要有足夠的市占率，且盡量是傳統產業的股票，變化度愈低愈好。（變化度愈低又夠穩定者，表示有一定的規模，不容易被淘汰）

接下來，月風選出三間公司，針對這些公司做剖析，也再複習一下如何算出買點。

■ 買對點好放心 1 ～恆義（中華食）

說到恆義，未研究過的投資人或許會一頭霧水，但說到中華豆腐，相信沒有人不知道（目前已改名為中華食，參照報表資料，仍然採用原「恆義」名）。

沒錯，恆義正是盒裝豆腐的龍頭。

一家做盒裝豆腐的公司，究竟好在哪裡？來看看它的資料。

恆義 （4205） 基本資料							
				最近交易日：05/30　市值單位：百萬			
開盤價	32.7	最高價	32.8	最低價	32.7	收盤價	32.7
漲跌	0	一年內最高價	33.3	一年內最低價	27		
本益比	16.43	一年內最大量	264	一年內最低量	0	成交量	26
同業平均本益比	13.04	一年來最高本益比	17.77	一年來最低本益比	12.53	盤後量	

殖利率	6.12%	總市值	2,161	85年來最高總市值	2,194	85年來最低總市值	525
投資報酬率（05/30）		財務比例（101.1Q）		投資風險（05/30）		稅額扣抵率	
今年以來	13.94%	每股淨值（元）	17.30	貝他值	0.21	2011年	26.76%
最近一週	-1.06%	每人營收（仟元）	1,209.00	標準差	0.74%	2010年	35.92%
最近一個月	2.03%	每股營收（元）	4.43			2009年	35.92%
最近二個月	3.81%	負債比例	16.33%			2008年	35.99%
最近三個月	9.36%	股價淨值比	1.89			2007年	31.09%
基本資料		獲利能力（101.1Q）		前一年度配股		財務預測100	公司估
股本（億,台幣）	6.61	營業毛利率	35.39%	現金股利（元）	2	預估營收（億）	N/A
成立時間		營業利益率	16.48%	股票股利	0	預估稅前盈餘	N/A
初次上市（櫃）日期		稅前淨利率	16.78%	盈餘配股	0	預估稅後盈餘	N/A
股務代理	統一證 02-27463797	資產報酬率	3.04%	公積配股	0	預估稅前EPS	N/A
董事長	陳民權	股東權益報酬率	3.64%	現金增資（億）	N/A	預估稅後EPS	N/A
總經理		陳民生		認股率（每仟股）	N/A		
發言人		林昭敏		現增溢價	N/A		
營收比重		豆腐類 70.09%、火鍋料 19.90%、豆花類 10.01%					
公司電話		07-6515511					
網址		www.herngyih.com.tw/					
公司地址		高雄市大樹區館目路 110-6 號					
年度	101	100	99	98	97	96	95	94
最高總市值	2,194	2,075	1,976	1,592	1,508	1,827	1,088	992
最低總市值	1,890	1,890	1,553	1,100	991	1,088	945	871

資料來源／凱基期貨超級大三元軟體（AP）

恆義（4205）之股本形成

單位：億元

年度	現金增資	比重	盈餘轉增資	比重	公積及其他	比重
101	2.43	36.76%	4.18	63.24%	0	0.00%
100	2.43	36.76%	4.18	63.24%	0	0.00%
99	2.43	36.76%	4.18	63.24%	0	0.00%
98	2.43	40.43%	3.58	59.57%	0	0.00%
97	2.43	40.43%	3.58	59.57%	0	0.00%
96	2.43	40.43%	3.58	59.57%	0	0.00%
95	2.43	40.43%	3.58	59.57%	0	0.00%
94	2.43	44.10%	3.08	55.90%	0	0.00%
93	2.43	44.10%	3.08	55.90%	0	0.00%
92	2.43	44.10%	3.08	55.90%	0	0.00%
91	2.43	46.29%	2.82	53.71%	0	0.00%
90	2.43	46.29%	2.82	53.71%	0	0.00%
89	2.43	46.29%	2.82	53.71%	0	0.00%
88	2.43	46.29%	2.82	53.71%	0	0.00%
87	2.43	48.60%	2.57	51.40%	0	0.00%
86	2.43	60.75%	1.57	39.25%	0	0.00%
82	1.97	100.00%	0	0.00%	0	0.00%

資料來源／凱基期貨超級大三元軟體（AP）

恆義（4205）之股利政策

單位：元

年度	現金股利	盈餘配股	公積配股	股票股利	合計	員工配股率 %
100	2	0	0	0	2	0.00
99	2	0	0	0	2	0.00
98	1	1	0	1	2	0.00
97	1.5	0	0	0	1.5	0.00
96	1.5	0	0	0	1.5	0.00
95	1.5	0	0	0	1.5	0.00
94	0.5	0.9	0	0.9	1.4	0.00
93	1.2	0	0	0	1.2	0.00
92	1.4	0	0	0	1.4	0.00
91	1.5	0.5	0	0.5	2	0.00
90	1	0	0	0	1	0.00

89	0.8	0	0	0	0.8	0.00
88	0.8	0	0	0	0.8	0.00
87	0.5	0.5	0	0.5	1	0.00
86	0	2.5	0	2.5	2.5	0.00
85	1	8	0	8	9	0.00
84	0.5	0	0	0	0.5	0.00
83	0	0	0	0	0	0.00
82	0	0	0	0	0	0.00

資料來源／凱基期貨超級大三元軟體（AP）

恆義 （4205）之經營績效

單位：億元

年度	100	99	98	97	96	95	94	93	92	91	90	89	88	87	86	85	84
加權平均股本	7	7	6	6	6	6	5	5	5	5	5	5	5	5	4	2	2
營業收入	11.5	11.1	11.4	10.8	9.9	9.5	9.0	8.6	7.9	7.7	7.2	6.9	7.1	7.5	6.6	6.9	8.0
稅前盈餘	1.5	1.8	2.0	1.5	1.5	1.5	1.4	1.2	1.2	1.3	0.9	0.7	0.7	0.8	0.5	0.9	1.5
稅後純益	1.2	1.6	1.5	1.1	1.1	1.1	1.0	1.0	0.9	0.9	0.7	0.5	0.5	0.6	0.4	0.7	1.2
每股營收（元）	17.4	16.9	19.0	18.0	16.5	16.1	16.8	16.1	15.3	15.9	13.8	13.1	13.5	14.9	16.6	35.1	40.9
稅前EPS	2.2	2.7	3.4	2.4	2.6	2.6	2.6	2.4	2.3	2.7	1.8	1.4	1.3	1.6	1.2	4.8	7.6
稅後EPS	1.8	2.4	2.5	1.9	1.9	1.9	1.9	1.8	1.8	2.0	1.4	0.9	1.0	1.3	0.9	3.8	5.9

資料來源／凱基期貨超級大三元軟體（AP）

恆義 （4205）獲利能力分析

單位：百萬

101 年度				
季別	毛利率	營益率	稅前盈利率	稅後盈利率
一	35.39%	16.48%	16.78%	13.97%
100 年度				
季別	毛利率	營益率	稅前盈利率	稅後盈利率
四	31.36%	13.29%	11.75%	9.80%
三	34.25%	12.43%	12.76%	10.58%
二	33.89%	10.64%	13.47%	10.49%
一	31.36%	13.22%	13.60%	11.36%
99 年度				
季別	毛利率	營益率	稅前盈利率	稅後盈利率
四	39.34%	17.09%	16.09%	13.24%

三	44.22%	19.79%	20.41%	17.61%
二	27.75%	7.95%	8.57%	11.05%
一	39.02%	16.87%	17.10%	13.73%

98 年度				
季別	毛利率	營益率	稅前盈利率	稅後盈利率
四	39.98%	15.87%	16.69%	12.50%
三	42.98%	15.76%	16.39%	12.26%
二	42.37%	18.94%	19.61%	13.62%
一	40.11%	18.24%	18.85%	13.90%

97 年度				
季別	毛利率	營益率	稅前盈利率	稅後盈利率
四	37.53%	13.06%	13.62%	9.91%
三	41.47%	17.09%	17.57%	13.23%
二	38.32%	10.72%	11.19%	9.43%
一	33.10%	10.59%	11.11%	8.33%

96 年度				
季別	毛利率	營益率	稅前盈利率	稅後盈利率
四	38.65%	12.29%	12.13%	8.74%
三	41.37%	17.82%	19.08%	14.38%
二	43.09%	14.88%	15.22%	11.33%
一	38.99%	15.19%	15.71%	11.88%

95 年度				
季別	毛利率	營益率	稅前盈利率	稅後盈利率
四	39.18%	11.87%	12.37%	9.08%
三	43.91%	18.78%	18.92%	14.28%
二	43.61%	17.26%	17.68%	12.80%
一	39.49%	14.80%	15.36%	11.78%

資料來源／凱基期貨超級大三元軟體（AP）

恆義（4205）轉投資

單位：仟元；仟股

轉投資事業	投資幣別	投資成本	持股股數	持股比例	帳面價值（台幣）	會計原則
力晶科技 _C	台幣	N/A	124	N/A	136	FV 變動
元大萬泰貨幣市場 _C	台幣	N/A	2,749	N/A	40,224	FV 變動
永豐貨幣市場 _C	台幣	N/A	1,518	N/A	20,459	FV 變動
統一強棒貨幣市場 _C	台幣	N/A	1,896	N/A	30,605	FV 變動
匯豐五福全球債券 _C	台幣	N/A	425	N/A	5,019	FV 變動

匯豐富泰二號貨幣 _C	台幣	N/A	4,236	N/A	62,050	FV 變動
新東陽	台幣	N/A	25	0.03%	247	成本衡量
寶來得寶貨幣市場 _C	台幣	N/A	872	N/A	10,123	FV 變動

資料來源／凱基期貨超級大三元軟體（AP）

恆義 （4205） 籌碼分布

日期 ： 05/31

	張數	占股本比例
董監持股	22,022	33.32%
外資持股	0	
投信持股	0	0.00%
自營商持股	0	0.00%
法人合計	0	
集保庫存	66,094	100.00%
融資餘額	16	0.02%
融券餘額	0	0.00%
六日均量	27	0.04%

附註 ：

1. 大戶與散戶之籌碼比 ：
大戶 ＝ 董監 ＋ 法人持股總數
散戶 ＝ 融資餘額
2. 籌碼安定度 ：
大戶 ＝ 董監 ＋ 法人持股總數占總股
本比例
3. 由於董監可能是外資，
故股本比例總和有可能超過 100%

大戶與散戶之籌碼比

散戶 ,16, 0.07%

大戶 , 22022.002, 99.93%

■ 大戶
□ 散戶

籌碼安定度

其他 66.68 66.68%

大戶, 33.32, 33.32%

■ 大戶
■ 其他

資料來源／凱基期貨超級大三元軟體（AP）

恆義 （4205） 財務比率表（年表）

單位：%

獲利能力							
期別	100	99	98	97	96	95	94	93
淨值報酬率一稅後	10.94	14.68	15.02	11.84	12.8	13.62	13.14	12.96
營業毛利率	32.73	37.99	41.37	37.71	40.52	41.62	41.85	41.4
營業利益率	12.41	15.73	17.12	13	15.03	15.77	14.58	14.21

稅前淨利率	12.87	15.82	17.81	13.5	15.52	16.17	15.4	14.5
稅後淨利率	10.54	14.04	13.03	10.3	11.56	12.05	11.26	11.09
每股淨值（元）	16.68	16.85	16.93	15.96	15.28	14.89	14.71	14.15
每股營業額（元）	17.41	16.86	18.96	17.96	16.54	16.08	16.77	16.06
每股營業利益（元）	2.16	2.65	3.25	2.33	2.49	2.54	2.44	2.28
每股稅前淨利（元）	2.24	2.67	3.38	2.42	2.6	2.61	2.59	2.35
股東權益報酬率	10.94	14.68	15.02	11.84	12.8	13.62	13.14	12.96
資產報酬率	9.14	12.12	12.28	9.75	10.46	10.96	10.2	9.65
每股稅後淨利（元）	1.83	2.37	2.47	1.85	1.94	1.94	1.89	1.8
經營績效								
期別	100	99	98	97	96	95	94	93
營收成長率	3.28	（2.21）	5.58	8.57	4.86	5.06	5.29	8.59
營業利益成長率	（18.54）	（10.17）	39.12	（6.13）	（0.05）	13.65	8.03	6.79
稅前淨利成長率	（16.01）	（13.11）	39.25	（5.54）	0.67	10.29	11.84	5.14
稅後淨利成長率	（22.49）	5.38	33.56	（3.29）	0.62	12.48	6.83	3.04
總資產成長率	0.17	5.99	7.67	3.33	4.34	7.54	0.45	0.73
淨值成長率	（0.98）	9.47	6.08	4.47	4.62	10.85	4.87	5.98
固定資產成長率	（1.16）	5.77	（2.95）	（11.20）	（7.95）	（14.38）	（13.64）	（13.08）
償債能力								
期別	100	99	98	97	96	95	94	93
流動比率	423.14	445.88	372.76	380.92	364.05	335.75	255.79	156.71
速動比率	398.32	422.36	354.36	360.01	344.25	319.47	237.34	142.47
負債比率	17.57	16.61	19.27	18.06	18.96	19.17	21.59	24.88
利息保障倍數	137.48	163.04	197.03	97.17	112.36	106.16	87.39	59.81

資料來源／凱基期貨超級大三元軟體（AP）

恆義（4205）資產負債表（年表）

單位：百萬

期別	100	99	98	97	96	95	94	93
現金及約當現金	459	421	368	296	235	191	139	76
短期投資	173	169	189	169	191	189	130	73
應收帳款及票據	134	116	128	123	110	115	109	128
其他應收款	0	0	0	0	0	0	0	0
短期借支	0	0	0	0	0	0	0	0
存貨	32	28	28	29	26	23	26	23
在建工程	N/A	N/A	N/A	N/A	N/A	N/A	N/A	N/A
預付費用及預付款	14	8	3	1	2	1	2	3

其他流動資產	2	3	4	3	3	2	2	2
流動資產	814	745	722	621	567	521	408	305
長期投資	0	0	0	0	39	23	28	94
土地成本	304	304	264	267	267	267	267	267
房屋及建築成本	206	202	172	170	170	170	169	169
機器及儀器設備成本	154	175	171	261	269	267	325	327
其他設備成本	202	222	220	281	281	275	278	277
固定資產重估增值	0	0	0	0	0	0	0	0
固定資產累計折舊	-417	-449	-421	-565	-553	-533	-562	-528
固定資產損失準備	0	0	0	0	0	0	0	0
未完工程及預付款	6	2	1	1	0	2	0	1
固定資產	454	456	407	415	433	448	478	512
遞延資產	2	1	1	2	2	4	5	4
無形資產	0	0	0	0	1	0	0	0
什項資產	67	132	130	132	89	90	90	91
其他資產	69	134	131	134	93	94	95	95
資產總額	1,338	1,336	1,260	1,170	1,133	1,085	1,009	1,005
短期借款	0	0	0	0	0	0	0	20
應付商業本票	0	0	0	0	0	0	0	10
應付帳款及票據	106	104	95	90	84	82	83	75
應付費用	55	55	59	52	47	47	49	44
預收款項	0	0	0	0	0	0	0	0
其他應付款	0	1	0	0	2	4	3	25
應付所得稅	26	5	34	16	19	21	22	18
一年內到期長期負債	0	0	0	0	0	0	0	0
其他流動負債	6	2	5	6	4	1	2	2
流動負債	192	167	194	163	156	155	160	195
長期負債	0	0	0	0	0	0	0	0
遞延貨項	0	0	0	0	0	0	0	0
退休金準備	0	0	0	0	14	8	10	8
遞延所得稅	7	18	11	15	14	15	17	19
土地增值稅準備	0	0	0	0	0	0	0	0
各項損失準備	0	0	0	0	0	0	0	0
什項負債	36	36	38	33	31	30	32	29
其他負債及準備	43	55	49	48	59	53	58	56
負債總額	235	222	243	211	215	208	218	250

股東權益總額	1,103	1,114	1,017	959	918	877	792	755
普通股股本	661	661	601	601	601	601	551	551
特別股股本	0	0	0	0	0	0	0	0
資本公積	52	52	52	52	52	35	33	29
法定盈餘公積	166	150	136	124	113	102	91	82
特別盈餘公積	0	0	0	26	20	19	16	13
未分配盈餘	224	250	229	156	158	151	133	115
長期投資評價損失	0	0	0	0	0	0	0	0
負債及股東權益總額	1,338	1,336	1,260	1,170	1,133	1,085	1,009	1,005

資料來源／凱基期貨超級大三元軟體（AP）

恆義（4205）損益表（年表）

單位：百萬

年	100	99	98	97	96	95	94	93
營業收入淨額	1,151	1,114	1,139	1,079	994	948	902	857
營業成本	774	691	668	672	591	553	525	502
營業毛利	377	423	471	407	403	395	378	355
聯屬公司已（未）實現銷	0	0	0	0	0	0	0	0
營業費用	234	248	276	267	253	245	246	233
營業利益	143	175	195	140	149	149	132	122
利息收入	1	0	0	0	1	0	0	0
投資收入／股利收入	0	0	0	0	0	0	0	0
處分投資利得	0	0	0	0	0	0	0	0
投資跌價損失回轉	0	1	1	1	3	2	2	0
處分資產利得	0	0	1	0	0	0	0	0
存貨跌價損失回轉	0	0	0	0	0	0	0	0
兌換盈益	0	0	0	0	0	0	0	0
其他收入	6	1	8	7	4	5	11	7
營業外收入合計	7	3	10	8	8	7	13	7
利息支出	1	1	1	2	1	1	2	2
投資損失	0	0	0	0	1	1	0	1
處分投資損失	0	0	0	0	0	0	1	0
投資跌價損失	0	0	0	0	0	0	2	0
處分資產損失	0	0	0	0	0	0	0	0
兌換損失	0	0	0	0	0	0	0	0
資產評價損失	0	0	0	0	0	0	0	0
其他損失	0	1	1	1	1	1	1	1

營業外支出合計	1	2	2	2	3	4	5	4
稅前淨利	148	176	203	146	154	153	139	124
所得稅費用	27	20	54	35	39	40	37	29
經常利益	121	156	148	111	115	114	102	95
停業部門損益	0	0	0	0	0	0	0	0
非常項目	0	0	0	0	0	0	0	0
累計影響數	0	0	0	0	0	1	0	0
本期稅後淨利	121	156	148	111	115	114	102	95
每股盈餘（元）	1.83	2.37	2.47	1.85	1.94	1.94	1.89	1.8
加權平均股本	661	661	601	601	594	588	536	528
當季特別股息負債	0	0	0	0	0	0	0	0

資料來源／凱基期貨超級大三元軟體（AP）

恆義（4205）現金流量表（年表）

單位：百萬

期別	100	99	98	97	96	95	94	93
稅後淨利	121	156	148	111	115	114	102	95
不動用現金之非常損益	0	0	0	0	0	-1	0	0
折舊	16	19	20	25	27	35	39	42
攤提	1	1	2	2	2	2	2	2
投資收益 - 權益法	0	0	0	0	0	0	0	0
投資損失 - 權益法	0	0	0	0	1	1	0	1
現金股利收入 - 權益法	0	0	0	0	10	3	5	3
短期投資處分損（益）	0	0	0	0	0	0	2	0
固定資產處分損（益）	0	0	-1	0	0	0	0	0
長期投資處分損（益）	0	-1	-1	-1	-3	-2	2	0
準備提列（迴轉）	0	0	0	-30	0	-2	-1	2
應收帳款（增）減	-18	12	-6	-13	6	-6	19	-1
存貨（增）減	-4	0	1	-3	-3	3	-3	-1
應付帳款（增）減	2	9	5	6	2	-1	7	13
其他調整項 - 營業	4	-12	0	25	-4	-5	-13	-4
來自營運之現金流量	123	185	169	121	151	143	160	151
短期投資出售（新購）	0	0	0	0	0	-56	-59	-26
出售長期投資價款	0	0	0	39	1	7	68	0

長期投資（新增）	0	0	0	0	0	0	0	0
處分固定資產價款	0	0	4	1	0	1	1	0
固定資產（購置）	-15	-10	-15	-6	-12	-5	-6	-5
其他調整項 - 投資	63	-61	1	-1	-2	-2	-3	0
投資活動之現金流量	48	-71	-11	33	-12	-56	2	-31
現金增資	0	0	0	0	0	0	0	0
支付現金股利	-132	-60	-90	-90	-90	-28	-66	-77
支付董監酬勞員工紅利	0	0	0	-6	-6	-5	-5	-4
短期借款新增（償還）	0	0	0	0	0	0	-30	-50
長期借款新增（償還）	0	0	0	0	0	0	0	0
發行公司債	0	0	0	0	0	0	0	0
償還公司債	0	0	0	0	0	0	0	0
庫藏股票減（增）	0	0	0	0	0	0	0	0
其他調整項 - 理財	-1	-1	4	2	1	-2	3	-1
理財活動之現金流量	-133	-61	-86	-94	-95	-34	-98	-131
匯率影響數	0	0	0	0	0	0	0	0
本期產生現金流量	38	52	73	60	44	52	63	-11
期初現金約當現金	421	368	296	235	191	139	76	87
期末現金及約當現金	459	421	368	296	235	191	139	76
本期支付利息	1	1	1	2	1	1	2	2
本期支付所得稅	17	51	39	37	42	44	36	26

[說明] 上列會計科目中，投資收益 - 權益法、長期投資（新增）、固定資產（購置）、支付現金股利與支付董監酬勞員工紅利等科目視為現金流出。

資料來源／凱基期貨超級大三元軟體（AP）

　　恆義的股利政策很穩定，而且從來沒有配股給員工。EPS 也非常穩定，連金融海嘯都沒有影響到他們。這家公司的董監持股 35.21％（截稿時間前），營業毛利率非常高，重點是流動速動比很高。手上有三四億的現金，沒有任何的負債，是不是完全勝過我們剛剛看的所有公司？

這家公司負債低利潤高，業外收入支出都很少，完全專注在本業上，現金僅在採購跟股利上，並沒有花在奇怪的地方，且現金一直在增加，就是一個好公司該有的樣子。

現在，讓我們來算算看，這家公司到底可以讓我們獲利多少？

恆義（4205）四年平均稅後淨利								
利息支出	1	1	1	2	1	1	2	2
投資損失	0	0	0	0	1	1	0	1
處分投資損失	0	0	0	0	0	0	1	0
投資跌價損失	0	0	0	0	0	0	2	0
處分資產損失	0	0	0	0	0	0	0	0
兌換損失	0	0	0	0	0	0	0	0
資產評價損失	0	0	0	0	0	0	0	0
其他損失	0	1	1	1	1	1	1	1
營業外支出合計	1	2	2	2	3	4	5	4
稅前淨利	148	176	203	146	154	153	139	124
所得稅費用	27	20	54	35	39	40	37	29
經常利益	121	156	148	111	115	114	102	95
停業部門損益	0	0	0	0	0	0	0	0
非常項目	0	0	0	0	0	0	0	0
累計影響數	0	0	0	0	0	1	0	0
本期稅後淨利	121	156	148	111	115	114	102	95
每股盈餘（元）	1.83	2.37	2.47	1.85	1.94	1.94	1.89	1.8
加權平均股本	661	661	601	601	594	588	536	528
當季特別股息負債	0	0	0	0	0	0	0	0

資料來源／凱基期貨超級大三元軟體（AP）

▲四年平均稅後淨利 134

恆義（4205）集保庫存明細				
日期	集保張數	和上週相比	發行張數	百分比
06/01	66,094	0	66,095	100%
05/25	66,094	0	66,095	100%
05/18	66,094	0	66,095	100%
05/11	66,094	0	66,095	100%

05/04	66,094	0	66,095	100%
04/27	66,094	0	66,095	100%
04/20	66,094	0	66,095	100%
04/13	66,094	0	66,095	100%
04/06	66,094	0	66,095	100%
03/30	66,094	0	66,095	100%
03/16	66,094	0	66,095	100%
03/09	66,094	0	66,095	100%
03/03	66,094	N/A	66,095	100%

[說明] 上表中 [集保張數] 資料來自集保公司，其包含可轉債與員工認股轉換普通股但不含私募，而 [發行張數] 資料來自證交所，當可轉債與員工認股轉換普通股，但公司尚未向交易所申請導致未認列時，上表比率有可能超過 100%。

資料來源／凱基期貨超級大三元軟體（AP）

▲ 總發行張數 66,095×1,000 ＝ 66,095,000

◎步驟一：先求出四年稅後淨利

（121 ＋ 156 ＋ 148 ＋ 111）÷4 ＝ 134（百萬）

◎步驟二：求出總市值

總市值為總發行張數 ×1000 股＝ 66095000

◎步驟三：找到 15%～ 20%的總市值

134÷（15%～ 20%）＝ 893 ～ 670（百萬）

也就是總市值只要低於 893 ～ 670（百萬），年化報酬率就非常有機會高於 15%～ 20%。

◎步驟四：找買進目標

15% ＝ 893,000,000（總市值）÷66,095,000 總發行股數＝ 13.5 元

20% ＝ 670,000,000（總市值）÷66,095,000 總發行股數＝ 10.13 元

即：10.13 ～ 13.5 元，就是恆義的買進目標價！當買進後，如果公司成長夠穩定，就可以一直放。

▌買對點好放心 2 ～中碳

　　中碳是中鋼的子公司，盈餘轉增資 57%，收入非常穩定，獲利能力也穩定。以下是他們的相關資料圖表。

中碳（1723）基本資料							
					最近交易日：05/30　市值單位：百萬		
開盤價	134.5	最高價	134.5	最低價	132.5	收盤價	133
漲跌	-1.5	一年內最高價	173	一年內最低價	109		
本益比	14.47	一年內最大量	4,785	一年內最低量	166	成交量	313
同業平均本益比	24.26	一年來最高本益比	19.43	一年來最低本益比	11.43	盤後量	1
殖利率	6.02%	總市值	31,508	85年來最高總市值	43,472	85年來最低總市值	2,770
投資報酬率（05/30）		財務比例（101.1Q）		投資風險（05/30）		稅額扣抵率	
今年以來	15.15%	每股淨值（元）	29.60	貝他值	0.8	2011年	17.75%
最近一週	1.53%	每人營收（仟元）	15,892.00	標準差	1.87%	2010年	18.64%
最近一個月	-2.56%	每股營收（元）	9.94			2009年	23.62%
最近二個月	-5.00%	負債比例	14.83%			2008年	25.71%
最近三個月	-5.00%	股價淨值比	4.49			2007年	29.28%
基本資料		獲利能力（101.1Q）		前一年度配股		財務預測100	公司估
股本（億，台幣）	23.69	營業毛利率	29.84%	現金股利（元）	8	預估營收（億）	N/A
成立時間		營業利益率	26.10%	股票股利	0	預估稅前盈餘	N/A
初次上市（櫃）日期		稅前淨利率	27.21%	盈餘配股	0	預估稅後盈餘	N/A
股務代理	群益金泰證 02-27023993	資產報酬率	6.76%	公積配股	0	預估稅前EPS	N/A

董事長		鐘喬民	股東權益報酬率	7.96%	現金增資（億）	N/A	預估稅後EPS	N/A
總經理		王茂根			認股率（每仟股）	N/A		
發言人		吳國禎			現增溢價	N/A		
營收比重		化學品及其他收入 100.00%						
公司電話		07-3383515						
網址		www.cscc.com.tw						
公司地址		高雄市苓雅區中華四路 47 號 5 樓						
年度	101	100	99	98	97	96	95	94
最高總市值	33,996	43,472	29,731	21,700	21,428	20,892	11,162	10,344
最低總市值	26,770	25,941	19,142	11,916	10,187	11,099	8,393	8,241

資料來源／凱基期貨超級大三元軟體（AP）

中碳（1723）之股本形成

單位：億元

年度	現金增資	比重	盈餘轉增資	比重	公積及其他	比重
101	10.62	44.83%	13.07	55.17%	0	0.00%
100	10.62	44.83%	13.07	55.17%	0	0.00%
99	10.62	44.83%	13.07	55.17%	0	0.00%
98	10.62	44.83%	13.07	55.17%	0	0.00%
97	10.62	44.83%	13.07	55.17%	0	0.00%
96	10.62	47.54%	11.72	52.46%	0	0.00%
95	10.62	50.33%	10.48	49.67%	0	0.00%
94	10.62	52.19%	9.73	47.81%	0	0.00%
93	10.62	53.91%	9.08	46.09%	0	0.00%
92	10.62	55.63%	8.47	44.37%	0	0.00%
91	10.62	57.19%	7.95	42.81%	0	0.00%
90	10.62	60.51%	6.93	39.49%	0	0.00%
89	10.62	67.09%	5.21	32.91%	0	0.00%
88	10.62	74.01%	3.73	25.99%	0	0.00%
87	10.62	74.01%	3.73	25.99%	0	0.00%
86	10.62	89.32%	1.27	10.68%	0	0.00%
83	10.62	100.00%	0	0.00%	0	0.00%

資料來源／凱基期貨超級大三元軟體（AP）

中碳（1723）之經營績效

單位：億元

年度	100	99	98	97	96	95	94	93	92	91	90	89	88	87	86	85	84
加權平均股本	23	23	23	23	22	21	20	19	19	18	18	16	14	14	12	11	11
營業收入	89.2	80.4	48.7	75.4	50.6	42.9	40.6	39.8	29.6	27.0	24.8	27.5	20.4	18.3	17.2	12.2	11.2
稅前盈餘	26.4	22.4	15.5	18.0	18.5	15.1	13.2	14.2	10.5	6.9	6.4	6.9	3.4	3.3	3.6	2.2	1.1
稅後純益	22.5	19.1	13.0	14.4	14.5	12.2	10.6	11.1	8.5	5.6	5.1	5.7	2.8	2.7	3.0	1.9	1.3
每股營收（元）	38.7	34.9	21.2	32.8	23.4	21.0	20.6	20.9	16.0	15.1	14.1	17.4	14.2	12.8	14.4	11.4	10.5
稅前 EPS	11.5	9.7	6.7	7.8	8.5	7.4	6.7	7.5	5.7	3.9	3.6	4.4	2.4	2.3	3.0	2.1	1.1
稅後 EPS	9.8	8.3	5.6	6.3	6.7	5.9	5.4	5.8	4.6	3.1	2.9	3.6	2.0	1.9	2.5	1.8	1.2

資料來源／凱基期貨超級大三元軟體（AP）

中碳（1723）獲利能力分析

單位：百萬

季別	毛利率	營益率	稅前盈利率	稅後盈利率
101 年度				
一	29.56%	25.95%	27.35%	23.36%
100 年度				
四	30.91%	25.82%	28.58%	23.19%
三	31.35%	27.44%	32.05%	27.54%
二	29.70%	26.85%	29.33%	25.53%
一	30.38%	26.54%	28.53%	24.50%
99 年度				
四	28.77%	24.61%	25.95%	22.34%
三	30.48%	26.24%	27.42%	23.39%
二	32.47%	28.44%	29.44%	25.10%
一	32.50%	27.40%	29.07%	24.71%

資料來源／凱基期貨超級大三元軟體（AP）

中碳（1723）轉投資

單位：仟元；仟股

轉投資事業	投資幣別	投資成本	持股股數	持股比例	帳面價值（台幣）	會計原則
Ever Glory International Co.,Ltd.	台幣	39,920	0	100.00%	364,223	權益法
JF 第一貨幣市場 _C	台幣	N/A	4,092	N/A	60,086	FV 變動

United Steel Investment Pte.Ltd.（SGP	台幣	68,838	2,450	5.00%	99,412	權益法
中科創業投資	台幣	N/A	486	3.00%	4,862	成本衡量
中國鋼鐵 _C	台幣	N/A	754	N/A	22,740	備供出售
中國鋼鐵 97 年度第二次無擔保公司債 --_C	台幣	N/A	N/A	N/A	25,000	持至到期
中國鋼鐵 97 年度第二次無擔保公司債 -- 甲	台幣	N/A	N/A	N/A	25,000	持至到期
中國鋼鐵結構	台幣	13,675	600	N/A	13,377	權益法
中華開發金融控股 _C	台幣	N/A	133	N/A	1,201	FV 變動
中鋼特 _C	台幣	N/A	229	N/A	9,023	備供出售
中聯資源	台幣	91,338	13,654	6.00%	254,335	權益法
元大萬泰貨幣市場 _C	台幣		6,835	N/A	100,029	FV 變動
元大證券 - 川湖第二次連結債 _C	台幣	N/A	N/A	N/A	40,477	FV 變動
元大證券 - 正文第三次連結債 _C	台幣	N/A	N/A	N/A	50,614	FV 變動
元大證券 - 強茂第五次連結債 _C	台幣	N/A	N/A	N/A	18,725	FV 變動
元大證券 - 億光第四次連結債 _C	台幣	N/A	N/A	N/A	16,388	FV 變動
元大證券 - 廣運機械第四次連結債 _C	台幣	N/A	N/A	N/A	47,670	FV 變動
台企銀金融債券	台幣	N/A	N/A	N/A	50,000	無活絡債
台安生物科技	台幣	2,295	222	5.00%	2,606	權益法
未來所羅門貨幣 _C	台幣	N/A	4,103	N/A	50,036	FV 變動
永豐新高收債組 A_C	台幣	N/A	1,500	N/A	14,927	FV 變動
立慶隆投資	台幣	7,000	700	35.00%	16,260	權益法
安泰 ING 貨幣市場 _C	台幣	N/A	1,272	N/A	20,246	FV 變動
宏利中國離岸債 A_C	台幣	N/A	2,000	N/A	20,032	FV 變動
亞太電信	台幣	N/A	1,000	N/A	0	成本衡量
尚揚創業投資	台幣	23,520	2,352	6.00%	30,916	權益法
保德信亞新興債 A_C	台幣	N/A	2,000	N/A	20,089	FV 變動
高科磁技	台幣	47,950	1,801	15.00%	38,493	權益法
高瑞投資	台幣	15,070	1,196	40.00%	28,714	權益法
國光生物科技	台幣	N/A	1,499	1.00%	30,860	成本衡量
國泰台灣貨幣市場 _C	台幣	N/A	4,982	N/A	60,137	FV 變動
啟航創業投資	台幣	50,000	5,000	5.00%	49,423	權益法
凱基凱旋貨幣市場 _C	台幣	N/A	11,604	N/A	130,065	FV 變動
富邦策略高收債 A_C	台幣	N/A	500	N/A	5,001	FV 變動
景裕國際	台幣	300,083	81,133	100.00%	867,204	權益法
華亞科技 _C	台幣	N/A	419	N/A	3,660	FV 變動
華南永昌麒麟貨幣 _C	台幣	N/A	3,023	N/A	35,063	FV 變動

新光增長收益 _C	台幣	N/A	500	N/A	4,880	FV 變動
運鴻投資	台幣	450,000	52,686	9.00%	551,940	權益法
得銀亞洲債 A_C	台幣	N/A	1,500	N/A	14,840	FV 變動
寶來全球 ETF 組合 _C	台幣	N/A	2,000	N/A	20,109	FV 變動
寶來全球國富債 A_C	台幣	N/A	1,000	N/A	9,914	FV 變動
寶來證券 - 威剛第五次連結債 _C	台幣	N/A	N/A	N/A	10,057	FV 變動

資料來源／凱基期貨超級大三元軟體（AP）

中碳 （1723） 籌碼分布

日期 ： 05/31

	張數	占股本比例
董監持股	83,414	35.21%
外資持股	18,368	
投信持股	4,401	1.86%
自營商持股	1,198	0.51%
法人合計	23,968	
集保庫存	236,904	100.00%
融資餘額	1,381	0.58%
融券餘額	126	0.05%
六日均量	376	0.16%

附註 ：

1. 大戶與散戶之籌碼比 ：
   大戶 = 董監 + 法人持股總數
   散戶 = 融資餘額
2. 籌碼安定度 ：
   大戶 = 董監 + 法人持股總數占總
   股本比例
3. 由於董監可能是外資，
   故股本比例總和有可能超過 100%

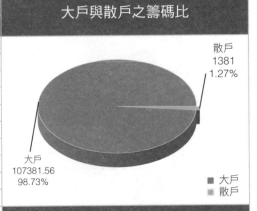

大戶與散戶之籌碼比

散戶
1381
1.27%

大戶
107381.56
98.73%

■ 大戶
■ 散戶

籌碼安定度

大戶
45.33
45.33%

其他
54.67
54.67%

■ 大戶
■ 其他

資料來源／凱基期貨超級大三元軟體（AP）

中碳 （1723）董監事經理人及大股東持股明細

資料日期：101/04

選任日期：99/06/17

職稱	姓名 / 法人名稱	持股張數	持股比例	質押張數	質押比率
監察人	中鼎（股）- 余俊彥	2,427	1.02%	0	0.00%
董事	中橡（股）- 彭雄傑	11,759	4.96%	0	0.00%
董事	中橡（股）- 辜成允	11,759	4.96%	0	0.00%

董事兼總經理	中鋼（股）- 王茂根	68,787	29.04%	0	0.00%
董事	中鋼（股）- 邱進財	68,787	29.04%	0	0.00%
董事	中鋼（股）- 張簡國禎	68,787	29.04%	0	0.00%
董事	中鋼（股）- 鄒若齊	68,787	29.04%	0	0.00%
董事長	中鋼（股）- 鐘樂民	68,787	29.04%	0	0.00%
大股東	公務退撫基金	4,316	1.82%	0	0.00%
協理	方明達	290	0.01%	0	0.00%
協理	王志明	0	0.00%	0	0.00%

資料來源／凱基期貨超級大三元軟體（AP）

中碳（1723）財務比率表（年表）

單位：%

獲利能力

期別	100	99	98	97	96	95	94	93
淨值報酬率—稅後	37.36	35.03	26.58	30.99	32.86	31.20	30.12	34.47
營業毛利率	30.58	30.93	33.46	26.34	37.04	35.15	34.20	36.72
營業利益率	26.67	26.59	27.77	21.75	31.35	29.43	27.87	31.00
稅前淨利率	29.61	27.87	31.79	23.83	36.49	35.29	32.62	35.72
稅後淨利率	25.2	23.81	26.63	19.15	28.65	28.35	26.04	27.79
每股淨值（元）	27.16	25.11	22.4	20.05	21.71	20.13	18.36	17.89
每股營業額（元）	38.74	34.94	21.19	32.79	23.36	20.97	20.58	20.85
每股營業利益（元）	10.33	9.29	5.88	7.13	7.32	6.17	5.74	6.46
每股稅前淨利（元）	11.47	9.74	6.74	7.81	8.52	7.40	6.71	7.45
股東權益報酬率	37.36	35.03	26.58	30.99	32.86	31.20	30.12	34.47
資產報酬率	31.48	29.93	23	26.64	28.57	25.84	20.42	19.23
每股稅後淨利（元）	9.76	8.32	5.64	6.28	6.69	5.94	5.36	5.80

經營績效

期別	100	99	98	97	96	95	94	93
營收成長率	10.89	64.94	-35.37	48.92	17.99	5.69	2.00	34.59
營業利益成長率	11.23	57.96	-17.47	3.29	25.71	11.57	-8.29	50.58
稅前淨利成長率	17.81	44.61	-13.76	-2.75	21.99	14.35	-6.86	35.36
稅後淨利成長率	17.37	47.51	-10.15	-0.43	19.24	15.04	-4.41	30.55
總資產成長率	6.28	17.94	8.39	-0.71	15.45	1.54	-19.38	-1.17
淨值成長率	8.16	12.17	11.7	-2.04	14.29	13.68	6.09	13.76
固定資產成長率	33.39	13.64	12.67	41.33	15.57	4.03	27.25	70.57

償債能力

期別	100	99	98	97	96	95	94	93

流動比率	282.16	267.22	372.9	343.5	388.81	390.56	236.28	178.63
速動比率	232.44	238.97	321.93	309.05	366.01	349.85	208.64	172.93
負債比率	15.09	16.57	12.28	14.87	13.72	12.83	22.14	40.83
利息保障倍數	1,007.77	1,739.36	1,375.85	328.46	332.71	286.60	211.96	103.12

經營能力								
期別	100	99	98	97	96	95	94	93
應收帳款週轉率（次）	14.46	13.73	12.49	23.75				
存貨週轉率（次）	18	24.45	17.27	37.71				
固定資產週轉率（次）	6.36	7	4.74	9.24				
總資產週轉率（次）	1.25	1.26	0.86	1.39				
員工平均營業額（千元）	61484	61369	38379	59378				
淨值週轉率	1.48	1.47	1	1.62				

資本結構								
期別	100	99	98	97	96	95	94	93
負債對淨值比率	17.77	19.86	13.99	17.47				
長期資金適合率	393.84	475.22	475.87	473.12				

資料來源／凱基期貨超級大三元軟體（AP）

中碳（1723）資產負債表（年表）

單位：百萬

期別	100	99	98	97	96	95	94	93
現金及約當現金	1,154	412	139	779	1,010	416	383	293
短期投資	570	1,449	1,452	1,076	990	1,167	1,427	3,488
應收帳款及票據	599	634	537	244	391	336	215	194
其他應收款	15	7	14	181	9	4	9	9
短期借支	0	0	0	0	0	0	0	0
存貨	441	247	207	169	126	194	128	94
在建工程	N/A	N/A	N/A	N/A	N/A	N/A	N/A	N/A
預付費用及預付款	18	11	30	6	12	9	7	7
其他流動資產	42	38	102	79	17	21	135	30
流動資產	2,839	2,798	2,480	2,535	2,645	2,147	2,303	4,115
長期投資	2,373	2,345	2,208	1,795	2,062	1,919	1,723	1,132
土地成本	105	105	105	107	44	44	44	44
房屋及建築成本	370	297	239	221	221	222	140	138
機器及儀器設備成本	2,741	2,450	2,125	1,961	1,979	1,958	1,915	1,719
其他設備成本	130	97	73	66	57	57	48	41
固定資產重估增值	0	0	0	0	0	0	0	0

固定資產累計折舊	-2,046	-2,029	-1,964	-1,866	-1,816	-1,733	-1,689	-1,664
固定資產損失準備	0	0	0	0	0	0	0	0
未完工程及預付款	287	295	505	487	173	27	97	168
固定資產	1,587	1,216	1,083	975	658	575	555	445
遞延資產	16	26	35	42	26	21	11	14
無形資產	2	3	2	3	0	0	0	0
什項資產	543	538	65	68	66	65	62	66
其他資產	562	567	102	113	92	85	73	80
資產總額	7,361	6,926	5,873	5,418	5,457	4,726	4,654	5,773
短期借款	135	204	0	8	55	27	573	406
應付商業本票	0	0	0	0	0	0	0	0
應付帳款及票據	300	274	352	309	226	191	125	150
應付費用	275	229	182	196	131	148	172	193
預收款項	18	16	18	25	2	0	5	2
其他應付款	37	90	4	25	15	0	0	0
應付所得稅	238	225	103	168	243	177	96	209
一年內到期長期負債	0	0	0	0	0	0	0	0
其他流動負債	4	10	6	7	8	6	4	4
流動負債	1,006	1,047	665	738	680	550	975	2,304
長期負債	0	0	0	0	0	0	0	0
遞延貸項	0	0	0	0	0	0	0	0
退休金準備	105	100	56	68	68	57	56	54
遞延所得稅	0	0	0	0	0	0	0	0
土地增值稅準備	0	0	0	0	0	0	0	0
各項損失準備	0	0	0	0	0	0	0	0
什項負債	0	0	0	0	0	0	0	0
其他負債及準備	105	100	56	68	68	57	56	54
負債總額	1,111	1,148	721	806	748	607	1,030	2,357
股東權益總額	6,250	5,778	5,152	4,612	4,708	4,120	3,624	3,416
普通股股本	2,369	2,369	2,369	2,369	2,234	2,110	2,035	1,970
特別股股本	0	0	0	0	0	0	0	0
資本公積	432	363	314	282	167	139	114	85
法定盈餘公積	1,306	1,114	984	840	695	573	467	357
特別盈餘公積	100	100	301	0	10	14	35	6
未分配盈餘	2,337	1,987	1,328	1,577	1,575	1,320	1,142	1,189
長期投資評價損失	-64	64	12	-307	195	129	0	0
負債及股東權益總額	7,361	6,926	5,873	5,418	5,457	4,726	4,654	5,773

資料來源／凱基期貨超級大三元軟體（AP）

中碳（1723）損益表（年表）

單位：百萬

年	100	99	98	97	96	95	94	93
營業收入淨額	8,915	8,039	4,874	7,541	5,064	4,292	4,061	3,981
營業成本	6,189	5,553	3,243	5,555	3,188	2,783	2,672	2,519
營業毛利	2,726	2,487	1,631	1,986	1,876	1,509	1,389	1,462
聯屬公司已（未）實現銷	0	0	0	0	0	0	0	0
營業費用	348	349	277	346	288	246	257	228
營業利益	2,378	2,138	1,353	1,640	1,588	1,263	1,132	1,234
利息收入	17	13	15	33	17	9	6	6
投資收入／股利收入	153	129	121	87	190	179	155	178
處分投資利得	0	0	0	20	0	0	28	64
投資跌價損失回轉	0	0	19	0	22	32	0	0
處分資產利得	0	0	0	0	0	0	0	2
存貨跌價損失回轉	0	0	0	0	0	0	10	0
兌換盈益	0	0	0	29	0	0	2	0
其他收入	108	23	47	48	63	44	16	16
營業外收入合計	278	166	203	216	292	265	218	265
利息支出	3	1	1	5	6	5	6	14
投資損失	0	0	0	0	0	0	0	0
處分投資損失	0	0	0	0	0	0	0	0
投資跌價損失	0	0	1	52	23	4	15	0
處分資產損失	0	0	0	0	0	1	1	4
兌換損失	7	13	3	0	0	2	0	30
資產評價損失	0	0	0	0	2	0	0	5
其他損失	6	48	1	2	1	0	3	24
稅前淨利	2,640	2,241	1,549	1,797	1,848	1,515	1,324	1,422
所得稅費用	393	326	252	352	397	307	264	316
經常利益	2,247	1,914	1,298	1,444	1,451	1,208	1,060	1,106
停業部門損益	0	0	0	0	0	0	0	0
非常項目	0	0	0	0	0	0	0	0
累計影響數	0	0	0	0	0	9	-3	0
本期稅後淨利	2,247	1,914	1,298	1,444	1,451	1,217	1,057	1,106
每股盈餘（元）	9.76	8.32	5.64	6.28	6.69	5.94	5.36	5.8
加權平均股本	2,301	2,300	2,300	2,300	2,168	2,047	1,973	1,909
當季特別股息負債	0	0	0	0	0	0	0	0

資料來源／凱基期貨超級大三元軟體（AP）

中碳（1723）現金流量表（年表）

單位：百萬

期別	100	99	98	97	96	95	94	93
稅後淨利	2,247	1,914	1,298	1,444	1,451	1,217	1,057	1,106
不動用現金之非常損益	0	0	0	0	0	-9	0	0
折舊	183	160	116	101	104	98	62	54
攤提	0	0	0	0	0	0	0	0
投資收益－權益法	-153	-129	-121	-87	-183	-173	-144	-171
投資損失－權益法	0	0	0	0	0	0	0	0
現金股利收入－權益法	63	66	74	111	91	96	72	113
短期投資處分損（益）	0	0	0	0	0	0	0	0
固定資產處分損（益）	0	0	0	0	0	0	0	0
長期投資處分損（益）	0	3	-18	31	1	-28	-13	-64
準備提列（迴轉）	-12	10	-2	10	9	2	9	7
應收帳款（增）減	35	-98	-293	147	-55	-121	-21	-30
存貨（增）減	-193	-40	-39	-43	68	-66	-34	-18
應付帳款增（減）	26	-78	43	83	35	66	-25	52
其他調整項－營業	65	240	41	-214	35	39	-121	106
來自營運之現金流量	2,261	2,049	1,098	1,585	1556	1121	843	1156
短期投資出售（新購）	887	-86	-322	84	217	320	1969	346
出售長期投資價款	1	128	0	0	9	128	21	4
長期投資（新增）	0	0	-98	-168	-80	0	-508	0
處分固定資產價款	0	0	0	0	0	0	0	0
固定資產（購置）	-633	-696	-222	-418	-188	-117	-172	-236
其他調整項－投資	0	1	13	-101	0	0	6	5
投資活動之現金流量	255	-653	-629	-603	-42	331	1316	119
現金增資	0	0	0	0	0	0	0	0

支付現金股利	-1,704	-1,326	-1,101	-1,116	-907	-855	-887	-687
支付董監酬勞員工紅利	0	0	0	-49	-41	-18	-10	-8
短期借款新增（償還）	-68	204	-8	-47	28	-546	-1173	-619
長期借款新增（償還）	0	0	0	0	0	0	0	-3
發行公司債	0	0	0	0	0	0	0	0
償還公司債	0	0	0	0	0	0	0	0
庫藏股票減（增）	0	0	0	0	0	0	0	0
其他調整項—理財	0	0	0	0	0	0	0	0
理財活動之現金流量	-1,773	-1,123	-1,109	-1,213	-919	-1419	-2069	-1317
匯率影響數	0	0	0	0	0	0	0	0
本期產生現金流量	743	273	-641	-231	594	34	90	-43
期初現金約當現金	412	139	779	1,010	416	383	293	336
期末現金及約當現金	1,154	412	139	779	1010	416	383	293
本期支付利息	3	1	1	6	6	6	6	14
本期支付所得稅	369	193	316	441	334	237	369	246
[說明] 上列會計科目中，投資收益－權益法、長期投資（新增）、固定資產（購置）、支付現金股利與支付董監酬勞員工紅利等科目視為現金流出。								

資料來源／凱基期貨超級大三元軟體（AP）

　　轉投資大部分跟中鋼有關，雖然不少也還在可接受範圍內，只是會投資一些比較非關本業的東西。董監持股 35.21％，在小公司完全及格。毛利率沒問題，股東權益很高很漂亮，流動速動比雖然這兩年有下降，也還是不錯。負債小於現金，流動負債均是一些小項的票。營收賺錢，業外也賺錢，且業外支出也不多。賺的錢，除了買存貨跟資產及現金股利，大部分也沒亂花。

◎中碳的買點:

稅後淨利:1726(百萬)÷15%= 11,506(百萬)

也就是總市值只要低於 11,506(百萬),年化報酬率就非常有機會高於 15%

11,506,000,000(總市值)÷236,904,000 發行股數= 48.56 元——這,就是中碳的買進目標價。我們來看一下中碳的線圖:

中碳 日線圖

中碳 日線圖 2

　　看！好的買點很多，買了就會很心安，持有這間公司，心中就會有「財富在成長」的感覺。

　　世界大概每五到十年就會有一個較大的金融風暴，當風暴來臨，機會也跟著降臨，此時就要好好的抱緊它。

■ 買對點好放心 3～統一超

　　讀者朋友們，您覺得臺灣最好的上市公司是哪家呢？以經營者的角度來看，月風認為是統一超當之無愧。讓我們來看看統一超的資料：

統一超（2912）基本資料							
					最近交易日：06/07　市值單位：百萬		
開盤價	153	最高價	153.5	最低價	152.5	收盤價	153
漲跌	＋ 0.5	一年內最高價	195	一年內最低價	147		
本益比	25.12	一年內最大量	10,058	一年內最低量	379	成交量	1,263

同業平均本益比	24.9	一年來最高本益比	34.22	一年來最低本益比	24.83	盤後量	
殖利率	3.14%	總市值	159,062	85年來最高總市值	200,647	85年來最低總市值	28,326

投資報酬率（06/07）		財務比例（101.1Q）		投資風險（06/07）		稅額扣抵率	
今年以來	-7.27%	每股淨值（元）	21.67	貝他值	0.78	2011年	6.78%
最近一週	-2.86%	每人營收（仟元）	1,191.00	標準差	2.00%	2010年	20.45%
最近一個月	-4.38%	每股營收（元）	47.76			2009年	24.14%
最近二個月	-4.97%	負債比例	65.07%			2008年	33.49%
最近三個月	-0.33%	股價淨值比	7.06			2007年	33.33%

基本資料		獲利能力（101.1Q）		前一年度配股		財務預測101	公司估
股本（億，台幣）	103.96	營業毛利率	29.86%	現金股利（元）	4.8	預估營收（億）	N/A
成立時間		營業利益率	4.22%	股票股利	0	預估稅前盈餘	N/A
初次上市（櫃）日期		稅前淨利率	4.79%	盈餘配股	0	預估稅後盈餘	N/A
股務代理	統一證 02-27463797	資產報酬率	2.61%	公積配股	0	預估稅前EPS	N/A
董事長	高清愿	股東權益報酬率	7.64%	現金增資（億）	N/A	預估稅後EPS	N/A
總經理	徐重仁			認股率（每仟股）	N/A		
發言人	徐重仁			現增溢價	N/A		
營收比重	飲料類31.04%、非食品類26.87%、食品服務類14.71%、出版品11.11%、一般食品類10.79%、其他營業收入5.21%、其他類0.28%						
公司電話	02-27478711						
網址	www.7-11.com.tw						
公司地址	台北市東興路65號2樓						

年度	101	100	99	98	97	96	95	94
最高總市值	177,775	200,647	143,468	83,170	112,107	92,431	74,403	63,329
最低總市值	155,423	125,794	75,165	63,146	60,950	67,630	60,309	45,758

資料來源／凱基期貨超級大三元軟體（AP）

統一超（2912）之股本形成

單位：億元

年度	現金增資	比重	盈餘轉增資	比重	公積及其他	比重
101	1	0.96%	102.96	99.04%	0	0.00%
100	1	0.96%	102.96	99.04%	0	0.00%
99	1	0.96%	102.96	99.04%	0	0.00%
98	1	0.96%	102.96	99.04%	0	0.00%
97	1	1.09%	90.52	98.91%	0	0.00%
96	1	1.09%	90.52	98.91%	0	0.00%
95	1	1.09%	90.52	98.91%	0	0.00%
94	1	1.09%	90.52	98.91%	0	0.00%
93	1	1.09%	90.52	98.91%	0	0.00%
92	1	1.16%	84.85	98.84%	0	0.00%
91	1	1.30%	76.20	98.70%	0	0.00%
90	1	1.44%	68.36	98.56%	0	0.00%
89	1	1.66%	59.32	98.34%	0	0.00%
88	1	1.94%	50.64	98.06%	0	0.00%
87	1	2.29%	42.76	97.71%	0	0.00%
86	1	2.82%	34.41	97.18%	0	0.00%
85	1	3.56%	27.10	96.44%	0	0.00%
84	1	4.48%	21.30	95.52%	0	0.00%
83	1	5.74%	16.42	94.26%	0	0.00%
82	1	7.17%	12.94	92.83%	0	0.00%

資料來源／凱基期貨超級大三元軟體（AP）

▲全臺最高的盈餘轉增資

統一超（2912）之股利政策

單位：元

年度	現金股利	盈餘配股	公積配股	股票股利	合計	員工配股率（%）
100	4.8	0	0	0	4.8	0
99	4.9	0	0	0	4.9	0
98	3.6	0	0	0	3.6	0
97	2.04	1.36	0	1.36	3.4	0
96	3.2	0	0	0	3.2	0
95	3.5	0	0	0	3.5	0

94	3.4	0	0	0	3.4	0
93	3	0	0	0	3	0
92	2.64	0.66	0	0.66	3.3	0
91	1.78	1.12	0	1.12	2.9	0
90	1.12	1.13	0	1.13	2.25	0
89	1	1.5	0	1.5	2.5	0
88	1.12	1.68	0	1.68	2.8	0
87	0.96	1.8	0	1.8	2.76	0
86	0.59	2.36	0	2.36	2.95	0
85	0.65	2.6	0	2.6	3.25	0
84	0.65	2.6	0	2.6	3.25	0
83	0.7	2.8	0	2.8	3.5	0
82	1	2.5	0	2.5	3.5	0
81	0	3.2	0	3.2	3.2	0

資料來源／凱基期貨超級大三元軟體（AP）

▲穩定的配息且沒有「高價值」的員工

統一超（2912）之經營績效

單位：億元

年度	100	99	98	97	96	95	94	93	92	91	90	89	88	87	86	85	84	83
加權平均股本	104	104	104	92	92	92	92	92	86	77	69	60	52	44	35	28	22	17
營業收入	1227.1	1146.6	1017.6	1021.9	1023.6	999.8	936.7	809.4	778.6	720.1	647.9	572.8	497.2	419.5	341.9	290.4	249.5	N/A
稅前盈餘	74.3	66.3	46.4	43.8	48.1	50.5	46.3	37.9	39.3	30.9	24.0	24.3	21.6	17.7	15.2	13.3	9.8	N/A
稅後純益	63.5	57.3	40.6	35.2	36.2	38.2	36.5	30.5	36.8	25.9	18.4	17.9	16.7	14.0	11.6	11.2	7.6	N/A
每股營收（元）	118.0	110.3	97.9	111.7	111.9	109.3	102.4	88.5	90.7	93.3	93.4	95.0	96.3	95.9	96.6	103.4	111.9	N/A
稅前EPS	7.2	6.4	4.5	4.8	5.3	5.5	5.1	4.1	4.6	4.0	3.5	4.0	4.2	4.1	4.3	4.7	4.4	N/A
稅後EPS	6.1	5.5	3.9	3.9	4.0	4.2	4.0	3.3	4.3	3.4	2.7	3.0	3.2	3.2	3.3	4.0	3.4	N/A

資料來源／凱基期貨超級大三元軟體（AP）

▲穩健上升的經營績效

統一超（2912）獲利能力分析

單位：百萬

101 年度				
季別	毛利率	營益率	稅前盈利率	稅後盈利率
一	28.80%	4.33%	6.22%	5.34%

100 年度				
季別	毛利率	營益率	稅前盈利率	稅後盈利率
四	30.64%	4.73%	3.50%	2.80%
三	30.93%	4.78%	6.48%	5.61%
二	31.59%	5.01%	7.22%	6.32%
一	31.69%	5.32%	7.21%	6.15%

99 年度				
季別	毛利率	營益率	稅前盈利率	稅後盈利率
四	31.48%	4.79%	3.47%	2.74%
三	31.45%	5.06%	6.66%	5.73%
二	31.71%	4.73%	5.88%	5.59%
一	30.63%	4.68%	7.19%	5.97%

98 年度				
季別	毛利率	營益率	稅前盈利率	稅後盈利率
四	32.49%	5.17%	1.71%	2.53%
三	33.44%	5.38%	6.87%	5.61%
二	32.33%	5.01%	5.42%	4.57%
一	31.25%	3.59%	4.23%	3.19%

97 年度				
季別	毛利率	營益率	稅前盈利率	稅後盈利率
四	32.62%	4.84%	1.99%	1.92%
三	32.21%	5.03%	5.32%	4.04%
二	32.66%	4.65%	5.26%	4.36%
一	30.59%	3.44%	4.54%	3.44%

96 年度				
季別	毛利率	營益率	稅前盈利率	稅後盈利率
四	32.67%	6.06%	3.07%	1.43%
三	32.09%	5.05%	5.69%	4.38%
二	30.27%	4.30%	5.34%	4.69%
一	29.00%	3.57%	4.60%	3.53%

95 年度				
季別	毛利率	營益率	稅前盈利率	稅後盈利率

四	31.73%	6.08%	6.15%	27.52%
三	29.77%	4.12%	5.05%	26.83%
二	30.19%	4.53%	5.16%	23.53%
一	29.26%	3.26%	3.76%	2.94%

資料來源／凱基期貨超級大三元軟體（AP）

▲從不虧損的獲利能力

統一超（2912）轉投資

單位：仟元；仟股

轉投資事業	投資幣別	投資成本	持股股數	持股比例	帳面價值（台幣）	會計原則
大智通文化行銷	台幣	50,000	10,847	100.00%	271,025	權益法
仁暉投資	台幣	728,037	53,195	100.00%	149,143	權益法
元大萬泰貨幣市場 _C	台幣	N／A	92,427	N／A	1,352,569	FV 變動
日本 Duskin 樂清服務株式會社	台幣	N／A	300	0.45%	193,699	備供出售
日盛貨幣市場 _C	台幣	N／A	35,065	N／A	500,943	FV 變動
台灣無印良品	台幣	133,367	8,431	51.00%	293,508	權益法
兆豐國際寶鑽貨幣 _C	台幣	N／A	82,384	N／A	1,001,923	FV 變動
安泰 ING 貨幣市場 _C	台幣	N／A	68545	N／A	1,001,779	FV 變動
安源資訊	台幣	332,482	24,383	86.76%	341,346	權益法
奇美電子	台幣	N／A	18,557	0.25%	255,158	備供出售
金財通商務科技服務	台幣	74,304	7200	53.33%	113,265	權益法
英屬維京群島統一超商維京控股	台幣	3,931,281	106,575	100.00%	2,729,338	權益法
家福	台幣	N／A	130,801	19.50%	5,395,902	成本衡量
捷盟行銷	台幣	91,414	6,430	25.00%	163,127	權益法
第一金全家福貨幣 _C	台幣	N／A	2,901	N／A	500,102	FV 變動
統一生活事業〔康是美藥妝店〕	台幣	288,559	40,000	100.00%	853,344	權益法
統一百華	台幣	1,680,000	112,000	70.00%	582,790	權益法
統一武藏野	台幣	520,141	48,520	90.00%	549,950	權益法
統一星巴克	台幣	59,400	10,691	30.00%	302,546	權益法
統一國際開發	台幣	N／A	44,100	3.33%	441,000	成本衡量
統一強棒貨幣市場 _C	台幣	N／A	31,002	N／A	500,546	FV 變動
統一速達	台幣	711,576	70,000	70	846,536	權益法
統一開發	台幣	720,000	72,000	20.00%	610,382	權益法
統一聖娜多堡	台幣	1,813,369	N／A	N／A	472,960	權益法

統一資訊	台幣	320,741	25,714	86.00%	488,488	權益法
統一精工	台幣	904,475	55,859	80.87%	711,354	權益法
統一綜合證券	台幣	N／A	34,568	2.69%	551,357	備供出售
統一藥品	台幣	330,216	19,910	73.74%	650,421	權益法
統一蘭陽藝文	台幣	150,000	15,000	100.00%	232,570	權益法
統正開發	台幣	N／A	209,000	19.00%	1,556,478	成本衡量
統合開發等	台幣	N／A	N／A	N／A	273,901	成本衡量
統昶行銷	台幣	237,437	19,563	60.00%	490,964	權益法
博客來數位科技	台幣	100,400	10,000	50.03%	266,608	權益法

資料來源／凱基期貨超級大三元軟體（AP）

▲賺多賠少的轉投資

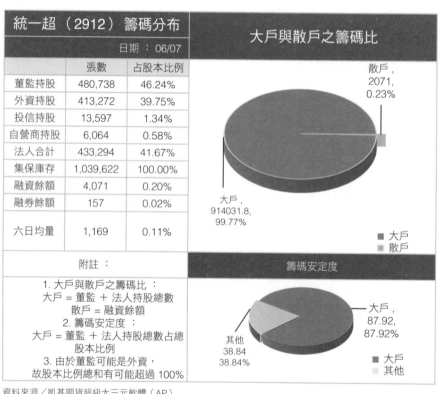

資料來源／凱基期貨超級大三元軟體（AP）

▲董監持股比例高

統一超（2912）董監事經理人及大股東持股明細

資料日期：101/04
選任日期：98/06/10

職稱	姓名 / 法人名稱	持股張數	持股比例	質押張數	質押比率
大股東	大通特寶豐中	8,966	0.86%	0	0.00%
大股東	大通託阿拉伯	13,260	1.28%	0	0.00%
大股東	大通銀特寶豐	12,314	1.18%	0	0.00%
大股東	中國信託受統	17,001	1.64%	0	0.00%
協理	王文貴	15	0.00%	0	0.00%
協理	吳玫琪	1	0.00%	0	0.00%
協理	李志明	1	0.00%	0	0.00%
協理	林文慶	0	0.00%	0	0.00%
法人代表	林隆義	19	0.00%	0	0.00%
法人代表	林蒼生	31	0.00%	0	0.00%
大股東	花旗台新加坡（股）	20,091	1.93%	0	0.00%
總經理	徐重仁	23	0.00%	0	0.00%
監察人	殷建禮	0	0.00%	0	0.00%
法人代表	高秀玲	1,014	0.10%	0	0.00%
法人代表	高清愿	30	0.00%	0	0.00%
董事	高橋投資（股）-高秀玲	4,530	9.44%	0	0.00%
副總	張簡雲輝	0	0.00%	0	0.00%
董事	統一（股）-林隆義	471,996	45.40%	0	0.00%
常董	統一（股）-林蒼生	471,996	45.40%	0	0.00%
常董兼總經理	統一（股）-徐重仁	471,996	45.40%	0	0.00%
董事長	統一（股）-高清愿	471,996	45.40%	0	0.00%
董事兼副總	統一（股）-張簡雲輝	471,996	45.40%	0	0.00%
董事	統一（股）-楊文隆	471,996	45.40%	0	0.00%
董事	統一（股）-羅智先	471,996	45.40%	0	0.00%

資料來源／凱基期貨超級大三元軟體（AP）

▲一間正派經營的公司

統一超（2912）財務比率表（年表）

單位：%

獲利能力

期別	100	99	98	97	96	95	94	93
淨值報酬率—稅後	31.06	29.26	22.95	21.53	22.47	24.53	24.73	21.63
營業毛利率	31.19	31.33	32.4	32.03	31.01	30.25	30.06	30.34
營業利益率	4.95	4.82	4.81	4.51	4.74	4.51	4.46	3.95
稅前淨利率	6.06	5.78	4.56	4.29	4.70	5.06	4.94	4.68
稅後淨利率	5.18	4.99	3.99	3.44	3.54	3.82	3.90	3.76
每股淨值（元）	19.91	19.44	18.2	17.97	17.76	17.46	16.58	15.70
每股營業額（元）	118.04	110.29	97.88	111.66	111.85	109.25	102.36	88.45
每股營業利益（元）	5.84	5.32	4.71	5.03	5.30	4.93	4.56	3.49
每股稅前淨利（元）	7.15	6.38	4.47	4.79	5.26	5.53	5.06	4.14
股東權益報酬率	31.06	29.26	22.95	21.53	22.47	24.53	24.73	21.63
資產報酬率	12.56	11.79	8.57	8.1	9.34	11.07	11.81	10.86
每股稅後淨利（元）	6.11	5.51	3.9	3.85	3.96	4.18	3.99	3.33

經營績效

期別	100	99	98	97	96	95	94	93
營收成長率	7.02	12.68	-0.43	-0.17	2.38	6.73	15.73	3.96
營業利益成長率	9.9	12.96	6.22	-5.08	7.52	8.07	30.70	-3.78
稅前淨利成長率	12.09	42.75	5.98	-8.9	-4.89	9.22	22.31	-3.78
稅後淨利成長率	10.94	41.06	15.33	-2.84	-5.23	4.64	19.89	-17.23
總資產成長率	6.1	1.88	2.61	10.54	17.40	7.98	15.21	4.87
淨值成長率	2.39	6.83	15.04	1.19	1.70	5.34	5.58	4.09
固定資產成長率	12.26	2.33	-2.89	4.3	14.92	-1.84	-13.79	26.34

償債能力

期別	100	99	98	97	96	95	94	93
流動比率	84.65	85.24	85.67	87.93	76.07	45.59	47.83	44.39
速動比率	69.27	69.59	68.47	65.85	53.14	23.82	21.23	16.56
負債比率	60.42	58.98	60.88	65.1	61.88	55.99	54.89	50.77
利息保障倍數	232.59	195.94	112.91	29.41	56.18	74.54	61.41	58.72

經營能力

期別	100	99	98	97	96	95	94	93
應收帳款週轉率（次）	250.02	284.5	279.54	279.41				
存貨週轉率（次）	25.62	26.79	22.05	22.1				
固定資產週轉率（次）	15.05	14.91	13.19	13.23				
總資產週轉率（次）	2.42	2.35	2.13	2.28				

員工平均營業額（千元）	14437	15289	16152	13051				
淨值週轉率	6	5.86	5.75	6.25				

資本結構								
期別	100	99	98	97	96	95	94	93
負債對淨值比率	152.62	143.77	155.6	186.55				
長期資金適合率	282.11	324.7	341.49	327.37				

資料來源／凱基期貨超級大三元軟體（AP）

▲7-11 的負債比是個迷思

統一超（2912）資產負債表（年表）

單位：百萬

期別	100	99	98	97	96	95	94	93
現金及約當現金	9,811	4,626	5,304	5,512	5,879	3,238	2,076	938
短期投資	6,350	9,060	7,261	6,150	2,690	151	5	243
應收帳款及票據	524	458	348	380	352	302	382	549
其他應收款	977	813	608	630	406	427	390	295
短期借支	0	0	0	0	0	0	0	30
存貨	3,659	2,932	2,946	3,294	2,993	2,881	2,755	2,203
在建工程	N/A	N/A	N/A	N/A	N/A	N/A	N/A	N/A
預付費用及預付款	133	147	168	737	842	668	797	741
其他流動資產	128	283	282	216	190	217	21	7
流動資產	21,581	18,319	16,917	16,920	13,352	7,884	6,427	4,705
長期投資	19,636	20,750	21,280	19,848	19,277	19,248	17,704	13,764
土地成本	1,433	1,433	1,432	1,432	1,535	1,535	1,538	2,911
房屋及建築成本	907	907	905	905	931	931	931	1,363
機器及儀器設備成本	12,289	11,845	11,309	10,895	9,743	8,486	8,079	7,689
其他設備成本	6,385	5,599	5,234	4,890	4,622	4,000	3,563	3,210
固定資產重估增值	55	55	55	55	0	0	0	0
固定資產累計折舊	-12,473	-12,073	-11,315	-10,396	-9,187	-8,012	-7,157	-6,190
固定資產損失準備	-55	0	0	0	0	0	0	0
未完工程及預付款	0	0	0	24	0	2	0	210

固定資產	8,541	7,765	7,620	7,804	7,645	6,851	6,954	9,194
遞延資產	8	0	0	0	0	0	1	2
無形資產	222	171	283	273	90	73	0	0
什項資產	2,290	2,267	2,261	2,286	2,274	2,261	2,549	1,531
其他資產	2,521	2,438	2,543	2,559	2,364	2,335	2,550	1,533
資產總額	52,279	49,272	48,361	47,131	42,638	36,319	33,635	29,195
短期借款	0	0	0	0	0	0	0	0
應付商業本票	0	0	0	0	0	0	0	0
應付帳款及票據	11,772	9,857	10,226	10,395	6,951	7,728	5,942	5,515
應付費用	2,876	2,537	2,025	1,800	2,270	2,422	2,055	1,698
預收款項	2,132	1,782	1,547	1,449	1,031	1,023	846	586
其他應付款	8,111	6,523	5,939	5,324	5,553	4,557	212	241
應付所得稅	605	793	10	275	641	662	608	354
一年內到期長期負債	0	0	0	0	1,100	900	200	0
其他流動負債	0	0	0	0	5	0	3,575	2,205
流動負債	25,496	21,492	19,747	19,243	17,551	17,293	13,437	10,598
長期負債	3,400	5,000	7,100	9,100	6,700	1,100	3,320	2,700
遞延貸項	0	0	0	0	0	0	0	0
退休金準備	474	358	338	339	358	358	360	362
遞延所得稅	0	0	0	0	0	0	0	0
土地增值稅準備	0	0	0	0	0	0	0	0
各項損失準備	0	0	0	0	0	0	0	0
什項負債	2,214	2,210	2,256	2,001	1,774	1,584	1,345	1,163
其他負債及準備	2,688	2,567	2,593	2,340	2,132	1,943	1,705	1,526
負債總額	31,584	29,060	29,440	30,683	26,383	20,336	18,462	14,823
股東權益總額	20,694	20,212	18,921	16,448	16,254	15,983	15,173	14,372
普通股股本	10,396	10,396	10,396	9,152	9,152	9,152	9,152	9,152
特別股股本	0	0	0	0	0	0	0	0
資本公積	55	56	58	54	0	0	0	0
法定盈餘公積	4,619	4,046	3,640	3,288	2,926	2,544	2,178	1,874
特別盈餘公積	0	5	0	0	0	1	56	0
未分配盈餘	6,443	5,753	4,180	3,585	3,649	3,921	3,788	3,402
長期投資評價損失	-634	234	595	259	469	359	0	0
負債及股東權益總額	52,279	49,272	48,361	47,131	42,638	36,319	33,635	29,195

資料來源／凱基期貨超級大三元軟體（AP）

▲負債項目主要以應付賬款為主，代表 7-11 可以用少量現金營運，多餘的部分可以發給股東。

統一超（2912）損益表（年表）

單位：百萬

年	100	99	98	97	96	95	94	93
營業收入淨額	122,713	114,664	101,756	102,191	102,364	99,980	93,674	80,943
營業成本	84,437	78,741	68,791	69,456	70,620	69,737	65,515	56,384
營業毛利	38,275	35,923	32,966	32,735	31,744	30,243	28,159	24,559
聯屬公司已（未）實現銷	0	0	0	0	0	0	0	0
營業費用	32,200	30,395	28,072	28,128	26,891	25,729	23,982	21,363
營業利益	6,075	5,527	4,893	4,607	4,854	4,514	4,177	3,196
利息收入	39	12	0	0	0	0	9	9
投資收入／股利收入	1,286	904	584	146	49	191	193	253
處分投資利得	111	245	5	33	99	0	0	141
投資跌價損失回轉	0	0	0	0	4	8	65	49
處分資產利得	0	0	0	97	0	0	19	0
存貨跌價損失回轉	0	0	0	0	0	0	0	0
兌換盈益	0	0	0	0	0	0	0	0
其他收入	850	771	775	773	756	705	535	385
營業外收入合計	2,286	1,932	1,364	1,050	907	904	821	837
利息支出	32	34	41	154	87	69	77	66
投資損失	0	0	0	510	286	79	56	0
處分投資損失	0	0	0	0	0	18	43	0
投資跌價損失	723	730	1,450	559	499	127	85	92
處分資產損失	43	15	54	0	34	21	0	42
兌換損失	0	0	0	0	0	0	0	0
資產評價損失	0	0	0	0	0	0	66	0
其他損失	78	51	68	51	44	47	40	47
營業外支出合計	930	830	1,614	1,275	951	360	368	247
稅前淨利	7,430	6,629	4,644	4,382	4,810	5,058	4,631	3,786
所得稅費用	1,078	903	585	862	1,188	1236	978	739
經常利益	6,352	5,726	4,059	3,520	3,622	3,822	3,653	3,047
停業部門損益	0	0	0	0	0	0	0	0
非常項目	0	0	0	0	0	0	0	0
累計影響數	0	0	0	0	0	0	0	0
本期稅後淨利	6,352	5,726	4,059	3,520	3,622	3,822	3,653	3,047
每股盈餘（元）	6.11	5.51	3.9	3.85	3.96	4.18	3.99	3.33
加權平均股本	10,396	10,396	10,396	9,152	9,152	9,152	9,152	9,152
當季特別股息負債	0	0	0	0	0	0	0	0

資料來源／凱基期貨超級大三元軟體（AP）

統一超（2912）現金流量表（年表）

單位：百萬

期別	100	99	98	97	96	95	94	93
稅後淨利	6,352	5,726	4,059	3,520	3,622	3,822	3,653	3,047
不動用現金之非常損益	0	0	0	0	0	0	0	0
折舊	1,938	1,763	1,759	1,793	1,727	1,676	1,684	1,562
攤提	125	142	107	23	78	255	381	305
投資收益－權益法	-1,173	-861	-547	0	0	0	0	-29
投資損失－權益法	0	0	0	510	286	79	56	0
現金股利收入－權益法	1,084	628	328	315	307	235	136	159
短期投資處分損（益）	0	0	0	0	0	0	-65	-49
固定資產處分損（益）	43	15	54	-97	34	21	-19	42
長期投資處分損（益）	641	503	1,450	560	376	67	85	-76
準備提列（迴轉）	26	0	-1	-19	-1	-1	-2	-11
應收帳款（增）減	-66	-110	32	-28	-50	81	-134	-8
存貨（增）減	-727	14	348	-301	-112	-125	-553	-147
應付帳款增（減）	1,915	-369	-169	3,444	-777	1786	427	-275
其他調整項－營業	4,910	13	26	-4,235	-1961	1199	2077	1111
來自營運之現金流量	15,067	7,465	7,445	5,483	3529	9094	7726	5633
短期投資出售（新購）	0	0	0	0	0	-118	304	-95
出售長期投資價款	343	484	165	0	179	135	295	624
長期投資（新增）	-455	-893	-2,547	-2,119	-1009	-1706	-4458	-1740
處分固定資產價款	22	34	14	394	15	47	876	79
固定資產（購置）	-2,895	-1,845	-1,298	-2,098	-2447	-1,555	-1429	-3,803
其他調整項－投資	-214	-45	-105	-234	-120	-59	-30	-234
投資活動之現金流量	-3,199	-2,266	-3,771	-4,057	-3382	-3,256	-4442	-5,168
現金增資	0	0	0	0	0	0	0	0
支付現金股利	-5,094	-3,743	-1,867	-2,929	-3203	-3,112	-2745	-2,266
支付董監酬勞員工紅利	0	0	0	-293	-310	-267	-161	-130
短期借款新增（償還）	0	0	0	0	0	0	0	0
長期借款新增（償還）	-1,600	-2,100	-2,000	2,400	6700	-1,320	820	500
發行公司債	0	0	0	0	0	0	0	0

償還公司債	0	0	0	-1,100	-900	-200	0	0
庫藏股票減（增）	0	0	0	0	0	0	0	0
其他調整項－理財	12	-34	-16	129	205	224	-59	-359
理財活動之現金流量	-6,683	-5,876	-3,882	-1,793	2493	-4675	-2146	-2256
匯率影響數	0	0	0	0	0	0	0	0
本期產生現金流量	5,185	-677	-208	-367	2640	1162	1138	-1792
期初現金約當現金	4,626	5,304	5,512	5,879	3238	2076	938	2729
期末現金及約當現金	9,811	4,626	5,304	5,512	5879	3238	2076	938
本期支付利息	9	12	43	164	102	70	77	66
本期支付所得稅	1,295	122	855	1,233	1206	1164	737	844
[說明] 上列會計科目中，投資收益－權益法、長期投資（新增）、固定資產（購置）、支付現金股利與支付董監酬勞員工紅利等科目視為現金流出。								

資料來源／凱基期貨超級大三元軟體（AP）

統一超的市占率很高，與第二名遙遙拉開。

來看看它的盈餘轉增資：99％！全臺灣最高，非常賺錢，已經完全沒有再需要股東的增資了。

再來看到配息部分：不但穩定配息，且完全沒有配息給員工，所有的股利政策都很穩定，EPS 及績效都一直成長。

在獲利能力方面：高，穩定，且從不虧損。

轉投資部分：在各項轉投資中，大部分都是賺的，屬於「賺多賠少」的轉投資。

再來看一下籌碼分布：董監持股 45.86％！這個數字在大型公司來說，簡直就是天文數字的高，因為統一超真的很大。以這家大公司來說，45.86％已經可以多到完全跟股東們同進退的。

財務比率部分：由於毛利率很低，所以別人要進場競爭都很難，

同時，因為量大的關係，所以營益率就很高。

讀者朋友們看到它的負債時，或許會想：它的負債比很高！這是因為統一超做生意都是用開票的方式，所以負債比看起來很高，但其實，這只是一個迷思。

只要比較同業的全家，就會發現，營益率根本一半都不到。流動比速動比的部分，全家看起來就更低了。

全家（5903）財務比率表（年表）

單位：%

			獲利能力					
期別	100	99	98	97	96	95	94	93
淨值報酬率—稅後	23.41	23.18	19.17	19.3	17.98	18.54	21.57	22.97
營業毛利率	29.98	30.18	30.14	29.82	30.02	29.97	29.28	29.58
營業利益率	2.09	2.2	2.03	1.93	2.06	2.23	2.66	2.86
稅前淨利率	2.58	2.71	2.44	2.37	2.45	2.65	3.00	3.08
稅後淨利率	2.12	2.18	1.86	1.87	1.89	2.04	2.30	2.39
每股淨值（元）	19.65	18.8	17.36	16.69	16.07	15.82	15.84	15.38
每股營業額（元）	212.47	192.43	175.62	169.4	149.67	141.39	142.58	138.82
每股營業利益（元）	4.43	4.24	3.57	3.28	3.09	3.16	3.79	3.96
每股稅前淨利（元）	5.47	5.21	4.28	4.01	3.66	3.74	4.28	4.27
股東權益報酬率	23.41	23.18	19.17	19.3	17.98	18.54	21.57	22.97
資產報酬率	6.89	7.3	6.29	6.67	6.55	6.74	7.96	8.74
每股稅後淨利（元）	4.5	4.19	3.26	3.16	2.83	2.89	3.28	3.32
			經營績效					
期別	100	99	98	97	96	95	94	93
營收成長率	10.42	9.57	3.67	13.18	8.52	3.71	8.46	12.07
營業利益成長率	4.55	18.87	8.84	6.1	0.32	-12.95	1.00	24.88
稅前淨利成長率	5.05	21.64	6.86	9.41	0.35	-8.48	5.75	19.38
稅後淨利成長率	7.39	28.44	3.24	11.59	0.48	-7.84	4.35	18.43
總資產成長率	14.2	13.26	7.71	11.08	8.41	-0.08	17.79	11.22
淨值成長率	4.52	8.27	4.05	3.82	4.15	4.44	8.78	13.75
固定資產成長率	48.88	22.39	3.84	-15.02	-5.81	7.87	-3.25	3.03
			償債能力					

期別	100	99	98	97	96	95	94	93
流動比率	81.52	88.52	89.86	101.21	95.99	106.84	107.74	100.65
速動比率	60.09	57.86	59.73	74.98	71.15	80.60	84.70	74.16
負債比率	71.84	69.23	67.81	66.68	64.35	62.89	64.49	61.55
利息保障倍數	492.11	737.8	399.42	260.94	431.04	637.96	1067.01	1963.01
經營能力								
期別	100	99	98	97	96	95	94	93
應收帳款週轉率（次）	49.68	44.84	43.74	47.7				
存貨週轉率（次）	19.18	19.9	19.04	19.81				
固定資產週轉率（次）	15.29	18.86	19.44	17.59				
總資產週轉率（次）	3.25	3.35	3.38	3.56				
員工平均營業額（千元）	22510	22945	25113	24618				
淨值週轉率	11.05	10.64	10.32	10.34				
資本結構								
期別	100	99	98	97	96	95	94	93
負債對淨值比率	255.1	225.01	210.69	200.13				
長期資金適合率	118.5	167.78	189.61	189.22				

資料來源／凱基期貨超級大三元軟體（AP）

　　再來看到現金的部分：負債比很高但都以應付票據為主，代表它可以用少量的現金運作就好，其餘的盈餘可以都發給股東，只有最優秀，體質最健全的公司，才有資格用信用來換取生意，這點在臺灣上市公司中是極少數的例外。

　　統一超的營收為六位數，利潤更是高得驚人，大部分的錢都是還債跟發股利。對於這樣一家超大型公司，我們能不能算出統一超的低點呢？

　　也是可以的。

　　稅後淨利：4914（百萬）÷15％＝32,760（百萬）

　　也就是總市值只要低於32,760（百萬）

也就是總市值只要低於 32,760（百萬），年化報酬率就非常有機會高於 15%

32,760,000,000（總市值）÷ 1,039,622,000 總發行股數 = 31.5 元

等等！

長期留意統一超的朋友，一定會說：統一超沒有到過 31.5，那不就買不到？

若是已經被市場證明穩定且值得投資的股票，真實報酬率可以下修到 10% ～ 15%：千萬不要覺得很低，因為「真實報酬率」換算到取得的實際報酬率時，是會高出許多的，換句話說，由於股票市場除了公司本身營運的獲利外，還有骨架上的溢價空間，以及商譽價值，真實報酬率 10%，獲取的投資報酬率也有可能達到 20% ～ 30% 或以上。

因此，統一超的股票買進價格，可以再進行調整。

稅後淨利：4914（百萬）÷ 10% = 49,140（百萬）

也就是總市值只要低於 49140（百萬），年化報酬率就非常有機會高於 10%。

49,140,000,000（總市值）÷ 1,039,622,000 總發行股數 = 47.26 元

這，就是統一超修正後的買進目標價。

從日線圖來看，也可以觀察到，修正後的數值平均後，過去都有幾個比較可行的買進點，且後來大漲了，是不是很振奮人心呢！

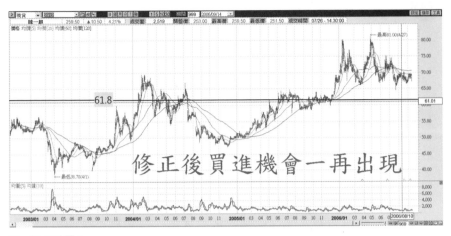

統一超 日線圖 1

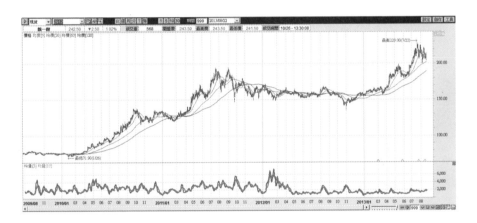

統一超 日線圖 2

月風提醒

留意轉弱訊號

在本書中，月風教大家尋找的，都是以「長期穩定」為目標，但是，投資朋友們千萬不要找到標的後，一放就完全不管。

有時候，好公司在面臨一些情況時，也會轉弱，所以，我們當然也要多觀察這些公司是否出現轉弱訊號。

這些轉弱訊號有：庫存或應收帳款大增、長短期不透明投資增加、董監持股下降、負債大增等等，我們要有很清楚的概念，公司不借錢，不負債，就不會倒，而會出事的公司，一定想辦法虛報數字，但債務增加是沒辦法美化隱藏的。

另外，當公司在幾個安全標準點都達到後，我們也就不必計較太小的數值，29%跟30%差不了多少。另外，我們也可以從不同的角度來比較：如，同行水平比較，或者垂直比較，看看上游的出貨狀況、下游的買進情況。如果業績有成長，但是上游根本沒出貨，那就很明顯，就可以知道成績是灌水灌出來的，此時當然也要留意。

台灣股神
教你看懂贏家選股必賺的財報祕技

作　　　者／月風
圖 表 來 源／凱基期貨超級大三元軟體（AP）
圖 表 協 力／甘又勻
出 版 協 力／廖翊君
美 術 編 輯／申朗創意
企畫選書人／賈俊國

總　編　輯／賈俊國
副 總 編 輯／蘇士尹
資 深 主 編／吳岱珍
編　　　輯／高懿萩
行 銷 企 畫／張莉滎・廖可筠・蕭羽猜

發　行　人／何飛鵬
出　　　版／布克文化出版事業部
　　　　　　台北市中山區民生東路二段 141 號 8 樓
　　　　　　電話：（02）2500-7008　　傳真：（02）2502-7676
　　　　　　Email：sbooker.service@cite.com.tw
發　　　行／英屬蓋曼群島商家庭傳媒股份有限公司城邦分公司
　　　　　　台北市中山區民生東路二段 141 號 2 樓
　　　　　　書虫客服服務專線：（02）2500-7718；2500-7719
　　　　　　24 小時傳真專線：（02）2500-1990；2500-1991
　　　　　　劃撥帳號：19863813；戶名：書虫股份有限公司
　　　　　　讀者服務信箱：service@readingclub.com.tw
香港發行所／城邦（香港）出版集團有限公司
　　　　　　香港灣仔駱克道 193 號東超商業中心 1 樓
　　　　　　電話：＋ 852-2508-6231　　傳真：＋ 852-2578-9337
　　　　　　Email：hkcite@biznetvigator.com
馬新發行所／城邦（馬新）出版集團 Cité（M）Sdn. Bhd.
　　　　　　41, Jalan Radin Anum, Bandar Baru Sri Petaling,
　　　　　　57000 Kuala Lumpur, Malaysia
　　　　　　電話：＋ 603- 9057-8822　　傳真：＋ 603- 9057-6622
　　　　　　Email：cite@cite.com.my

印　　　刷／卡樂彩色製版印刷有限公司
初　　　版／2017 年（民 106）6 月
初版 8.6 刷／2022 年（民 111）5 月 30 日
售　　　價／380 元
Ｉ Ｓ Ｂ Ｎ／978-986-94994-3-9

城邦讀書花園　布克文化
www.cite.com.tw　www.sbooker.com.tw